총서 제1권

뿌리깊은 믿음 (誠) 열매깊은 正直
信 · 義 · 業

윤리경영수압과
倫 理 經 營 需 壓

개방체제실험
開 放 體 制 實 驗

윤리경영수압과
倫 理 經 營 需 壓

개방체제실험
開 放 體 制 實 驗

원당 이득희 저
즈네상스팀 편저

한국학술정보

총서를 펴내며…

뿌리깊은 良心 (誠) 샘이깊은 眞實

信 · 義 · 業

이 총서명은 원당 이득희 선생의 정년퇴임기념집(1997년, 건국대학교)의 제목
이다. 이 기념집은 선생의 논문, 기고, 작사 작곡, 그림, 기타자료 등을 엮어 헌정
한 책이다. 당시 원당 선생이 이 책의 제목을 [誠 : 信 · 義 · 業]으로 정하셨다.
이것은 선생의 모든 학문과 삶을 꿰뚫는 중요한 상징적 의미를 갖고 있는 것이다.
2020년, 선생의 논문을 재편집하여 새롭게 총서 형태로 출간을 기획함에 있어 선
생의 뜻을 이어받아 제목을 정한 것이다.

- 즈네상스팀

誠 (言→成:創造) : 信 · 義 · 業
(廣深久의 焦核)　　(敬天)　　(愛人)　　(實地)

하늘의 뿌리 誠성(言언-成성 ; Logos), 사람의 뿌리 命核명핵(찌꿉)을 살찌게 하
는 샘끼, 그 근원은 신(경천) · 의(애인) · 업(실지) 결국의 근원이다. 사람과 하
늘과 땅끼 사이, 이것의 久深廣구심광을 구슬방울로 가로질러 피어온 創生史창생사
에 있어서 實地실지의 業업이 있는 곳에는 敬天경천의 信신이 있고, 愛人애인의 義의
가 있는 곳에는 實地실지의 業업이 있다. 信義業신의업은 誠성, Logos의 tripod(鼎足
정족)이다.

-1997년 정년퇴임기념집 [誠 : 信 · 義 · 業] 前記전기중에서

머리말

「윤리경영수압倫理經營需壓과 개방체제실험開放體制實驗」

[誠성 : 信신 · 義의 · 業업] 총서 제1권의 제목입니다. 원당源堂 이득희 李得熙 선생이 1971년부터 1983년까지 쓴 「윤리경영수압과 개방체제 실험(Ⅰ)-(Ⅳ)」 논문을 모은 것입니다. 제목에서부터 원당 선생의 넓 고, 깊고, 장구한 '시대 통찰력'을 엿볼 수 있습니다. '윤리경영'이라 는 단어를 거의 사용하지 않던 1970년대 초반에 이미 다가올 윤리 경영에 대한 수요의 압력을 예견하였던 것입니다.

「윤리경영수압과 개방체제실험(Ⅰ)」에서 원당 선생은 막강한 사 회적 영향력을 발휘하고 있는 현대 기업이 대중과 괴리되어 대중 으로부터 도전을 받고 있는 현상과 그 원인으로 기업의 폐쇄체제 에로의 복귀, 사회 각 기능집단이나 개인의 물질편중의 폐쇄적 논 리 등을 꿰뚫어 보았습니다. 그리고 현대 인류는 폐쇄와 개방, 현 실과 지향의 모순과 간극에서 갈등하고 있고, 새로운 시대에 부응 되는 생산적인 새 윤리, 개방적인 윤리의 태동이 절실히 요청되어 시대적 수요의 압력-수압需壓으로 강요되고 있다고 하였습니다. 이 러한 개방 경제 사회에 대응하기 위해서는 개방체제를 바탕으로 기업과 대중이 상보체제相補體制를 확립하여야 함을 제시하였습니다. 대중의 개방적 자유의지는 경제적 안정(물질터, T:Trans), 정신적 자유(생명터, M:Mes), 종교적 희열(여섭터, C:Cis)의 3측면이 조화있게 성장 발현되는 것을 추구하는 인간의 의지라 할 수 있으며 이는 전통의 진眞 traditional genuineness으로서 인간의 내면에 흐르고 있는 본원적 의지라고 하였습니다. 기업은 이러한 대중의 자유의지의 흐름을 창조적이고 발전적인 방향으로 수용하고 체계화해가야 한다는 것입니다.

「윤리경영수압과 개방체제실험(Ⅱ)」에서는 개방적 윤리에 근거한 윤리경영의 의미와 원리, 방법을 함축적으로 담아내고, 실實의 장場에서의 얼터(V:Veo)와 3터(물질터(T), 생명터(M), 여섭터(C))가 공명·간섭되는 본유本攸기능의 양상을 구체적으로 파악하여 제시하였습니다.

이러한 실의 장에로 환원하기 위해서는 3터의 일부 가시적인 요소만을 수용하는 폐쇄에서 벗어나 비가시적이고 포착하기 어려운 생명터와 얼터의 기능 요소를 포괄하는 개방 상태에서 각각의 기능과 관계를 파악해야 한다고 하였습니다.

「윤리경영수압과 개방체제실험(Ⅲ)」에서는 현존 문명을 주도해온 근세래의 서구적 사유와 그 전개과정을 검토하고 이를 동양적 사유 특성과 대비하여 본유적 인소因素를 파악하였습니다. 그리고 겨레의 전통적 고유가치의식을 재음미하여 고유얼에 근거하여 생산과 윤리가 조화, 고양될 수 있는 가치인소價値因素와 그 시스템화를 모색하였습니다.

원당 선생은 겨레 고유의 얼에는 동양적 사상의 본유적 정수精髓를 다분히 내포하고 있는데, 이러한 겨레의 고유얼이 본유적 주체를 상실했을 때 고유의 활력을 잃고 침체에 빠지게 된다고 하였습니다. 따라서 겨레 고유얼 속의 가치인소를 파악하여 현대적 감각으로 재정리하고 시스템화하는 것이 긴요하다고 하였습니다. 이는 겨레의 활로를 여는 과정일 뿐만 아니라 인류의 개방적 자유의식을 수용할 새로운 가치체계를 갈망하는 시대적 요청에도 부응하는 길이라는 것입니다.

「윤리경영수압과 개방체제실험(Ⅳ)」에서는 앞의 (Ⅰ)에서 (Ⅲ)까지의 연구에서 제시했던 내용, 즉 오늘의 현실은 새로운 시대에 부응되는 개방적 윤리를 재정립하지 않으면 안 될 급박한 상황에 있다는 점을 재차 강조하였습니다. 그리고 개방적 윤리의 구조와 기능을 구명하고자 인류언어와 수리의 발상 및 발달과정을 고려한 수리계산적 실험으로 접근하였습니다.

논문 (Ⅰ)과 (Ⅱ)에서 제시하였던 얼터(V)와 3터(물질터(T), 생명터(M), 여섭터(C)의 기능을 분류·배열하여 모델화하고, 인간의 표준적 의식과 행동을 함축시사할 수 있는 수리개념을 구축, 실의 장에서 적중률이 높은 실증적 수리계수數理係數나 함수를 자연수의 비례관계에서 도출된 그래프의 수특성 및 함수와 비교·연결하여 「V:M·C·T」의 일관성 있는 수리체계를 제시하였습니다.

이러한 「윤리경영수압과 개방체제실험」에 담긴 내용을 원당 선생은 [誠성 : 信신 · 義의 · 業업]으로 함축하였습니다. 성誠은 '말씀 언言 + 이룰 성成'으로 "말씀을 이룬다"는 의미를 가지고 있고, 말씀을 이룬다는 것은 신·의·업의 균형·조화와 성장을 이루는 것입니다. 이것은 원당 선생의 깊은 통찰과 영감이 만들어낸 결과물입니다. 여기서 신은 신앙성, 의는 인간성, 업은 생산성에 해당합니다. 한 개인으로는 영, 정신, 육에, 개인이 모인 사회로는 종교, 문화, 산업·경제에 해당합니다. 원당 선생은 신·의·업의 균형·조화와 성장을 위해서는 역사 속에 면면히 흐르며 '전통의 진眞'으로 유정溜晶, residuum되어 있는 인간본유本攸의 생기와 순純·천賤·능能을 지향하는 진향眞向적 태도를 개발하고 실현시켜 요용해야 한다고 했습니다. 그래서 얼과 육·정·영의 관계 구조와 기능의 특성을 밝히고, 이를 함축·시사할 수 있는 수리개념의 구조를 추구하였습니다.

1990년대 후반부터 시작되어 2000년대 들어 윤리경영이 화두가 되고, 기업의 사회적 책임, 사회적 가치, 웰빙Well-Being, 로하스LOHAS;Lifestyles of Health and Sustainability등의 개념이 등장하여 급속히 확산되었습니다. 2010년에는 기업의 사회적 책임에 대한 국제표준으로서 ISO 26000이 제정되고, 2011년 공유가치창출 개념이 등장하는 것 등을 보면서 원당 선생이 시대를 꿰뚫어 보는 통찰력으로 연구하였음을 확인하게 됩니다.

그러나 2019년 후반부터 코로나19 바이러스가 발생하여 전세계적으로 확산되는 상황은 그동안의 경제성장이 여전히 자본 중심, 물질편중의 폐쇄적 삶을 확대시키면서 생태계를 파괴시켰음을 되돌아보게 하고 있습니다. 교통 통신이 더욱 발달한 글로벌 개방경제라고 하였지만 물질편중을 키우고 정신과 영적 측면과는 괴리된 사실상 글로벌 폐쇄경제였습니다. 다시 「뉴노멀New Normal」이라고 하여 코로나19 이후 사회를 모색해야 하는 상황은 2000년대 들어 윤리경영이 확산되는 것 같았지만 원당 선생이 제시한 생산적인 윤리, 개방적인 윤리가 제대로 정착되지 못했음을 보여줍니다.

2020년 11월이 되면 원당 선생이 타계하신지 20년이 됩니다. 20

주기가 되는 해를 맞이해서 원당 선생 논문「윤리경영수압과 개방체제실험(Ⅰ)~(Ⅳ)」를 다시 새롭게 편찬하여 발간하게 되었습니다.

출발은 2018년 12월 1일 18주기 추모식에서 원당 선생의 논문을 보기 편한 책으로로 만들어서 일반인과 후학들이 쉽게 접할 수 있도록 하자는 의견으로부터 시작되었습니다. 시간과 공간을 넘어 시대를 통찰한 내용을 담은 논문이 자칫 도서관 서고에서 사장死藏되어 버리는 것을 걱정하며 새롭게 편찬을 하자는 의견이 나왔고 추모식에 참여한 여러 제자들이 뜻을 모았습니다.

그래서 이번 발간은 논문 원본에 충실하면서 가급적 한자를 한글로 옮기고, 한자가 필요한 경우 옆에 한자를 별도로 적어 넣는 방식을 택했습니다. 글씨의 크기를 키우고 보기 편리하게 재편집 구성한 것이 특징이라고 할 수 있습니다.

2019년부터 가제본 책을 만들어 논문의 원본과 대조하며 교정 작업을 하고, 전체적인 구성과 표지 디자인을 논의하였습니다. 이런 과정에 참여한 제자들은 논문을 다시 읽고 그 의미를 재음미하는 소중한 기회를 갖을 수 있었습니다. 원당 선생의 논문은 그 학문의 폭과 깊이가 탁월하고, 또한 새로운 개념과 용어, 함축된 의미의 문장과 단어들이 많아, 최대한 원본 내용을 유지하고 훼손되지 않도록 노력하였습니다. 그러나 뜻을 잘 못 이해하여 편집하였거나 오류가 있을 수 있다는 점을 솔직하게 말씀드리며 깊은 책임감을 갖게 됩니다. 논문 원본은 한국교육학술정보원(KERIS)의 학술정보서비스(RISS)(www.riss.kr/index.do)에 디지털자료로 등록되어 있으므로 직접 확인할 수 있습니다.

[誠성 : 信신 · 義의 · 業업]은 이번에 출판한「윤리경영수압과 개방체

제실험(Ⅰ)-(Ⅳ)」이후 발간할 책들까지를 포괄하는 총서의 명칭입니다. 총서의 명칭을 이와 같이 한 것은, 정년퇴임 때까지의 논문 요약 내용, 신문 기고문, 칼럼, 강연록, 작사 · 작곡, 수리관련 자료를 망라하여 한권의 책으로 정리한 정년퇴임기념집의 책명을 원당 선생이 [誠성 : 信신 · 義의 · 業업]으로 정하셨는데, 이러한 선생의 뜻을 이어가고자 한 것입니다.

원당 선생은 1971년부터 1983년까지 「윤리경영수압과 개방체제실험(Ⅰ)-(Ⅳ)」를 완성하고, 1997년 퇴임 때까지 「건국이념-천부경의 수치실험 해석」, 「창조적 고유 탄력성에 관한 연구」 등의 논문을 냈습니다. 제목은 다르지만 전체적인 내용은 평생 일관된 연구를 추구하며 완성해 가셨습니다. 총서명은 그러한 연구의 일관성을 하나로 이어주는 의미를 갖고 있습니다.

총서 제1권은 '윤리경영수압과 개방체제실험(Ⅰ)-(Ⅳ)'을 중심으로 출판하면서 부록으로 원당 선생의 글 '우리의 결의', '우리의 일'과 작사·작곡하신 '길을 따라', '참을 찾아' 등도 수록하였습니다. 이번 총서 제1권에 담지 못한 논문들은 총서 제2권, 제3권으로 이어서 발간할 계획입니다.

역사는 항상 큰 위기 때 새로운 전환의 기회를 갖기도 합니다. 코로나19 바이러스 발생으로 새로운 뉴노멀을 기획해야하는 2020년, 그 2020년에 출판한 「윤리경영수압과 개방체제실험」에 담긴 내용과 의미가 널리 알려질 수 있기를 기대해 봅니다. 그리고 이번 출판의 취지가 후학들이 쉽게 접할 수 있도록 하자는 것이었던 만큼 아무쪼록 후세대가 연구하는데 도움이 되고 원당 선생의 연구가 더욱 발전되어 갈 수 있기를 바라게 됩니다.

이번 20주기 추모를 기념하는 총서 제1권이 출판되기까지 원당 선생의 제자들의 모임인 즈네상스팀Gene-Nascence Team은 2년간의 과정에서 각자의 삶과 바쁜 일정에도 검토, 토론, 교정 등에 깊이 참여하면서 논문에 담은 내용의 의미에 더욱더 다가갈 수 있었습니다. 성원과 격려해 주신 모든 분들께 감사의 마음을 전합니다.

그리고 원당 선생이 만든 용어나 한자, 수치실험에 사용한 수식과 수리 등 평범하지 않은 논문형식과 내용임에도 출판을 결정해 준 한국학술정보 ㈜ - 회사에 감사드립니다. 특히 일반 도서 형식으로 만드는데 어려움이 있었음에도 함께 창의적으로 편집과 교정을 수행해 준 기획편집팀의 유나님에게 감사의 뜻을 전합니다.

2020년 10월
가을이 깊어가는 만추의 계절에

즈 네 상 스 팀
(Gene-NascenceTeam)

목 차

3장 윤리경영수압과 개방체제실험(Ⅲ)

4장 윤리경영수압과 개방체제실험(Ⅳ)
- 생산적 윤리의 구조와 기능 -

부록

誠 (言→成:創造) : 信 · 義 · 業

(廣深久의 焦核)　　(敬天)　(愛人)　(實地)

제1장

윤리경영수압과 개방체제실험(Ⅰ)

1. 서론

(Ⅰ)

현대 기업은 대중大衆의 도전挑戰을 받고 있다.

사기士氣 노동의 제공자이며, 자금 제공자이며, 또한 선택 소비자이기도 한 현대 대중은 주권자主權者라는 유형적인 실력 이상의 무형적 잠재력을 소지하고 있다.

또한 기업의 자체 상호간 일로一路 과열화되어 가는 경쟁, 그로 인한 반목과 불신, 경계와 긴장 등은 소중한 시간과 노력과 물자를 무위無爲하게 유실시키고, 승산 없는 투자를 격증시킨다.

그리하여 일어나는 생산성의 위축, 수익률의 저하, 도산의 속출 등은 세계적 현상으로 번지고 있다. 이것은 기업기반의 견연堅軟, 환경의 긴완緊緩에 따라 차이는 있지만 현대 세계 내 기업이 가지는 전반적 고민이다.

그리하여 선·후진국을 양극으로 한 비만 경제의 해소와 낙후 경제의 이탈을 위한 국제 경쟁은 격렬하여 많은 기업은 활로를 찾아 국가적 폐쇄체제閉塞體制에로 복귀하려 하고 있다.

그러나 국제 경제와 세계 문화 시대라 일컫고 있는 오늘날 개방적開放的 자유自由와 개방적 소비를 구하여 분류奔流하고 있는 현대 인류의 대세는 폐쇄적 경제의 공간에 머물려 하지 않는다.

국가와 기업이 여하한 관료와 조직을 구사한다 하더라도 대중은 국가와 민족, 그리고 기업에 대한 전세前世적 신앙과 충성을 바치려 하기 보다는 오히려 사적 이익의 곽속에 자기를 은거시키려 할 따름이다.

핵전核戰의 공포 앞에서 세계대전의 가능성이 차단되어 있는 이상 모든 기업은 자체의 기존지반과 환경을 발판으로 하여 기업 상호간의 국제적 경쟁을 극한으로 몰고 갈 따름이다.

따라서 이것은 곧 평온한 지역, 풍부한 자원, 통일된 의식, 산업의 역사를 가지지 못한 국가군群의 기업에 대한 교란과 정체를 가져오게 된다.

우리나라는 이러한 국제 경제 정세의 압박 하에서 제반 경제적 여건이 빈약하며 더욱이 자유우방을 지키는 변방에 위치하여 국방을 위한 막대한 물자와 시간과 노력의 부담을 치루고 있을 뿐 아니라 최근에 와서는 이질異質적 적성경제敵性經濟의 포위공세包圍攻勢 등에 대비하여야 할 가중된 새로운 시련을 맞이하고 있다.

오늘날에 있어서 기업은 국민과 국가를 매개하는 중추적 존재이며, 모든 문화의 지배자이다. 그러므로 기업은 국가의 내일을 보장하며 또한 국민 문화로 하여금 물질 종속에서 해방시키는 수단인 동시에 원래 그것은 문화의 소산이기도 하다.

그러나 오늘날의 기업이 패쇄적 조직이나 관료의 각殼 속에 머물러 인색한 수법으로 대중의 협력을 유도하려 함으로서 팽대된 대중의 세력은 기업에 대하여 일층 더한 저항을 가하는 것이다.

오늘날의 기업 집단과 노동 집단의 알력軋轢 등은 불황 속의 고물가라는 이례적 현상을 일으키는 주요인이 되고 있다.

대중이 기업으로부터 괴리되는 것은 인간이 물질 위주에서부터 분리되어 가는 것을 뜻하며 대중은 물질의 울안에 고착되어 있는 패쇄적 인간으로 하여금 그로부터의 이탈을 재촉하고 있다.

원래 물질은 인간을 생성시킬 수 없지만 인간은 물질을 생성시킬 수 있는 존재이기 때문에 물질과 그의 메카니즘은 인간과 대중 앞에서 붕괴되어 온 것이 역사의 경험이다.

중세래中世來 세계 기독교와 르네상스 정신이 근세래近世來 산업 부흥에 공헌되어 온 것을 생각하면 물질주의에로 편중되어 국제적 화폐 및 자본가資本價의 동요, 상품 수급의 제약과 격변 등의 소용돌이 속에서 그 기능이 마비되어 가고 있는 오늘날의 기업은 그 운영의 기본 중추인 인간자세의 본연을 회복함으로써 새로운 동력을 소생시킬 수 있는 것이다.

현대 국제 정세하의 전반적 위기를 어느 나라보다도 먼저 맞이하는 우리는 물질적 국면의 이해 갈등에서 벗어난 본래의 잠재력을 발휘할 전진前進이 강요된다.

기업경영의 주체는 인간이며 그 대상은 재화이다. 그러므로 인간과 물질의 결합기능은 기업내부에 있어서 제조 외 손비損費의 증감과 손익분기점損益分岐點의 상하향 운동에 관계된다. 그러므로 국외 조건에 의하여 국내 기업이 섭동攝動될 때 우리는 우리의 전통적 민족성의 여러 요소를 재배열하여 기능화 함으로써 대응할 수 있다.

세계가 시공時空으로 단축되어 가고 그러나 이상사회理想社會는 아직도 극복할 수 없는 차원에 걸려있는 이상 최근의 불길한 경제 정세 속에서 정밀 기계 문명하의 식민지 기업이 조출造出되지 않는다고 단정할 수는 없다. 그리고 우리는 미래에 대한 낙관을 불허하는 한계 지역에 서 있다.

이러한 제반 상황을 극복하기 위하여 본 연구는 기업과 대중의 통로인 구판購販 유통의 과정 중에서 특히 유통의 근간인 식품의 유통 과정을 시스템공학의 수법을 원용援用 실험하여 현대 인간의 정신적 내면 작용과 외적 물질 활동의 근본 영역을 찾아 인간의 고유존재固有存在를 회복시키려는 대중적 성향에 최적된 경제체제와 윤리체계를 구상화하고 현실화하려 하는 데에 그 목적이 있다.

(II)

오늘날 경영은 인간이 그의 생존을 위한 물질 획득 활동이라는 본래의 영역을 넘어서 과학과 전력戰力에 유형적 활력을 부여하는 등 현대 사회의 기동력을 대표하는 중추적 기능을 담당하고 있을 뿐 아니라 나아가 인간의 정신 문화나 종교까지도 지배하기에 이르렀다고 생각된다.

이러한 관계로 현대 사회가 내포하고 있는 거의 모든 문제는 경영이라는 울타리 안에 수렴, 농축되어 있다. 바꾸어 말하면 기업 내부에 있어서 여러 문제는 바로 그를 둘러싸고 있는 사회 전반의 문제로 생각될 수 있는 것이다.

오늘날 거의 모든 사람은 설사 직접적으로 기업에 종사하지 않는다고 하더라도 자유직업인, 농민에 이르기까지 공급자 내지 수요자로서 기업 활동에 직접 의존하여 생계를 얻고 있을 뿐만 아니라 일국의 경제 정책도 기업의 임금 수준, 가격 정책, 노사관계 등의 정책 방향에 따르게 되며 이와 같이 자체 내의 사회 형태가 사회 전반의 기준으로서 중요한 의미를 갖게 되는 결정적 제도decisive institution[1])이다.

또 기업의 내부적 질서 및 문제는 표면적으로나 직접적으로 그와는 분명히 무관한 사람도 그러한 질서나 행동 양식을 인정하지 않을 수 없는, 다시 말하면 산업적 기업은 개인의 사회관을 규정하는 대표적 제도representative institution[2])이며 그 소유자가 누구이든 그의 권력이나 기능은 사회의 정치적 내지 법률적 조직에서나 소유자에서 얻는 것이 아니라 기업 독자의 성질을 가지고 그 자신의 존재법칙存在法則 The laws of its own being에 따르는 자율적 제도Autonomous institution[3])라 할 수 있다.

이와 같이 현대 사회의 주도적 역할을 담당하고 있는 기업은 노동과 자본의 제공자인 동시에 선택소비자이기도 한 實의 주권자主權者인 대중과의 긴밀하고도 부단한 상호 협력 하에서 그의 기능이나 활동이 가능한 것이다.

오늘날 여러 나라의 기업이 노동사기勞動士氣의 저하 및 임금 상승률의 가속화와 손익분기점의 상향으로 인한 수익률의 저하, 기업 성장의 둔화, 물가상승 등으로 번지어 사회적으로 실업과 고물가라는 현상이 동시에 일어나 정체 속의 '인플레'라는 기현상을 나타내고

1) P.F.Drucker; The new Society · The Anatomy of the Industrial Order, N.Y. 1950. pp.32-33.
2) Ibid,, pp.33-35.
3) Ibid,, pp.35-37.

있으며 국제적인 개방경제하에서 국제간 가격 경쟁력 약화를 보완하기 위한 보호무역주의와 환조정換調整 정책 등으로 격동하고 있는 것도 근본적으로 대중이 기업에서 괴리되어 상보체제相補體制가 와해되는 데에서 연유되는 현상이라고 볼 수 있다.

국제적 개방사회로 이행되면서 대중의 자유 의식은 파격적으로 팽대하여 가고 우리나라도 그러한 조류에 민감하게 따르고 있다. 그러나 국민의식은 봉건주의, 전제주의專制主義, 유물론적 물질주의, 적극적인 자본주의 등의 여러 가치관으로 복잡하게 분열, 혼효混淆되어 상호 갈등, 대립하고 있으며, 종교적인 파벌, 문벌, 족벌 등으로 분파되어 국민 의지意志는 지향성指向性이 산발적이고 이성理性의 집약이 지극히 어려운 실정에 있다.

이러한 분파 현상은 끊임없는 외세의 압력과 거듭되는 현실급박 등의 영향으로 근시적 소속감이나, 아집, 이기의 폐쇄적 자기 속에 고착되어 온 결과라고 생각할 수 있을 것이다.

이같은 폐쇄성은 조잡한 의미론적 의념擬念 elusion이나, 형식적 논리에 근거한 충동적 엘리트 의식에 집착되어 권력, 조직, 이념 등을 앞세운 파벌을 형성하여 집단화하고 그러한 폐쇄의 각 속에 안거하여 허세나 안일을 꾀하는 것이다. 그리하여 광범하고 장기적인 안목이나 사고가 결여되고, 진취적인 기상이 폐쇄되며, 과학적 사고력이 부족하여, 언어까지도 과학적이고 역동적인 어휘가 미분화未分化 상태에 머물게 되었다고 생각된다.

또한 이와 같은 의식의 폐쇄성은 국민의 자발적이고 능동적인 의지와 창의성을 폐쇄시키고 억압하게 되며 기업에 있어서 노동, 자본, 수요의 상호 협력을 저해하는 요인이 된다고 생각할 수 있다.

현대의 경영이 당면하고 있는 시대적인 난관을 극복하는 데, 오랜 산업의 역사와 통일된 의식, 풍부한 자원 등 여건이 구비된 선진 국가들은 그나마 부분적인 경영 기법이나 관리 개선 등으로 근본적인 대책은 못되더라도 우선은 대처하여 갈 수 있겠지만 우리나라와 같이 여건이 불리한 나라에 있어서는 그러한 지엽적이고 부분적인 방법으로는 결코 시대적 난관을 극복할 수 없는 것이며, 더욱이 새로이 전개되는 개방 경제 사회에 대응하려면 국민의 자발적 의지에 바탕 한 상보체제相補體制의 확립이 어느 나라보다도 시급히 요청되고 있는 것이다.

그러므로 우리는 전통 속에서 민족의 고유 휴머니즘을 개발함으로써 근시안적인 소속감이나 이기 또는 아집의 폐쇄성을 초월하고 국민의 자발적 의지가 최대한 발휘될 수 있는 민족의 주체성을 확립하고, 국민의 자유 의지를 수용할 수 있는 개방체제開放體制 하의 가치관 정립이 무엇보다도 긴요한 것이며, 그러한 바탕 위에 설 때 비로소 민족의 분열된 의지가 집약되고 노동, 자본, 수요의 협력 체제가 형성되어 기업의 안정과 온전한 성장을 기할 수 있을 것이다.

필자는 본 논문에서 현상의 정확한 인식 방법에 대하여 고찰하고 현대의 폐쇄적 논리성을 검토하면서 인류의 전통 속에 유정溜晶된 - 잔여殘餘된 - 개방 상태 하에서의 인간성향人間性向을 구명究明하여 국민의 생기生氣 vitality가 최유효最有效하게 발휘될 수 있는 시스템을 체제공학體制工學적 방법으로 시도하여 보려 한다.

2. 실實의 현상現象에의 '어프로우치'

일반적으로 과학이나 철학은 외계 현상을 설명할 때 특정의 기본적 인자因子나 원리를 세우고, 그에 의하여 현상의 다양한 대상을 재구성하여 파악하려는 태도를 취하는 경우가 많다. 이렇게 해서 구성된 이론에 있어서는, 어떠한 고정된 각도에서 특정의 도구를 써서 관찰하는, 설명에 앞서는 전제前提가 있는 것이다.

이러한 태도는 전제를 부여하는 관찰자가 현상의 여러 대상 중에 포함되지 않는 별개의 존재로서 생각하고 있는 입장인 것이다. 그러나 관찰자도 현상 속에서 하나의 대상으로 다른 대상과 연관되어 여러 가지 모양으로 상호 공명共鳴 resonance하고 간섭干涉 interference되면서 전체를 형성하여 가는 것으로 대상과 상호 변화 과정에서 종속되어 있는 종속 요소인 것이지 독자적으로 운동하는 독립 요소는 아니라고 할 수 있는 것이다.

그러므로 현상 중에 관찰자의 위치를 독립시켜, 고정된 별개의 것으로 고착시켜 현상을 설명하게 될 경우 여러 가지 요소의 함수로서 나타나는 현상에서 하나의 함수를 누락시킨 결과가 되어 정확한 현상 인식이 어렵고 그 누락된 부분만큼 논리에 모순이 개재된다고 볼 수 있을 뿐 아니라 때에 따라서는 실實의 현상現象과는 동떨어진 것을 파악하게 되는 경우도 있게 될 것이다.

훗설Edmund Husserl 1859~1938은 사물의 존재에 관한 정립定立을 괄호에 넣어 일체의 순수의식의 장면에 환원還元한다. 의식의 지향성指向性에 근거하여, 의식의 작용면作用面과 상관적으로, 여러 가지 층의 대상면對象面에서 규제되어지는 속에서, 사물의 본질적 의미와 구조를 밝히려고 한다. 순수직관 중에 나타나는 소여所與의 다양성은 노에마 Noema, 소재素材를 지향적 체험에로 형성하는 것을 노에시스Noesis라고 하였다.[4] 즉, 자기自己를 현상 속에 소여로써 던지고 노에마Noema, 노에제Noese, 노에시스Noesis의 과정을 밟아 자기에로 환원하는 작용을 반복함으로써 현상의 정확한 인식이 가능하다고 말한다.

그러나 인간은 자기의 의지에 의하여 외계 현상 속에 소여로서 던지는 것이 아니라 본래적으로 생활장(외계현상)에 소여로서 존재하는 것으로 이 자기 소여를 생명生命 vitals이라 할 수 있겠으며, 인간은 그 생활장生活場 안에서 체험적으로 훗설이 말하는 3단계의 과정을 반복하는 것이라 생각될 수 있다.

그러므로 인식이란 인간 본연本然의 지향성인 육체, 정신, 영혼이 중첩重疊된 생명 활동의 대외계對外界적 작용이며, 이것은 실의 생활장에서 대상을 향한 능동적 표현을 내포한다. 이 능동적 작용은 외계의 대상과 공명되는 것인데 이때 자아의식自我意識과 현상은 실의

---

4) 高坂正顯 ; 現代哲學, 東京, 昭和 32. pp.193~198.

현상의 관계에 이르고, 비로소 정확한 인식이 가능하게 된다고 할 수 있다.

실의 현상이란 인간의 외계에 대한 자기 소여所與인 생명터vitals field 와 물질터substance field, 그리고 생명터에서는 신성神性 divinity으로 물질 터에서는 시時 time로서 인식되는 양자의 매소媒素적 역할을 하는 여 섭與攝터provision field의 3터가 중첩重疊되어 각각 독자적으로 진동振動 vibration하고 상호간에 공명과 간섭의 복잡화 운동과정에 있는 개開의 상태open state의 본질인 것이며, 이는 바로 실의 생활장인 동시에 이 중첩되어 있는 3터에 조화와 육성育成의 힘을 부여하는 것을 말하며 얼터vitality source라 이름 할 수 있는 것이다.

얼터와 3터의 관계는 빛과 3원색의 관계에 비유될 수 있는 것으 로 즉, 3원색인 빨강, 노랑, 파랑이 사람에게 인식되는 것은 그 각각 의 색을 나타내게 하는 소지素地 mediator에 빛이 투사될 때 비로소 각 각 빨강, 노랑, 파랑색의 색감色感이 인간의 시각을 통하여 인식되는 것으로 심리학자 헤름홀츠Helmholtz[5]에 의하면 반사광선의 파장에 따 라 신경선유神經線維의 흥분의 정도가 각각 다른 색의 구별을 가능하 게 한다고 한다. 그러므로 광원光源이 없을 때 즉, 어두운 곳에서는 3원색을 색으로서 인식될 수 없는 것이다.

이와 같이 얼터가 역동적으로 작용하여 그 기능이 발휘될 때 3터 는 각각 생명터, 물질터, 여섭터로서 균형 있는 상태가 인식되어 오 는 것이라 볼 수 있다. 그러므로 얼터의 기능을 결여한 고착된 폐쇄 상태에서 현상을 이해하려 함은 전체의 일부분을 관찰하여 완전한 실의 현상을 인식한 것으로 착각하고 있다고 생각할 수 있겠다.

---

5) 相良守次 ; 現代心理學の諸學說, 東京. 1964. p.11.

왜냐하면 중첩되어 있는 3터에 있어서는 관찰 소지素地에 따라서 여타의 제 대상은 여러 형태로 관찰될 수 있고 또 시시각각으로 변모되기 때문인 것이다.

이는 디랙P.A.M. Dirac의 양자역학에서 말하는 2면적 중첩에 대한 다음과 같은 내용을 생각하면 쉽게 이해가 될 수 있는 것이다. 즉, "A와 B의 두 가지 상태가 중첩이라고 생각하여 보자. 그래서 계系가 상태 A에 있을 때에 관측한다면 확실히 어느 특정의 결과(예를 들면 a)가 얻어지고 계가 상태 B에 있을 때에는 다른 결과(예를 들면 b)가 얻어진다고 하는 관측이 존재한다고 하자. 계가 중첩된 상태에 있을 때 그 관측을 행하면 즉, 중첩과정에 있어서는 A와 B와의 상대적인 중복에 의해 결정되는 일정의 확률로서, 어떤 때에는 a인 결과가 어떤 때에는 b인 결과가 나타난다."[6]

그러므로 실의 현상의 인식은 폐쇄적 상태에서는 극히 어려운 것이고 이와 같이 관찰소지에 따라 달라지는 다양한 현상을 조감鳥瞰적으로, 종합하여 관찰할 수 있는 위치에 서지 않으면 안 되는 것이다. 얼터는 바로 이러한 실의 현상에 대한 조감적 관찰의 축軸이라고 볼 수 있는 것이다.

그러므로 정지적 상태에서 실의 현상은 3터와 얼터의 4터가 공액共軛 covalent된 상태라고 생각될 수 있으면 이러한 4터를 본 연구에서는 한터super field 또는 삼라森羅 cosmo라고 말하고자 한다.(이에 대해서는 6절 "시스템"의 "어프로우치"에서 자세히 다루고자 한다)

그리고 3터와 얼터로서 이루어지는 한터는 다음과 같은 대칭관계를 형성하고 있는 것으로 즉, 3터 중 어느 2터가 제 1의 대칭을 이루

---

6) P.A.M. Dirac ; The Principles of Quantum Mechanics(2nd ed), 1934. p.16.

며, 나아가 나머지 터와 제 2의 대칭관계를 가지고 3터의 제 2대칭이 얼터와 제 3의 대칭으로서 연결되면서 전체가 조화·발전되어 간다고 볼 수 있는 것이다.

제 1의 대칭을 이루는 2터를 각각 Cis(備비), Trans(徵징), 제 2의 대칭을 이루는 터를 Mes(盡진), 제 3의 대칭을 이루는 얼터를 Veo(蠕연)이라고 부르기로 하자. Veo, Mes, Cis, Trans 의 연관을 비단 3터와 얼터의 관계에서 뿐 아니라 실의 현상계의 사상事象은 모두 이런 4가지 요소의 상호 운동을 통하여 조화·발전되어 가는 것으로 생각할 수 있다.

실實의 현상現象에서는 모든 대상이 항상 역동적인 상태에 있으므로 Veo 적 요소는 실제상 인식의 대상은 아니고 Mes, Cis, Trans 적 요소의 운동 속에서 추상되는 것으로 양자물리학에 있어서 양자장量子場의 고유함수固有函數 eigen function에 있어 그 변수變數로써 Super point를 도입하는 것에 비유될 수 있을 것이다.

그러므로 Veo, Mes, Cis, Trans 적 요소는 정지적 상태에서 현상의 구성적 요소로서 상정되는, 현상 설명을 위한 수단일 뿐이지 이들 상호간에 하등의 차등差等이나 위계성位階性이 존재하는 것은 아니다.

그러면 이러한 실의 현상에 생명vitals으로서 존재하는 인간은 생명과 다른 두 대상과의 종합적 연관이나, 그 3터에 조화적 기능을 수행하는 얼터를 어떻게 인식하게 되는 것인가?

인식주체로서의 인간은 현상 중에 생명으로 소여所與된 하나의 대상인 동시에 육체(물질터), 정신(생명터), 영혼(여섭터)으로 구성된, 다시 말하면 3터가 인간 측면에 사영射影 projection되어 있는 존재라고 볼 수 있다.

그러므로 인간은 3터의 사영인 육체, 정신, 영혼이 얼터와 공명되면서 각각 능동적으로 외계와 접할 때 정확하게 실의 현상을 인식하게 될 뿐 아니라 얼터와 3자가 공명되어 조화와 성장이 이루어지는 과정에서 생기生氣 vitality를 갖게 된다고 볼 수 있다.

인간은 그가 소여되어 있는 외계의 생활공간 즉, 환경으로부터 그의 의식에 거의 절대적인 영향을 받고 있는 것으로 그 환경이란 역사의 흐름에서 유리遊離된 한 시공時空은 아니고 역사적 과정에서 3터가 얼터의 기능 하에서 끊임없이 연관되고 조화되면서 계속적으로 여과濾過 filtration되어 온 전통적인 생활 환경의 유정溜晶 Residumm인 것이며 또한 현재 인간이 항상 접하고 있는 실의 생활장인 것이다. 그러므로 우리의 거의 모든 인식은 수직적 역사의 흐름과 수평적으로 실 생활장이 교차되는 곳에서 이루어지고 있는 것으로 생각될 수 있다.

개체발생個體發生이 계통발생系統發生을 반복하듯이 인간의 그 현재現在 의식意識 안에, 전통적으로 흐르며 유정溜晶되어 온 제 요소를 내포하고 있는 것이다. 원시 공동체 사회에 있어서 신앙성의 표현인 샤머니즘, 상부상조하는 인간성의 본래적 표시인 씨족성 내지는 혈연성의 응결체로써 씨족사회, 또 의, 식, 주를 위한 재화 획득 방법으로써 자급자족自給自足 autarky 및 물물교환物物交換 등의 경제체제는 역사의 진전과 더불어 여러 가지로 그 추구 형태가 변모되어 왔으나 인간의 역사 속에서 변함없이 흐르고, 추구되는 근본적인 요구인 것이며, 현대의 종교의식宗敎意識, 민족의식民族意識, 경제(경영)의식經濟(經營)意識 등은 그러한 기본적인 인간성향人間性向의 변형된 표현이라고 생각될 수 있다.

이러한 전통의 유압流壓 혹은 전통적 생활 환경의 유정溜晶 속에서 인간은 육체, 정신, 영혼을 포괄하는 생명으로서 실의 현상과 맞서게 되는 것이며 이러한 전반적 시대의 현상에 있어서의 자아는 현상적現象的 및 형상적形相的 환원還元 phänscmenologishe und eidetische reduktion[7]을 수반하는 동시에 전통적인 생활 속에서 공통적 생활속성으로서 유정溜晶되는 요소가 바로 실의 현상의 근본 영역인 얼터인 것이고, 실實이란 한터를 구성하고 있는 각 터가 원래의 터로 배열되어서, 다시 말하면 모순된 현재의 위치에서 건전한 위치로 변경되어 전체가 조화있는 성장을 결과하게 하는 것을 말하는 것이다.

유정溜晶된 여러 요소는 우리의 생활 주변에서 민요, 속요, 전설, 관습 등으로 잘 나타나고 있으며 이러한 것이 인간에게 공명共鳴되어지는 것은 전통적으로 인간에게 그러한 속성이 내면화되고 있기 때문이라고 볼 수 있는 것이다.

이러한 전통적인 유압流壓이 끊임없이 또 변함없이 인간의 내면의식을 통하여 미래에 이어지고 실의 생활장에서 발현되어 간다고 생각되는 것으로 인간의 유의식遺意識 found, 잠재의식潛在意識 latent, 표의식表意識 manifest 등으로 내면화되면서 생활 중에 표출된다고 볼 수 있다.

미국의 제도학파制度學派 경제학자 베블렌Thorstein Veblen 1857~1929은 인간의 생득적生得的 성벽性癖, 소위 본능本能 instinct이 역사 진전의 기초적 원동력이라는 생각 하에서 그의 경제 이론을 전개하고 있으며,

　"인간은 단순한 외계의 자극에 의해서 행동하는 수동적 존재는 아니고

---

7) 高坂正顯 ; 前揭書, pp.185~192.

항상 적극적 창의(創意) 위에서 행동하는 능동적 존재로서 그 경제 활동은 쾌락과 고통의 단순한 비교가 아니라 보다 근본적인 성향이나 습관에 의하여 행하여진다고 본다. 그리하여 경제활동에 관계가 깊은 인간의 본능은 닥쳐 올 세대의 복지에 대한 비이기적(非利己的)인 배려(配慮)의 친성본능(親性本能 parental bent), 효율적인 일에 대한 편호(偏好)와 보람없는 노력에 대한 혐기(嫌忌)를 의미하는 공장본능(工匠本能 instinct of workmanship) 및 보다 중대한 이해(利害)가 그의 주의(注意)를 끌지 않는 경우에 인간이 크든 적든 철저히 보다 잘 알려고 하는 욕구로써, 지식을 위한 지식, 과학적 진리를 추구하는 성향에 지나지 않는 호기본능(好奇本能 instinct of idle curiosity)이지만 이들의 본능은 경험의 반복이나 환경의 변화에 의하여 진화하고 발전한다."[8]

이와 같은 본능이나 습관의 누진적累進的 진화進化를 기초로 해서 경제 활동의 역사적 발전 과정을 규명하는 것이 근대 과학으로서의 경제학의 과제라고 말하고 있다. 즉, 실의 현상의 근본 영역인 얼터 vitality source의 기능에 유사한 파악이라고 생각될 수 있을 것이다. 다만 베블렌은 그 요소를 본능으로 보았으나 그 본능 상호간의 연관 및 역할에 의한 전체적 운동시스템에 대한 명확한 구명究明이 되어 있지 않다.

그러면 이러한 전통적 유압流壓으로 유정溜晶되어 온 다양한 요소가 조화적으로 내면화되어 있는 현존재現存在로써 인간은 외계 현상을 어떻게 인식하게 되는가?

앞에서 우리는 3터가 인간 측면에 사영射影된 육체, 정신, 영혼으로 구성된 생명으로서의 인간을 살펴보았으며, 또한 얼터가 위의 3자에 투사投射되어 조화를 이룰 때 인간은 생기를 갖게 된다고 말하였다.

---

8) Thorstein Veblen ; The Instinct of Workmanship and the State of Industrial Arts, N.Y. 1914. pp.33~85.

인간은 전통적 유압 속에 유정溜晶되는 실實의 현상現象의 근본 영역인 얼터를 가장 잘 의식할 수 있다. 실의 현상에의 접근은 단순한 사변적 관념으로서가 아닌 육체, 정신, 영혼을 전생명全生命으로 실의 생활장에 환원하여 착참하고 적나라한 현실을 뚫어나는penetrate 데에서부터 시작되어야 한다고 볼 수 있다.

그리하여 실의 생활장에서 인류적, 역사적 공통인소共通因素 즉, 통합적 공통인소인 전통의 진traditional genuineness를 터득하고 나아가 이가 인류적, 역사적 최대다수 사이에 공명되고 있는 공통의 생활장 그 속에서 얼터가 인식되는 것이고 그 생활장을 넓힘으로써 얼터의 인식 범위는 넓혀진다고 볼 수 있다.

그리고 얼터의 이러한 인식 위에서 3터를 조감적으로 종합하여 관찰할 때 즉, 폐쇄적 고착 상태에서 탈피하여 생명을 구성하는 육체와 영혼, 또 정신의 지知, 정情, 의意를 총동원한 종합적인 방법을 통하여 비로소 정확한 현상의 인식이 가능한 것이며, 이는 인식이라기 보다는 체득體得 또는 체감體感이라고 할 수 있겠다.

그러므로 현상의 조감적 인식이 이루어지는 얼터적 관찰축에서 이탈하여 정지적인 폐쇄 상태에서 더욱 단편적인 지성이나 감성 또는 의지에 치우쳐 현상을 설명하려 할 때 형식적 또는 사실적 논리에 흘러 의제擬制 logical fiction나 의념擬念 elusion에 빠지기 쉬운 것이다.

칸트I.Kant적 세계에서는 선험先驗 a priori의 구체적 내용이 내재되어 있는 전통적인 문제를 소홀이 하고, 실생활장實生活場에서 이탈되어 주로 주지主知적 방법을 통하여 현상을 인식하므로써 실의 현상과는 걸맞지 않는 선험률先驗律이라는 당위성當爲性을 도입하는 의제擬制 elusion에 흐르게 된 것으로 생각된다. 물론 폐쇄 상태에서 사실적으로 인식되는 대상이 주로 물질적 구상이기 때문에 확률적 빈도는 클지 모르나 개開의 상태open state에서는 설사 확률적 빈도는 크지 않더라도 가중價重 weight이 폐쇄상태에서 보다 훨씬 크기 때문에 실의 현상에 더 가깝게 정합整合되는 것이라고 볼 수 있는 것이다.

그러나 일반적으로 유형有形적 빈도頻度 frequence만을 중시하여 사실주의적 관념이나 형식적 논리의 폐쇄적 의념疑念 elusion에 흐르기가 쉽고, 지성이나 감성 또는 의지의 어느 한쪽에 치우쳐 현상을 설명하려는 경향이 짙은 것이다. 그러나 인간은 예감叡感 inspiration, 경험감先驗을 포함 a priori, 기량技倆 technique의 3자가 혼연일체를 이룬 기구를 통하여 현상을 인식한다고 볼 수 있다.

이는 생명을 구성하는 육체flesh, 정신spirit, 영혼soul이 외계의 3터를 인식하게 되는 안테나antenna의 역할을 한다고 볼 수 있으며 얼터와 감응 또는 공명되는 생명의 매개소로써 비유될 수 있다. 이러한 3자를 종합한 것이 아니고 어느 한쪽에 치우쳐 관찰할 때 하나의 사상事象은 그 입장에 따라 여러 가지로 인식되는 것이다.

독일의 역사철학자 딜타이Wilhelm Dilthy 1833~1911는 이러한 사실을 제한된 면에서나마 다음과 같이 지적하고 있다.

> "오성(悟性)이 우세할 때에는 실증주의(實證主義)적인 유물론(唯物論)이 성립하고 감정적 태도가 우월하면 객관적인 범신론(汎神論)적 관념론(觀念論)으로 되고 최후로 의지적 태도가 우세하면 우리는 플라톤(Platon), 그리스도교 혹은 칸트적 자유의 관념론을 갖는다."[9]

즉, 오성·감성·의지의 어느 한 쪽에 치중하여 사상을 관찰할 경

---

9) ボヘンンスギ ; 現代のヨ-ロッパ哲學, 東京, 1960, p.147.

우 각각 다른 세계관이 형성된다는 것이다.

이와 같이 관찰도구나 그 영역에 따라 각각 다른 현상의 인식 결과가 도출되므로 그 각각은 일면의 정당성은 갖고 있다고 하더라도 현상의 전체적 파악은 결코 될 수 없다고 볼 수 있겠다. 비유하자면 물리학에서 프리즘을 통과한 빛이 굴절률에 따라 7가지 색으로 분광되었을 때 그 분광된 어느 한 가지 색으로써 빛의 본체를 설명하려고 하는 것이라 생각될 수 있겠다.

그러면 되돌아가 예감叡感 inspiration, 경험감先驗을 포함 a priori, 기량技倆 technique이란 구체적으로 어떠한 기능을 갖는 것인가?

여기에서 예감이란 영국의 경험주의 철학자 베이컨Francis Bacon 1561-1626이 "천재天才는 하늘이 주는 것이다."[10]라든가 독일의 실존주의 철학자 하이데거Martin Heidegger 1889~1976의 "암호의 해독자解讀者"[11]라고 할 때의 "하늘이 준다"라든가 "암호의 해독"이라는 말과 상통하는 것으로서 3터 중의 여섭與攝터나 얼터, 나아가 얼터를 통하여 표출되는 것(이를 필자는 한기(super vitality)라고 부르기로 한다)의 교통交通으로 감득感得되는 것이라고 말할 수 있는 것이다.

경험감이란 전통적으로 인간의식 속에 내면화되어 유의식遺意識 found, 잠의식潛意識 latent, 표의식表意識 manifest으로 유정溜晶되고 생활 중에 표출되며 현재적 생활 체험 중에서 터득되는 지, 정, 의의 의식이라 할 수 있겠다.

기량이란 후천적으로 인간이 학습을 통하여 습득되는 구체적인 지식이나 기술이라고 볼 수 있다.

---

10) Ibid., p.15.
11) Ibid., p.189.

말하자면 이러한 3가지 인식 도구는 3터가 투사投射되어 투영投影된 영혼, 정신, 육체가 다시 외계의 투사원投射源을 향하여 반사 또는 반향反響되는 것으로 비유될 수 있는 것이다. 나아가 인간은 그러한 3가지 반향이나 반사선을 발하는 기능을 갖는 3부분으로 이루어진 하나의 전반적 기계Holistic machine라고 비유하여 생각할 수도 있겠다.

그 3부분은 마치 3발tripod과 같은 것으로 그 중 어느 하나라도 길던지 짧던지 하여 균형을 상실하면 넘어져 버리든가 불완전한 모양을 취하는 것처럼 3부분도 그와 같이 상호간에 하등의 우열이나 차등이 있는 것은 아니고 똑같이 동등한 비중으로써 상호 보완하여 균형을 이루고 있다고 생각될 수 있겠다.

3. 논리성論理性에 대한 고찰

우리는 앞에서 실實의 현상現象에 대한 정확한 인식 방법에 대하여 고찰하여 왔다. 즉, 실의 현상계는 중첩重疊되어 있는 여섭터與攝터 provision field, 생명터生命터 vitals field, 물질터物質터 substance field의 3터가 서로 대칭을 이루며 공명共鳴, 간섭干涉으로 연관되고 이 3터가 다시 얼터와 대칭으로 공명하여 조화 발전되는 역동적 상태에 있다고 말하였다.

또한 인간은 실의 생활장에서 현상학적 및 형상적 환원을 통하여 전통적 유압流壓 속의 인류적·역사적 공통인소共通因素인 전통의 진 traditional genuineness을 터득하고 인간 내면적인 사영인 영혼, 정신, 육체를 동원한 종합적 의식 작용으로 착찹한 현실을 뚫어남penetrate으로써 얼터의 기능이 인식되고 이러한 얼터적 관찰축에 설 때 비로소 3터를 조감적으로 종합하여 관찰할 수 있게 되어 실의 현상의 정확한 파악이 가능하게 됨을 서술하였다.

여기에서는 현상의 인식에 대한 현대적 논리가 지니고 있는 모순성을 고찰하여 봄으로써 필자의 논지를 좀 더 명확히 부연하고 그러한 이론 체계와 현대의 여러 위기적 상황과의 관계를 개략적으로 검토하여 보기로 하자.

실의 현상에 대한 인식에 있어서 오늘날 논리는 폐쇄 상태 하에서 전체를 파악하려고 하며 또 관찰자의 차원을 결여하고 모든 현상을 정지적 상태에서 인식하려는 점과 현실과 괴리된 관념 세계에서 주로 지성을 통하여 현상을 설명하려 하고 또 음양陰陽, 도전과 응전challenge and response, 정반正反 등의 상호 대치적인 두 가지의 대립으로 사상事象을 설명하는 데에서 주로 그 모순성이 드러나 있는 것으로 볼 수 있다.

그 첫째는 일반적으로 논리 체계는 외계 현상을 부분적 일측면에서 관찰하고 그 관찰된 각 부분을 가산加算적으로 종합함으로서 전체를 인식하려는 태도인 것이다.

이러한 태도는 중첩되어 있는 대상을 단순히 중복 되어 있는 관계로 보는 자세인 것이며 폐쇄된 관찰소지觀察素地에서 개방된 상태open state를 인식하려는 방법인 것이다. 베블렌은 이러한 방법을 부정하여

"경제학자는 물질 문명을 다른 인간 문화의 여러 양상(樣狀)이나 관련에서 분리하여 추상적으로 생각한 '경제인(經濟人)'의 행동을 연구할 것이 아니라 반대로 유사한 물질 문명을 문화적 복합물의 다른 양상이나 관련과의 인과적·발생적 관계에서 파악하지 않으면 이를 수행할 수 없다."[12]

라고 말하면서 영국의 고전파 경제학자 마샬Alfred Marshall 1842~1924의

---

12) Thorstein ; The Place of Science in Morden Civilization and Other Essays, N.Y. 1919. pp.240~241

경제 문제를 분석하는 방법이 가산적additive 방법으로써 복잡한 경제 전반 현상을 다수의 부분으로 분할하여 부분의 연구를 행하고 최후로 부분을 종합하여서 전체의 문제를 해결하려 함은 전체란 부분의 산술적 총화에 지나지 않는다는 견해임을 지적하고 경제 현상의 전체성 개념을 강조하면서 경제 제도는 하나의 통일적 전체를 이루고 모든 개개의 경제 현상은 서로 관련하고 있어 전체는 부분의 총화 이상의 것이고 각 부분은 그것이 구성하는 전체에서 의미를 부여받는다고 강조하고 있다.

그러나 베블렌이 전체적 방법을 주장하여 문화적 복합물 속에서 경제 문제를 인식하려 하고 본능이나 습관의 누적적 진화를 역사 추진의 원동력으로 보고 경제 활동의 내용을 구명究明하려 하나 앞에서도 지적한 바와 같이 그에 대한 명확한 분석이나 그의 역할 및 운동 시스템의 상호 관련성의 전체적 구명이 되어 있지 않고 그의 시도는 좋았다 하더라도 역시 전체를 파악한 입장에서 경제 현상을 분석하였다고 볼 수 없는 것이다.

비단 베블렌뿐 아니라 최근 각 분야에서 현상의 전체적 파악을 통하여 전체를 이루는 부분을 이해하고 그 부분과 전체의 관계 하에서 부분의 기능 활동 및 상호관련성들을 인식하려는 노력이 점차 고조되어 가고 있는 것이다.

현대 경영 기법으로서 체제공학體制工學 system engineering은 바로 이러한 시도의 대표적인 예라 볼 수 있겠다. 물론 시스템에 대한 의미 해석은 사람에 따라 구구하지만 체제공학이 추구하는 목적은 같다고 생각된다. 존슨Richard A. Johnson은 시스템을 다음과 같이 정의하고 있다.

"시스템은 하나의 조직된 전체, 또는 복합된 통일체이다. 그것은 또 복합적 통일체 또는 단일의 통일체를 형성하는 사물 또는 부분의 집합 내지 결합이다."13)

　또 독일의 경영경제학자 니클리슈 하인리히Nicklisch Heinrich 1876~ 1946은 그의 조직론에서 "인간은 부분과 전체를 동시에 의식한다. 이 의식이 인간으로 하여금 조직 능력을 조직자組織者이게 한다"14)고 말하고 인간의 의식에는 여러 가지가 있지만 그는 인간의 궁극적 의식을 양심良心 gewissen이라고 규정하고 있다.

　그러나 체제공학에서 말하는 전체란 대개 한정된 폐쇄 상태에서의 전체를 말하며 부분을 가산적 총합으로서 전체를 생각하고 있는 것이라고 볼 수 있을 것이다. 또한 니클리슈 하인리히는 양심이 전체와 부분을 동시에 의식하는 것이라고 말하고 있으나 이는 역시 추상적 관념의 측면적 관찰에서 벗어나지 못하는 것으로 생각되는 것이다.

　이와 같이 대개의 현상 인식 방법이 해석학解析學 및 관념적 의미론의 형식에 빠져 사실주의적 의제擬制에 머물고 있음을 알 수 있는 것이다. 불란서의 구조주의構造主義 철학자 루베Nicolas Ruwet는 이러한 사실을

　"해석학적 해석은 그 대상에 대한 거리를 결여하고 있기 때문에 일반적 정리에 접근하든지 그 대상의 속에 같은 총체성(總體性)에 속하고 있는 다른 대상의 변화를 식별할 수가 없다."15)

---

13) A. Richard Johnson & Other ; The Theory and Management of System, N.Y. 1963. p.4.

14) Nicklisch Heinrich ; Der Weg auf warts! Organization, Versuch einer Grundlegung. Stuttgart. 1920. p.16.

15) J.M. ドムナック編 ; 構造主義とほ何か, 東京, 1968, p.55.

라고 표현하고 있다.

그러므로 앞에서 말한 바와 같이 현상의 전체적·종합적 인식을 위해서는 중첩重疊되어 있는 3터가 서로 공명, 간섭되면서 조화 성장되어 가는 모양을 얼터vitality source적 위치에서 조감鳥瞰적으로 관찰할 때 비로소 가능한 것이다.

이는 실의 생활장에서 인간의 종합적 의식 활동을 통하여 전통적으로 유정溜晶되어 온 전통의 진traditional genuineness을 체감하여 얼터의 조화적 기능이 체득될 때 실의 현상의 구성 요소인 3터의 상호 연관성 및 운동시스템이 명확하여지며 이러한 개의 상태open state를 강화할 때 우리는 '둘러싸고 있는 세계umwelt' 즉, 환경 속에서 '함께의 세계mitwelt'16)를 구성하면서 살게 되는 것이고 경영經營 management도 그의 여러 사상事象이 전반적 개開의 상태의 여러 사상과 필연적인 관계를 맺고 있는 것이다.

그러나 실의 생활장을 뚫어남으로서penetrate 얼터의 조화적 기능을 체득하지 못하고 폐쇄상태에 고착되어 정지적 논리와 주지적 개념으로서 오직 의미론적 해석학적 인식 방법을 통하여 현상을 인식하려 할 때 자기적인 폐쇄시스템이 사회 전반에 산재하여 사람마다 의미 해석이 구구하고 가치체계가 확립될 수 없어 인간 상호간의 갈등과 이해관계가 고조되어 사회적 불균형이 조장되어 가는 것이라 볼 수 있다.

그러므로 전통적으로 인간의 생활장에서 맥맥히 흐르고 있는 얼터의 조화적 기능을 체득하고 얼터를 통하여 한터super field를 체감하여 이를 발현시킬 때 이 한기는 폐쇄된 각 시스템을 하나로 꿰뚫어

---

16) 高坂正顯 ; 前揭書, p.155.

전체가 유기적인 생명체로서 피가 통하는 통일체를 형성하게 된 것이며, 이 때 3터의 조화 상태가 인식되고 얼터적 기능이 발현되어 인간이 그 본래적 생기生氣 vitality를 갖게 되는 것이라고 생각된다.

그러나 폐쇄 시스템이 강화되어 3터의 조화가 일그러지고 인간의 각기 폐쇄된 소속감이나 아집, 또는 이기에 흐를 때 인간은 그의 생기를 상실하고 현상의 정확한 인식이 어렵게 되는 것이라 할 수 있다.

오늘날 종교는 생명의 공동적 광장을 허용하지 않고 얼터적 기능과 종교적 이념理念을 혼동함으로서 전통의 힘의 근원根源에서 인간 스스로가 소외되어 가고 있으며 그리하여 지성적 논리나 감성적 신비 혹은 조직적 의지로서 폐쇄의 장에 머물러 다양한 종교적 분파 운동을 야기 시키고 있는 것으로 생각된다.

또 인간적 측면에서 볼 때 오늘날 양심良心이나 도의의식道義意識도 관념적 의미로 화하여 봉건적·전제적·개인주의적 또는 과도기적 의식 등 무질서한 양식으로 분파되어 인간을 분리시키고 더욱이 물질적 측면에서는 한층 폐쇄시스템이 강화되고 있어 인간의 충동적 욕구나 반항적 성향을 자극함으로써 인간을 물질적 이해관계로 수렴시키고 인간의 대립이 심화되어 인간을 얼터적 기능의 인식으로부터 더욱 이탈시키고 있다고 생각된다.

이와 같은 편파적 인간 의식의 작용은 역사적·인류적 입장에서 볼 때 일부분의 일시적 흐름에 불과한 것이면 대중大衆적 생기vitality가 최대한으로 발휘되어 온전한 창조력을 발휘하게 하려면 본래적 광장에서의 얼터적 기능을 인식하여야 할 것이다.

그리하지 않는 한 온전한 성장은 기대할 수 없고 폐쇄적 부분이 갈등에 의한 상극相剋만이 있을 뿐이다.

둘째로 논리성의 모순은 관찰자의 차원을 결여하고 현상을 정지적 상태에서 인식하려는 데에서 찾아 볼 수 있는 것이다.

이는 위에서 말한 바와 같이 폐쇄 상태 하에서의 인식논리와도 관련되는 것으로 관찰자의 위치나 상황에 따라 대상은 여러 가지 모양으로 인식되므로 관찰자의 차원도 현상 중에서 전체의 운동에 작용되는 하나의 종속요소로서 생각되어 지는 것이다.

물리 현상의 연구 중 "콤프턴compton 산란 때 광양자光量子의 산란과 반발이 동시에 일어난다고 하는 실험에서 짧은 파장의 감마(γ)선 즉, 전자파에 있어서는 에너지 보존법칙이 성립하지 않는다 하여 물리학계의 비상한 주목을 끌어 많은 학자들이 이를 인정하게 되었으나 곧 그 실험에서 사용한 감마선의 파장이 불균일한 데에서 온 오류였다는 사실이 판명된 적이 있다."[17]

이러한 예는 관찰자의 차원을 결여한 현상의 인식에서 생길 수 있는 오류로써 인간의 논리구성에 있어 자주 발견되는 사실인 것이다. 또한 우리의 인식 대상이나 모든 현상은 항상 과정 중에서 유전流轉하고 있는 것이지 머물고 있는 것은 아무 것도 없다고 할 수 있다.

물질 면에서 볼 때 모든 물질은 입자粒子 particle와 파동波動 wave형 및 그의 에너지의 이합집산離合集散의 과정으로 파악되는 것이며 생명은 물질·정신·영혼의 3가지 요소가 조합되어 생성 발육되고 분리하여 소멸되는 과정을 밟으며 이러한 현상은 시간적으로 보아 정돈停頓 static상태로 속도velocity적으로 또는 가속도적으로 변화무쌍한 운동 상태에 있다고 할 수 있는 것이다. 다만 이러한 복잡한 운동 상태를 이해하기 위하여 어느 시간적 단면에서 정지 상태를 가상하여

---

17) 藤岡由夫 ; 現代の物理學, 東京, 昭和 13, p.299.

인식을 꾀할 뿐이다.

그러나 현대적 논리는 이러한 편법에 고착되어 마치 모든 대상이 정지상태에 있는 것처럼 생각하는 경향이 많다고 볼 수 있다. 대개의 논리성이 위계성位階性이나 서열序列 등의 개념에 강하게 집착되어 있는 것도 바로 이러한 논리의 모순 속에서 찾아 볼 수 있는 것이며 현대 조직 사회의 엄격한 계급적 위계도 이와 같은 논리성의 타성惰性에서 그 연원淵源을 찾아볼 수 있는 것이다.

논리란 어떤 의미에 있어서 인간 욕구의 표현이라고 생각될 수 있는 것이다. 그러므로 거기에는 계층階層이 엄존하는 것이다. 그러나 현상계가 항상 동적인 상태에 있음으로 우리가 어떤 현상을 설명하려 할 때 논리에 의존하는 것보다 물상物象적 비유를 들어 설명함이 타당하다고 생각될 수 있는 것이다.

이와 같은 논리의 정지적 현상 파악은 아마도 지구가 직육면체이고 고정되어 있어 바다 위를 계속 항해하면 결국은 낭떠러지에 떨어져 영원히 돌아 올 수 없게 된다고 생각하던 시대의 논리가 인간 의식 속에 잠재되어 온 영향인지도 모른다.

그러나 오늘날 지구가 구형球形이며 자전과 공전의 계속적인 운동 상태에 있음을 부정하는 사람은 아무도 없는 것이다. 그러나 물리학이나 기타 학문에 즐겨 원용하고 있는 형식논리학인 현대의 대수학代數學이나 기하학幾何學의 기반은 그러한 고대에서 그 연원을 찾아볼 수 있으면 고대 수학사로 거슬러 올라가 바빌로니아나 이집트, 유클리드 기하학 등을 보면 이를 쉽사리 알 수 있는 것이다.

육면체cube 공간에 있어서 $x \cdot y \cdot z$ 축의 3차원이 이루는 각은 각각 직각($\angle R$)이다. 그러나 구체球體에 있어서 육면체에 비례한 3차원을 둔다면 그들이 이루는 각은 각각 $120°$ 인 것이다.

동적인 상태에 있어서 단위요소unit element는 구球인 것이며 육면체 공간에 의한 현상의 설명은 논리상으로 존재할 수 있는 "환幻"체이며 "실實"체는 구체의 공간을 통하여 설명될 수밖에 없다고 볼 수 있는 것이다.

그러므로 "환"의 차원과 "실"의 차원 사이에는 $120° - 90° = 30°$ 만큼의 차이가 있는 것이고 이에 해당하는 만큼 동적인 "실"을 정지적인 "환"으로써 착각하고 있는 것이라 생각되고 구에 있어서의 3차원 각의 합 $4\angle R$에서 육면체 3차원각의 합 $3\angle R$을 빼면 $\angle R$의 한 차원이 육면체의 3차원 논리 체계에서는 결여되어 있는 것으로 생각할 수 있는 것이며 이 결여된 $\angle R$의 차원에 논리적 Veo 의 차원 즉, 얼터를 가상할 수 있는 것이다.

심리학자 레빈K. Lewin의 "장場의 이론"[18]에서 말하는 인간, 환경, 행동의 3차원에 하나의 차원 즉, 분화分化 fission되어 원천源泉 source이 계속적으로 발생하는 Veo적 차원이 추가되어야 한다고 볼 수 있으며, 물리학의 양자장量子場에서 파동과 입자의 2면적 중첩重疊이 아니라 한 면이 추가된 3면적 중첩을 생각하지 않을 수 없는 것이다. 즉, 관찰자는 가시역可示域 observable domain을 변동시킬 수 있는 차원을 갖고 있다는 것으로 이것은 얼터에 기인基因된 작용이라 생각할 수 있다.

최근에 와서 현상의 동태적 파악이 강하게 요청됨에 따라 여러 분야에서 이러한 노력이 시도되고 있는 바 그 한 예를 들면 원가관리에 있어서 종래의 계산 조직에 영향을 받아 정태적이었던 원가수치

---

18) 詫摩武俊 編 ; 性格の理論, 東京, 1967, pp.99~100.

를 경영 자체와 경영의 모든 여건이 끊임없이 변동함에 따라 원가를 동적으로 파악하지 않을 수 없는 상황에 처함으로서 이것이 앞으로 과제가 되는 것이다. 그러나 현재로서 수식을 이용한 통계적 방법을 의존하고 있는 것으로 이는 현대 물리학이 그의 설명에 있어서 기존 수학의 한계성에 관한 문제를 제기 시키고 있으며 오늘날의 형식논리인 수학이 확률이나 통계학을 극복하려는 곳에 머물고 있는 것과 그 류類를 같이 하는 한 예에 불과한 것이다.

셋째로 논리가 현실과 괴리된 관념 세계에서 주로 지성知性을 통하여 현상을 인식하려 할 때 모순을 가져오는 것이다.

3터가 인간 측면에 사영된 육체·정신·영혼을 포괄하고 있는 생명으로서의 인간이 현상을 인식하려 할 때 그 3자가 외계관찰을 위한 안테나와 같은 역할을 하는 예감·경험감·기량을 동원하게 되고 그것도 실의 생활장에서 전통적으로 이어온 전통의 진을 터득하는 가운데에서 비로소 가능하게 됨을 말하였다.

그러나 대개 논리는 현실에서 격리되어 단순히 정신측면의 지성이나 감성 혹은 의지로서 그것도 어느 일면에 치우쳐 현상을 관찰하고 논리를 전개하여 가는 경우가 많은 것이다.

현상의 관찰자가 대중적인 생활 고장生活 苦場을 회피하려 할 때 그때부터 논리의 왜곡이 시작되는 것이다. 어떠한 논리라도 그것이 최대다수 대중의 생활장에서 실현될 수 없을 때 그 이론은 생명을 상실하게 되고 사변적 합리를 구사하여 대중으로 하여금 자기 논리에 종속적인 존재로서 지향시키려 하기 쉽다.

오늘날 여러 이데올로기Ideology나 사상思想 체계 속에서 적지 않게 이와 같은 요소가 내포되어 있는 것으로 생각된다. 만일 그렇게 된다면 최대다수의 대중 속에 흐르고 있는 전통의 진을 무시하고 본래적 생기vitality를 상실시키는 결과를 초래하게 되기가 보통인 것이다.

사람은 생각하는 갈대인 동시에 함께 사는 갈대라고 할 수 있는 것이다. 오늘날 산 위에서 생각하며 부르는 철학의 소리에 귀를 기울이기 보다는 한 사람의 믿을 수 있고, 대화할 수 있는 이웃을 더 아쉬워하고 한 조각의 빵을 구하고자 한다. 그만큼 현실의 상황은 복합적인 것이며 단순한 것이 아니고 정밀과 정확을 요청하고 있는 것이다.

여기에서 자주 써온 환원還元이란 말은 이론적 철학이 오히려 시장의 생활장에 소여所與되는 것에 비유할 수 있다. 논리 구성 요소인 소재를 발취拔取하는 데에 있어서 그 바탕이나 근원이 실제적이고 섬세하지 않으면 안 되는 것은 물론이거니와 논리의 유희를 거듭하는 모순을 저질렀을 때 마침내 혼란과 부조리不條理의 논리를 강화할 뿐인 것이라 볼 수 있다.

그러므로 여기에서 실의 현상으로 환원한다는 것은 착잡하고 적나라한 현실을 뚫어나penetrate는 것으로부터 시작하지 않으면 안 되는 것이다. 그러한 현실의 투관透貫 속에서 인류적·역사적 다수에게 공명을 주는 공통의 생활장을 체감하고 얼터의 역할을 체득할 때 비로소 실의 현상에 접근하게 되는 것이고 그 때 3터의 조화적 균형 상태가 인식되는 것이라고 할 수 있다.

넷째로 오늘날 논리성이 빠지기 쉬운 모순은 음·양, 도전과 응전, 정·반 등의 상호 대치되는 두 가지 요소의 대립 관계에서 현상을 인식하려는 데에 있다.

사람이 두 다리로 정립正立 보행할 때 언뜻 우리는 두 다리 만에 의해서 서거나 걷는 것을 생각하기 쉽다. 그러나 2개의 막대를 지상에 세울 수 있을까? 3개의 막대가 모일 때 안전을 유지하면서 서게됨을 누구라도 인정할 것이다. 그와 같이 사람도 외관상은 두 다리만으로 서는 것 같이 보이지만 실은 소뇌에 있는 평형 감각의 자동조절기적 작용에 의하여 보이지 않는 제 3의 다리가 형성되어 있는셈이며 대뇌의 작용이 양다리와 소뇌의 평형 감각에 총괄적으로 작용함으로서 전체적으로 균형을 유지하면서 정립하거나 걸을 수 있는 것이다.

이와 같이 대뇌 작용과 같은 역할을 하는 요소를 Veo 즉, 얼터적기능인 것이고 소뇌의 평형 감각과 같은 작용을 Mes 라 하며 이는조화나 균형의 규준規準 criterion이라 할 수 있으며 자율신경계automatic nervous system와 부교감신경계parasympathetic nervous system 즉, 여기에서 두다리는 각각 Cis, Trans 라 할 수도 있다.

현상계의 조화나 균형은 위와 같이 현상이 Veo, Mes, Cis, Trans적으로 연관되어 운동하고 있어 이들 상호간에 결코 계층 관계가 있는 것은 아니고 다만 요소일 뿐이라고 볼 수 있다. 폐쇄상태란 Veo, Mes 적 요소를 결여하고 Cis, Trans 적 요소만으로 현상을 보는 자세이고 여기에서는 두 요소의 상호 대립이나 충돌collision이라는 개념을 도입하게 되는 것이다.

그러나 실의 현상에서는 Cis, Trans 외에 Veo, Mes 적 요소가 생각되는 개방상태open state인 것이고 여기에서 그들 환경에 대한 적합된 반사反射를 하며 상호간은 대칭symmetry관계로서 서로 공명 간섭하면서 공액covalent되어 있다고 볼 수 있다.

균형 이론들은 대개의 경우 정·반, 도전과 응전, 음·양 등의 상호 대립적인 두 요소의 대립이나 충돌을 통하여 사상事象이 균형이나 조화되어 가는 것으로 생각하고 있는 것 같다. 이는 마치 인간이 두 다리만으로 정립할 수 있다고 보는 것이나 마찬가지인 것이다. 그러므로 폐쇄시스템에서는 실의 현상에 따른 개방시스템과의 사이에서 야기되는 누락 부분으로 말미암아 파생되는 모순을 의제擬制 logical fiction나 의념擬念 elusion에 의해서 설명하려는 것으로 이는 사실주의에 빠져 Veo, Mes 적 요소를 결여한 데에서 오는 현상이라고 볼 수 있다.

물론 폐쇄상태에서 취급하는 대상이 물질적 구상具象이고 확률적 빈도가 크기 때문에 사실주의적 관념을 도입해서 폐쇄된 의제나 의념에 빠진 것으로 볼 수 있다. 그러나 개방상태에 있어서는 확률적 빈도는 적다하더라도 가중價重 weight은 훨씬 초과하여서 큰 것이다.

경제학자 왈라스M.E.Walras 1834~1910는 그의 일반균형이론[19])에서 광범하게 균형 요소를 채택하고 있으나 그 이론의 기점基點은 역시 수요(Cis)와 공급(Trans)의 대립적 요소에 국한하여 관찰하고 있는 것이다. 그러나 균형에 있어서 Veo, Mes적 요소를 결여하고 볼 때 수요(Cis)와 공급(Trans)은 상호 대립적인 것으로 관찰되는 것이나 실은 수요와 공급이 대칭을 이루면서 이 양 요소가 균형규준均衡規準 equilibrium criterion과 제 2의 대칭을, 또 이 3자는 Veo 적 요소에 감응하는 균형의 실장實場이 형성되어 실의 경제 행위가 행하여지는 것이다. 즉, 수요 공급의 상호작용 외에 균형을 이루는 요소로서 Mes 적 요소를 추가하여 3면적 요소로서 균형을 관찰하여야 되며 이러한 균형규준은 균형에 관계되는 인간의지人間意志의 가치체계價値體系라고 할 수 있겠다.

---

19) M.E.L.Walras ; E'lements d'economie politique pure, Vol Ⅰ. 1874. Vol Ⅱ.1877.

오늘날 경제 환경에 있어서 인플레이션 하에서의 물가 상승과 같은 현상은 이러한 요소가 제외되고서는 좀처럼 이해하기 힘든 현상인 것이다. 이는 수요와 공급의 동등한 상호 대립 요소에 어떤 다른 요소가 균형에 작용되고 있음을 시사하여 주는 것이다. 즉, 왈라스가 생각한 광범한 균형 요소는 이상의 4가지 이질적 요소로 구별, 배열될 수 있을 것이다.

Cis, Trans 적 요소만으로 균형을 관찰할 때 제약적 경제행위가 강조되어 참여자의 자발적 동기를 저하시키고 내부적 갈등을 유발하여 이가 사회에 있어 이해관계의 대치로 인한 혼란을 초래하게 하고 마침내 인간의 경제적 행위 가치 기준을 이해 균형에로 수착收着시키고 마는 것이라 볼 수 있다.

비단 이러한 경제 현상뿐 아니라 제반 현상을 Cis, Trans 적 요소만으로 관찰하는 사실주의적·형식주의적 의제擬制를 만성적으로 강조하여 실의 생활장에서 얼터적 기능이 엄폐 내지 억압될 때 3터의 원래적 조화나 균형상태가 상실되어 누열漏裂 leakage 현상이 야기되는 것이고 이러한 누열 현상을 방지하기 위하여 그 본원적인 대책을 모색하지 않고 오히려 더욱 의제체제擬制體制를 강화할 때 부조화는 더욱 조장되고 인간의 본래적 생기生氣가 상실되어 장기적으로 보아 건정한 생산성이 마비되어 가는 것이라 할 수 있다.

이상으로 우리는 현대의 논리체계의 모순성을 개략적으로 살펴보았거니와 현대사회가 지니고 있는 현실적 여러 모순이나 갈등은 결국 전통적으로 체득하고 체감하여 온 얼터적 기능을 결여하고 르네상스Renaissance 이후의 짧은 역사 속에서 형식적이고 사실주의적 의제에 의하여 물질적 자극과 조직 활동을 통해 체험하여 온 불건전하고 편협적인 공간에 정지하여 역사적 실實의 가능성可能性을 부정하고 자기 모순에 함몰되는 허虛의 논리를 절대시 한 데에서 찾아 볼 수 있는 것이다.

즉, 정지 상태하의 "환幻"체인 육면체 공간 내에서 상호 대립적 요소가 갈등·투쟁하는 "대립의 곽"challenge box적 논리 체계를 유년기부터 조건반사적으로 교육 받아 오는 동안 인간은 정지적 폐쇄 상태 하에서 이해 관계로 대치하는 습성이 알게 모르게 젖어온 것이라 생각된다. 즉, 가치기초價值基礎의 구조가 모순에서 출발하고 있는 것이다. 현대의 모든 위기적 상황도 이런 환경 하에서 파생된다고 할 수 있다.

4. 현대 경영 위기의 분석적 고찰

중세 암흑기에 있어서 신(神 ; 與攝)을 중심으로 한 인간 문화의 예속화隸屬化가 극에 이르자 인간은 차츰 그들 본래에로의 복귀를 갈구하게 되고 15세기 르네상스를 계기로 극도의 인간 내면 위주의 문화에서 점차 그의 독자적 독립 영역을 확대하여 현대에 있어서는 이가 오히려 중세 신의 자리를 대신하기에까지 이른 것 같다. 이제는 물질이 인간, 심지어 신까지도 그의 예속물로 제어하려 하게 되었다고 할 수 있을 정도인 것이다.

이러한 물질 문화의 조류 속에서 조건반사적 자극으로 형성된 물질에 대한 편재적 유의성이 이제는 인간의 생득生得적인 성향인 양 생각하게 되었고 물질적인 부의 추구만을 위하여 인간 활동이 전개되는 듯한 사고 성향이 사회 전반에 만연되어 있다 하겠다.

이와 같은 상황 하에서 인간의 대對물질 활동인 기업은 현대 사회의 주축을 이루면서 여타의 인간 문화를 거의 종속화시켜 산업사회로 특정지워지게 되었으며 중세 봉건 사회 하의 지방적 공동체가 생산 기술의 발달과 더불어 대규모의 기계화 산업으로 변모되면서 와해 개방되고 중세 이후 인간 자유화의 사조와 합류하여 오늘날의 대중 사회로 발전되어 왔다고 생각할 수 있다.

그러므로 현대 사회는 기업을 중심으로 한 산업 사회와 자유 의식이 강열하게 작용하고 있는 대중 사회의 양 측면으로 형성되어 있다고 할 수 있겠다. 또한 급진적 기계 문명의 전개와 더불어 교통 통신 수단의 발달로 세계는 정치, 경제, 사회, 문화 등의 교류가 가속적으로 빈번 신속하여짐으로써 국제적인 규모로 인간의 생활권이 확대되어 세계적인 자유화의 개방체제開放體制를 요청하는 국제 사회로 전개되어 가고 있다.

그러므로 오늘날의 경영도 이러한 국제적 상황에서 정확한 파악이 가능한 것이다. 초기 자본주의사회 하에서의 기업은 사유 재산 제도가 뚜렷하여 생산 수단의 실제의 지배권과 그 운용에 의하여 얻어지는 결과를 취하는 수익소유권收益所有權 beneficial ownership[20]을 동시에 소유하는 형태였으며, 세이Say.J.B. 1767~1832의 "공급은 그 스스로의 수요를 창조한다"[21]는 판로법칙이 적용될 수 있어 기업의 독자성이 가능하였다.

그러나 오늘날은 산업 기술의 가속적 발달, 인구의 팽창, 기업 상호간의 격화된 경쟁 등으로 기업 규모가 확대되고 새로운 대량의 자본투자가 계속적으로 요구됨에 따라 소수의 자본가에 의한 자본투자로서는 기업경영이 어렵게 되었을 뿐 아니라 방대한 시설과 조직

20) A.A.Berle & G.C.Means ; The Modern Corporation and the Private Property, 1950, de. p.2.
21) J.B.Say ; Principle of Political Economy, 1848.

관리 운용을 위한 고도의 전문적 지식과 기술이 필요하게 됨에 따라, 주식 공개를 통한 광범한 주식의 분산에 의하여 자본을 확보하게 되고 경영과 소유의 분리가 불가피하게 되었다.

또한 세이의 판로법칙은 낡은 이론으로 변하고, 오늘날은 수요가 공급을 지배하는 수요 우선의 시대로 변모하여 기업의 성패는 확고한 수요의 확보 여하에 좌우되게 되어 있는 것이며 노동력의 수급면에 있어서도 강력한 노동 집단의 형성으로 기업가에 의하여 쉽게 조정될 수 없을 뿐만 아니라 오히려 기업의 방향을 좌우하는 영향력을 갖게 되었다.

이와 같이 오늘날의 기업은 단순한 개개 기업가의 이윤 추구 목적만을 위하던 시대는 지나가고 주주, 노동자, 소비자, 국가 등 다수 집단의 이해가 복잡하게 얽힌 현대 사회의 중추적 역할을 담당하게 되었다. 즉, 기업은 자본과 노동력의 제공자이며 선택 소비자이기도 한 대중과의 끊임없는 교섭을 갖고 협력하지 않으면 존속할 수 없는 것이다.

그러나 이렇게 개방화 되어가는 기업 환경의 변화에도 불구하고 현대의 기업은 구태의연한 그의 폐쇄체제에 집착되어 조직의 강화나 지엽적인 관리기법을 적용하여 반강요적으로 대중의 협력을 유인誘因하려고 한다.

기업은 내부적으로 생산성의 효율의 향상과 방대하고 세분화된 기업 조직에 있어 다양한 기능 간 통일성과 종합적 관리를 위한 OR(Operations Research), IE(Industrial Engineering), SE(System Engineering) 등 이루 헤아릴 수 없을 정도의 새로운 기법을 개발 적용하고 있으며 이를 위하여 경영학, 경제학은 물론이고 수학, 물리학, 사회학, 심리학, 공학

등 현대 인류가 갖고 있는 거의 모든 학문을 총동원하고 있는 것이다.

그러나 노동자와 경영자의 협력 증진은 커녕 갈수록 대립 갈등이 심화되어 임금의 상승률은 가속화하고 있음에도 노동 사기士氣는 저하되면서 생산 원가는 상승함으로써 기업의 이윤율은 하락의 경향이 뚜렷하고 기업의 환경에 대한 적응 기능이 약화되고 있는 것이다.

기업은 상호 격렬한 경쟁으로 기업 활동의 기반이 되고 있는 대중의 수요 확보를 위하여 총력을 기울이고 있으며 현대 사회에 있어서 광범한 영향력을 소지하고 있는 다양한 메스-미디어를 동원하여 대중의 팽배한 자유 의식을 자극하고 이에 편승하여 표피적이고 순간적인 인간의 물질 추구 심리를 유인하는 광고나 선전을 강화함으로써 대중의 생존적 소비 수준을 심리적으로 상승시키고 필요 이상으로 제품을 고도화 복잡화시켜 갈수록 사회 전반의 소비가 확대되어 가고 있는 것이다.

관료적 기구로 변모한 방대한 기업 조직과 메스컴의 메카니즘 속에서 인간은 개성을 상실하여 기계의 부속물과 같이 평준화되고 인간 상호간 전인적 인격으로서의 의사 소통이 폐쇄되어 사회 심리적으로 자기분열自己分裂 anomie 상태에 빠져 기업으로부터 소외되어 가고 있다.

그러나 대중은 고조된 자유 의식과 기업의 존폐를 좌우하는 선택 소비자이며 노동의 제공자라는 유형적 실력實力으로서, 기업의 대자본력大資本力에 의한 일방적이고 억압적인 상품 공세에 대하여 최근에는 '컨슈머리즘'이라는 소비자 보호 운동으로 맞서고 있어 외부적으로도 기업 성장에 심한 반항을 느끼고 있다.

이러한 대중의 자기 분열 현상은 다시 기업 내부로 되돌아와 노동자의 노동 의욕을 감퇴시켜 노동 생산성을 저하시킬 뿐 아니라 대중의 확대된 소비 수준은 노동자의 임금 상승률을 자극하고 또한 국가 재정을 확대 경화硬化시키며 나아가 물가의 등귀를 초래하게 한다. 이러한 일련의 현상은 결과적으로 기업 생산 원가를 상승시켜 이익 분기점의 상승으로 수익률이 저하되며 설비 투자가 위축되어 기업 성장이 둔화되는 것이다.

최근 선진 국가들에서 야기되고 있는 정체 속의 인프레는 이러한 현상을 단적으로 말하여 주고 있다. 다시 말하면 기업의 수익은 저하하고 설비 투자는 감퇴하는 데 임금의 상승률은 가속화되고 따라서 물가의 앙등이 두드러지게 나타나는 이례적인 현상은 물가안정과 실업해소라는 두 가지 문제를 동시에 해결하여야 되는 난제를 안겨주고 있는 것이다.

그러나 금융 재정에 의한 전통적인 총수요 억제 정책 만으로서는 가시지 않는 성격을 띠고 있을 뿐만 아니라 그 원인으로서 생각되는 임금면賃金面으로부터의 강한 압력은 쉽사리 해소시킬 수 없는 대중의 자유 의지에 근원하고 있기 때문에 문제는 더욱 심각한 것이다.

더욱이 국제적 개방 경제 체제하에서는 이러한 일국의 경제 현상이 바로 다른 나라에 전파되는 국제적인 전파력을 갖고 있어 국제간 수출 경쟁에 있어서 가격 경쟁력의 약화를 보완하기 위하여 화폐가치의 평가 절하, 금리의 인상 등으로 맞서게 되며 마침내는 보호무역주의의 태두를 초래하게 할 가능성이 짙은 것이다.

영국의 파운드 평가 절하(1967.11월)[22]가 관계 20 여개국의 평가 절하로 파급되고 미국이나 캐나다의 금리 인상 등으로 번진 것은

---

22) 日本經營者 團體聯盟 ; '激動する國際環境と日本經濟', 昭和 43, p.9.

이러한 현상을 단적으로 말하여 주고 있는 것이다.

이러한 국제 경제의 격동 속에서 자국 내의 대중의 이익을 지배적 목적으로 하는 민주제국民主諸國은 세계적인 경제 개방화의 흐름에 역행하여 전세대前世代의, 또는 민족의 공동체적 폐쇄 경제 체제로 변모된 형태이긴 하지만 재정열 하려는 경향을 보이고 있는 것이며 이러한 일련의 국제 경제 현상은 후진국의 기업을 교란하고 정체시키며 기업 성장에 심한 장애로서 느껴지고 있다.

오늘날 국제 경제 사회에 있어서 전후 신흥 독립 국가나 원료 생산국이 선진 제국과 무역 격차를 줄이고 공업화에 의한 경제 자립을 꾀하여 새로운 생산 공장 건설이나 신제품의 개발을 시도하고 있으나 해마다 무역량이 확대되어 가는 국제 시장에 있어서 선진국의 시장 점유율은 확대되어 가는 한편 상대적으로 후진 제국의 그것은 오히려 축소되고 있고, 남북문제도 대두되어 세계평화 유지의 관점에서 정치적·경제적으로 방치 될 수 없는 문제로 화하고 있지만 이러한 현상은 선진국이 방대한 시설 투자로 건설한 기존 시설을 유지함으로써 대체비代替費 replacement cost의 지출을 억제하여야 하는 내적 요구와 후진국의 공업화에 따른 국제 시장에의 진출로 인한 시장 점유율이 잠식되어 대량 생산된 상품의 판로가 악화되어 가는 외적 압박에서 기존의 기업 체제를 유지하려는 보수력保守力 conservative power을 더욱 강화하게 됨으로서 오는 현상이라고 할 수 있다.

특히, 전후 아시아Asia 신생제국新生諸國과 발맞춰 독자적 산업을 개발하여 가고 있는 우리나라에 있어서 격동하는 세계 경제의 환경과 또한 자유화 시대의 풍조 속에서 그 여정은 의욕과 결과가 배치背馳되듯, 험준하지 않을 수 없고 또 여기에다 자유진영自由陣營의 세력권

勢力圈의 변방을 지킬 수밖에 없는 지리적 위치에 서서 거듭되는 정치적 곡절曲折을 감수하면서 국방을 위한 인적·물적 그리고 시간적으로 막중한 부담을 지출하고 있는 것이다.

그 위에 내적으로 경영지반이 연약하고 국민의지國民意志는 지향성指向性이 지극히 산발되어 반목反目과 불신不信이 사회 전반에 팽배하여 부도율과 도산율이 격증하고 거기에다 최근에는 다수를 세勢로 하는 중공中共(현 중국)이 국제 시장에서 영향력을 증대시키면서 우리나라 기업의 고립화를 위한 포위공세를 취하려는 태도가 역연하여 지고 있는 것이다.

이와 같이 선·후진을 막론하고 기업이 당면하고 있는 위기적 여러 현상의 귀결점인 대공황大恐慌에의 불안이나 공포는 기존의 경제 이론 만으로서는 좀처럼 그 해소 방법이 발견되지 않는 심각성을 내포하고 있을 뿐 아니라 적어도 핵무기 시대에 있어서 선진 제국의 비만肥滿 경제는 전쟁에 의존하여 해소될 수도 없다는 현실이 문제를 더욱 미궁으로 몰아넣고 있다.

그러면 이러한 현대 경영의 위기는 어디에서 연원하는 것인가?

필자는 앞으로 현대 사회의 특질로서 기업을 중심으로 한 산업사회와 자유의식이 강렬하게 작용하고 있는 대중사회大衆社會, 그리고 세계적으로 개방화되어 가는 국제 사회를 들었었다.

근원적 자유를 추구하는 인간의 본래적 의지가 급템포로 발전하는 과학 기술의 보편화와 현대를 주도하는 기업의 절대적 영향력을 미치는 유형·무형의 실질적 실력을 소지하는 대중사회를 형성하면서부터 대중의 개방적 자유화 의식은 세계적인 추세로 확대되어 가고 있다.

그러나 기업은 이러한 대중의 자유의식의 흐름을 창조적이고 발전적인 방향으로 수용하고 체계화함으로서 인간의 생기vitality를 개발하여 자발적 협력을 구하려 하지 않고 오히려 이해 관계나 기존의 폐쇄 논리에 고착되어 조직이나 관료체제를 강화하고 자유의지를 억압하여 협력을 강요하는 데에서 대중은 점차 기업에서 이탈, 소외되어 가며 이러한 상호 갈등 속에서 현대 경영의 위기는 파생된다고 할 수 있다.

그러나 시대는 인간의 자유 의지와 기업의 강제 의지의 요구에 입각한 생체生體적 기능을 소지하기 때문에 국민 의지는 강제에 의해서는 그의 복합된 기능을 최대한 발휘시킬 수 없는 것이다.

대중의 개방적 자유의지란 경제적 안정(物質터), 정신적 자유(生命터), 종교적 희열(與攝터)의 3면이 조화 있게 성장 발현되는 것을 추구하는 인간의 의지라 할 수 있으며 이는 전통의 진traditional genuineness으로서 인간의 내면에 흐르고 있는 본원本源적 의지인 것이다.

이러한 3면의 조화 있는 발현이 파괴될 때 항상 인간은 새로운 조화에의 방향을 갈구하게 되는 것으로 중세 암흑기에 있어서 신神을 중심으로 한 인간 문화의 예속화가 극한에 이름으로써 인간 본연의 자유를 향한 의지가 문예부흥으로 나타났다면 오늘날 극도의 물질주의로 일탈하여 물질을 중심으로 한 인간의 이해관계가 극에 이르고 인간의 정신과 신앙이 물질에 종속되어 조화를 상실함으로써 새로운 자유에의 길을 희구希求하게 되었다고 할 수 있다.

오늘날 노동자의 노동 의욕이 저하되어 가고 소비자의 반항이 점점 높아지고 있는 현상은 극한에 이른 물질 우위의 이해관계에서 해방되어 인간 본연의 위치로 복귀하려는 의지라고 볼 수 있다.

그러므로 오늘날 경영 위기의 근원인 노동자의 사기저하士氣低下,

대중의 소비 확대, 임금 상승률의 가속화 등은 단순한 기업만의 문제가 아닌 대중의 개방적 자유 의지의 차원에서 해결책을 모색하지 않으면 안 될 것이며 그렇지 못할 때 기업이 도입하고 있는 여러 기법은 결국 폐쇄체제를 고집하는 부분적이고 지엽적인 방법에 지나지 않을 것이다.

그러므로 근원적으로 대중의 개방적 자유의지를 수용할 수 있는 체제의 창출創出이 절실히 요구되어 지는 것이다.

더욱이 많은 여건이 미비 된 후진국에 있어서는 격화된 국제 경제 사회에 대처하기 위하여 국민의 자발적 의지의 집약이 더욱 절실히 요청되고 있다.

인간은 조화 있는 3면적 요구의 실현 가능성이 보일 때, 자발적인 인간 간의 협동심이 발휘되고 단순한 금전적 추구를 초월한 능동적이고 전인적全人的인, 또 이해를 넘어서 인도人道적 성향이나 양심良心적 의지가 발휘된다고 할 수 있다.

그러한 3면적 요구가 어느 정도 가능하였던 안정기의 중세 길드 Gild 체제가 갖고 있는 정신적인 자기 헌신의 노동 체제는 오늘날 찾아 볼 수 없고, 기업 내에 있는 경영자와 노동자는 이해로 얽혀 폐쇄적 억압체제와 자유 의지가 갈등함으로서 재화의 생산이라는 본연의 경영 기능이 마비되어 가고 있는 것으로 생각된다. 독일의 경제학자 구텐베르그Gutenberg Erich 1897~1984는 아직도 가부장적家父長的 인간관계가 강하게 작용하고 있는 일본 기업의 현상을 다음과 같이 지적하고 있다.

"…이 가족제도(家族制度)야 말로 일본 기업에 있어서 인간관계에 대한 기본적인 구조를 이루고, 제2차 세계대전까지 많은 인적 희생을 필요로 한 공업국 일본의 건설은 사회 혁명없이 완성하게 한 사회 질서이다. … 노동자들은 기업에 종사함과 동시에 그 안에서 사회적 안정을 찾고 있으며 기업 내에서 일하고 있는 사람들의 의식 속에 기업의 관리자는 금일(今日)에도 일본의 가장(家長)에 비슷한 지위를 차지하고 있다. 또한 경영자는 그 종업원의 개인적 운명에까지 강한 책임감을 느끼고 있으며 경영자와 종업원의 사이는 가족주의(家族主義)를 기반으로 한 신뢰감이 형성되어 있는 것으로 보인다. …일본 경영자의 화(和)를 지향한 노력이야말로 일본 기업 관리의 기초이고 이 기초가 튼튼한 것은 일본 산업의 성립 이래 불과 수십 년에 달성한 위대한 성과를 보면 잘 알 수 있다."23)

즉, 봉건적 가장주의家長主義 사회 구조 하에서의 화和의 정신精神을 구미歐美의 개인주의 사고나 자유주의 사고와 비교하면서 높이 평가하고 있다. 그러나 또 한편 기업 간의 격심한 경쟁을 지적하여,

"일본의 화(和)의 정신은 기업별 에고이즘(egoism)이라고 할 수 밖에 없는 것으로 기업 외에서는 가혹한 경쟁이 기다리고 있다. 이는 기업과 기업 사이에는 화의 정신이 없기 때문이다. … 격심한 경쟁의 결과 일본의 기업에는 내부 축적력(蓄積力)이 결핍되고, 이것은 일본 기업을 은행에 의존시키는 이유이다. … 일본의 대기업은 하청의 중소기업을 이용하여 고정비(固定費) 중압(重壓)을 면하고 있다."24)

라고 말하면서 비판적인 태도를 취하고 있다. 그러나 구텐베르그가 높이 평가하고 있는 화和의 정신이 인간의 근원적인 자유의지를 바탕으로 한 개방적인 체제하에서 유도되지 못할 때 결국 인간의 건전

---

23) 山城章 ; 現代の經營理念(實態編), 東京, 昭和 42, pp.124~125.
24) Ibid., pp.126~127.

한 사기土氣는 지속적으로 유지될 수 없다고 볼 수 있으며 폐쇄적 소속감에서 오는 집단 간의 갈등은 국가 전체의 온전한 안정과 성장을 저해하는 장애물이 되고 마는 것이다.

그러므로 오늘날 기업 사회가 직면하고 있는 시대적 난관을 극복하기 위하여서는 현대사회의 중추적 역할을 담당하고 있는 기업이 모순적 논리에 근거한 폐쇄시스템을 개방하고 대중의 자유의지를 수용할 수 있는 새로운 개방체제를 현대적 과학 기술과 기법을 활용하여 정립함으로써 대중의 자발적 협력체제의 구현에 앞장서야 할 것이다.

5. 새로운 방향에의 모색

논리성이 내포하고 있는 모순된 요소가 현대 경영에 미치는 영향을 다시 요약하고 경영의 전반적인 상황을 검토하면서 앞으로의 새로운 방향에 대하여 모색하여 보기로 하자.

오늘날 논리는 실實의 생활장生活場을 뚫어나penetrate, 인간의 종합적 의식 활동을 동원하여 얼터의 조화적 기능을 체득하고 생활에 발현시키려 하지 않고 폐쇄시스템에 고착되고, 이해관계, 아집, 폐쇄적 소속감에 집착하여 인간 간의 갈등과 대립이 고조되고, 얼터의 기능이 억압 내지 엄폐됨으로서 3터의 조화적 발전이 와해되어 누열漏裂 leakage 현상을 야기 시키고 있다. 이를 막기 위하여 논리의 속성인 계층성을 도입한 억압체제를 강화하여 가게 된다고 하였다.

그리하여 인간의 본래적 생기生氣는 소멸되어 가고, 얼터의 Veo 적 기능과 Mes 적 규준規準 criterion의 요소를 결여하고 정·반, 도전과 응전, 음·양 등의 Cis, Trans 적 대립 개념에 의한 논리로서 모든 현상을 파악하고, 현실 문제에 대처함으로서 가치 체계가 착종錯綜하고 모든 인간관계나 사회 현상에 있어 인간의 극단의 이해관계로 수착收着되어 가고, 자발적 의지가 저하되어 사회 전반에 불균형이 조장된다고 볼 수 있다.

이와 같이 대상의 실상이 일그러짐으로서 인간의 사기士氣가 저하되고, 폐쇄시스템으로 강화된 조직의 억압적 지배 하에서 인간은 통일적 사고기준思考基準을 상실하여 인간 간의 분극分極 현상이 심화되고 나아가 자기 분열의 상태로 함몰되어 건전한 협동, 상보체제相補體制가 와해되고 점차 기업 조직에서 소외, 이탈되어 가게 된다. 현대 경영이 내포하고 있는 여러 위기적 요인도 바로 이러한 인간 상황에서 연유된다고 할 수 있다.

그러면 우리는 이러한 현대 경영의 위기 상황 하에서 이해관계로 수착收着된 폐쇄상태 하의 자본력, 권력, 권위 등의 위압체제威壓體制를 통한 강제력을 더욱 강화함으로써 이를 극복할 것인가? 그렇지 않으면 인간의 생기vitality를 개발하고 개방시스템을 전개하여 한기 super vitality의 발생력發生力을 현실에 최유효最有效하게 발현시켜, 인간의 전통적인 자발의지自發意志에 의한 상보체제相補體制를 확립함으로써 근본적으로 시대적 난관을 극복하는 거대한 창조의 역사를 열 것인가?

현대 인류는 이 두 갈래의 갈림 길에 서 있으며 역사는 시급한 결단을 재촉하고 있는 것이다.

선진국들은 오랜 기간을 통하여 구축하여 온 경영 기술과 이미 축적된 자본력을 구사하여 이러한 상황 하에서 기존의 폐쇄적 기업 체제를 유지 존속하기 위하여 필사적 노력을 경주하고 있다.

내부적으로 생산성의 향상과 방대하고 세분화된 기업 조직에 있어 요소기능간의 통일성과 종합적 의사 결정을 위한 여러 가지 새로운 경영 기법을 개발·도입하고 있으며 외부적으로는 수요 확보를 위하여 개별 경제 내에서는 메스-미디어를 통한 광고·선전의 강화 등 판로 개척에 총력을 기울이고 있으며, 국제적 개방 경제 사회로 변모하여 감에 따라 수출시장 확보를 위한 국제간의 경쟁에 격화되어 가는 국내 기업의 이익분기점 상향으로 인한 수익률의 저하와 국민 소비 수준의 확대에 기인한 물가 상승이라는 압력으로 불황하의 물가 앙등 현상이 만성화됨에 따라 국제 무역에 있어 가격 경쟁력의 약화를 보강하기 위하여 자국의 화폐 평가 절하, 금리 인상, 또는 보호무역 정책으로 전환하려는 움직임이 현저히 나타나고 있다.

그러나 오늘날 세계적으로 기업이 당면하고 있는 위기의 요인은 대중의 개방적 자유의지에 의한 좀 더 광범하고 복잡한 근원적인 문제에서 파생되고 있기 때문에 기존의 폐쇄적이고 물질적인 편중성偏重性에 근거한 이해관계를 극복하여 대중의 개방적 자유의지를 수용할 수 있는 개방적 기업 체제로 전환하려 하지 않는 한 끊임없이 개발 적용되고 있는 새로운 경영 기법은 지엽적이고 부분적인 미봉책에 지나지 않을 것이며, 대중의 수요 확보도 "컨슈머리즘"과 같은 소비자 보호운동의 반항에 의하여 심한 저항을 받고 있다.

또한 기업 내부에 있어서 노동자 집단의 영향력이 확대되어 임금 상승률은 가속화하고 있지만 근로 의욕은 저하되고 있어 새로운 관리 기법을 아무리 도입한다 하더라도 기업 내의 생산성은 향상되기 어려운 것이다.

국제적인 추세로 보더라도 특혜관세 철폐라든가 자본 자유화 같은 개방화 되는 국제 조류에 거슬러 보호무역이나 폐쇄 경제를 계속적으로 유지할 수도 없는 것이 오늘날의 국제적인 현실이라 할 수 있다.

기술과 과학이 급템보로 진보하고, 세계적으로 확산되어 가는 자유화의 물결 속에서 대중의 정신은 따라 흐르고 있는 반면 국가주의적 폐쇄 경제 제제의 구축이나, 폐쇄적 기업 조직은 관료적 기구로 강화되는 즉, 문화와 경제의 지향성이 배리背理되는 기류 하에서, 기업의 이윤율은 저하되고 기업 조직의 자동 조절 기능이 약화되어 대중의 자기 분열과 갈등이 심화되어 사회 도의道義가 악화되어 간다고 할 수 있다.

이러한 전반적 상황으로 말미암아 산업은 생산적 관료주의로, 대중은 소비적 인간주의에로 각각 타락되어 세계 경제는 대공황의 위협을 강하게 느끼고 있다.

그러므로 인류는 오늘날의 시대적 난관을 극복하기 위하여 기존의 물질 위주적인 폐쇄체제를 벗어나 시대의 흐름인 대중의 개방적 자유의지를 수용할 수 있는 새로운 개방체제에로의 전환을 향하여 나아가야 할 것이다.

역사적 환경 속에서 체득하고 체험하여 온 본래적 인간 의식을 무無로 돌리고 근세 이후 짧은 역사 속에서 거의 물질적 자극과 산업사회의 조직 속에서 체험한 폐쇄적이고 편협한 공간에 정지하는 것은 역사적 실實의 가능성을 부정하고, 자기모순 속에 함몰되는 허구의 논리를 절대시하는 것은 아닐까?

전통 속에 잠재되어 있는 순수성純粹性을 포기하지 않으려는 인간 군人間群이 산업사회의 폐쇄적이고 억압적인 조직 생활을 혐오하여 산업 조직에서 소외되고, 자발적 의지가 분산되어 가는 것은 경영의 본래적 가능성을 상실시키고 있다.

그러므로 이러한 전통적 사고 성향을 수용할 수 있는 생활장을 마련할 시스템을 현대적 과학 기법을 사용하여 형성시켜야 할 것이다. 고도로 발달된 현대의 과학력을 구사하면 방대한 힘으로 인간 사회라도 파괴시킬 수 있다. 그러나 적어도 자본주의 사회에 있어서 대중성이 허용되는 여지가 있는 지역에 있어서, 본래적 의지를 소유한 인간군을 경영에 참여시킬 때 그의 이해관계, 폐쇄적 소속감, 아집을 초월한 힘이 발현될 수 있는 범위가 주어져 있기 때문에 인간사회의 부조화不調和나 내적 여러 모순들 동시에 해결할 수 있는 가능성도 있다.

그리고 이것은 사기의 저하, 이윤의 위축, 재생산의 감퇴 등으로 위기에 처하여 있는 오늘날 기업 경영의 상황이 그러한 계기를 줄 수도 있는 것이며, 또 그러한 인간군이 창조적 반항으로서 그러한 사명감을 구사할 수 있는 압력도 짙어져 가고 있다.

그러므로 기업은 그의 폐쇄적 억압체제를 탈피하여 역사 속에 면면히 흐르며 '전통의 진眞'으로 유정溜晶되어 있는 인간의 생기vitality를 개발하고 이를 요용要用할 때 대중의 자발적 지원체제가 형성되어 활력을 되찾고, 대중의 발생력發生力을 발현시키는 데에 앞장서면서 그의 원래의 위치로 환원될 것이 절실히 요청되는 것이다.

더욱이 아시아 여러 나라와 더불어 우리나라는 내·외의 악조건 속에서 기업의 성장은 말할 것도 없고 도산의 위기까지 생각하지 않을 수 없는 심각한 위협이 항존恒存하고 있어 생존적 요구까지 흔들리는 처지에 있을 뿐 아니라, 국제 경제 사회에서 선진국들의 보수적 압력의 저항을 받아가며, 공업화를 위한 수출시장을 개척하여야 하는 요구와 이러한 난관을 극복하고 새로운 문화를 창조하여 가야 하는 3중의 압력을 받고 있다.

특히 우리나라의 경우는 자유 선진 제국의 강화된 보수적 경향과 공산권共産圈의 전투적 국제 시장 침입 경향이 가세되어, 불리한 지리적 위치로 인한 국제 시장 진출에 심한 압박을 느끼고 있다.

이러한 전반적 국제 정세 하에서 우리는 과거 어느 때 보다도, 그리고 어느 나라보다도 시급히 강력한 자주력과 자립력의 확립이 요청되고, 여러 선진국들에서 많은 신생국가들에 이르기 까지 전 세계가 새로운 질서에로 재정렬을 재촉하고 있으므로 어떠한 수준까지 시한 내에 미치지 못할 때, 초고도화 된 기계 문명 속에서의 비참을 상상한다면, 더욱 시간을 다투는 긴박한 문제인 것이다.

산업적 전통과 풍부한 자원, 편리한 교통, 통일된 의식을 갖춘 선진국들은 이미 축적된 자본력을 동원하고 지엽적인 경영 기법의 개발 등에 의하여 그나마라도 위기적 현실 속에서, 지탱하여 나아갈 가능성이 있을지 모르지만, 제반 여건이 불리한 우리로서는 그러한 지엽적인 방법으로서는 이러한 위기를 극복할 수 없는 것이다.

즉, 선진국에서는 주로 그 유의성이 기업 내부에 집중되고 있어 시설 투자에 대한 고정비固定費 문제를 포함하여 생산비에 강점이 주어지고 있지만 우리나라와 같은 신생국의 경우는 기업 외부에서 파생되는 자본 조달비, 판매비, 신용 유지비, 접대비 등에 더 많은 신경을 집중시키고 있다.

이러한 현상은 선진국의 경우 시설 투자에 방대한 자본이 투입되고 있어 시설의 대체代替 replacement란 거의 기업포기 내지는 도산에 가까운 현상을 초래하게 되는 까닭이고 그들의 강한 보수성도 주로 이러한 데에서 연유하는 것이다.

그러나 신생국은 공업화의 초기 단계를 벗어나지 못하고 경공업에 치중되고 있어 시설 투자는 미미한 것이고, 정부 의존도가 높을 뿐 아니라 정책의 변화가 기업 운영상 거의 절대적 영향을 미치고 있기 때문에 경영 외적인 문제가 기업의 사활을 좌우하는 예가 많다. 그러므로 신생국의 경우는 경영 외부에서 파생되는 원가 문제는 말할 것도 없고 시설 투자에 따른 고정비까지도 기업이 처한 사회 전반의 많은 문제와 밀착되어 있다. 이러한 기업 상황은 비관적으로 볼 때 선진국의 보수력에 흡수되어 상품 시장으로 예속되어 버릴 가능성도 없지는 않은 것이다.

그러나 새로운 생산 기술이 끊임없이 개발되고 시시각각으로 생산 시설의 대체가 요구되는 현대 기업에 있어 신생국들이 시설이나 제품생산의 신축성伸縮性 flexibility을 유효 적절하게 조절할 수 있는 방법으로 경영체제를 개선하여 가고 경영 외부에서 파생되는 원가 상승의 원인이 되는 다양한 요소를 배제할 수 있는 대중의 자발적 협력 체제를 보다 빨리 형성한다면 후진국의 불리한 현재적 여건은 전화위복으로 새로운 창조력의 발현에 오히려 더 유리한 입장으로 전환될 수 있는 가능성도 짙은 것이다.(생산 시설이나 제품 생산의 신축성을 최유효하게 할 수 있는 방안에 대해서는 차기 논문에서 구체적으로 취급되겠기에 여기에서는 주로 대중의 협력 체제 문제를 주로 다루게 됨)

아시아적 신생국들은 오랜 도교道敎적 전통 속에서 자연에 순응하고, 중용中庸을 존중하며 평화적으로 사는 생활의 지혜를 터득하여 온 공통적 운명으로 말미암아 다양한 생활 양식이나 사고 방식에도 불구하고 많은 동질성同質性이 발견되고, 서로 공명하며, 이해 상통하는 아시아적 연대감連帶感의 육성 소지를 충분히 갖추고 있는 것이므로, 현대적 감각으로 그들의 '전통의 진traditional genuineness'을 개발하고 승화昇華시켜 새로운 윤리倫理와 도덕道德을 정립하고 역동성力動性을 부여하여 시스템화 한다면 자체의 위기 타개는 말할 것도 없고 현대 인류가 직면한 난관을 극복할 수 있는 새로운 창조의 역사를 전개할 수 있는 여건을 갖추고 있는 것이다.

현대는 인류의 문화가 극한적인 물질 우위의 외향적 팽대에서 원래의 조화 상태에로의 복귀를 강하게 요청하고 있으며, 또 기존의 폐쇄적 억압체제에서 창조적인 새 방향을 모색하지 않고는 현대의 세계적 위기를 극복할 수 없음을 인류는 인식하고 있다.

오늘날 히피족이나 나체주의자와 같은 일련의 윤리적 반항 운동은 기존 제제에 대한 저항으로, 새로운 창조를 기다리는 도착倒錯적 표현이라고 볼 수 있을 것이다.

시대는 인간의 자유 의지와 기업의 강제 의지의 간격을 허용하지 않을 뿐 아니라, 더욱이 의지의 요구에 입각한 생체적 기능을 소지하기 때문에 국민 의지는 강제에 의하여서는 그 복합된 기능을 최대한 발휘시킬 수 없는 것이다. 이것은 긴박한 시기에 있어서 긴박한 지역의 기업이 더욱 이러한 개방적 자유 세계 시대와 개방적 국민 경제 시대에 있어서 불가피한 추세이기도 한 것이다.

집단적 혈연이 국가 의식 또는 민족 의식으로 강렬하게 작용하고 있었을 때의 소위 경영은 폐쇄적, 집단주의적 바탕 위에 구축된 관료체제와 그에 따르는 충성심으로 목적의 결사적 실현을 가능하게 한 것이지만, 오늘날은 어떠한 경제체제라 할지라도 개인주의와 자유주의, 그리고 의회제도 하에서의 비관료적, 비중앙집중적 경제체계가 아니면 어떠한 것도 그 지역민의 자발의지를 최대한 발휘시킬 수 없다는 것이 현대 위기의 극복에 있어서 특징적인 사실이라고 할 수 있다.

그러므로 위기에 처한 민족은 그의 전통 속에서 시대에 상부相符한 정신을 도출해 내야할 것이며 이것은 경륜經綸인 동시에 계통 발생을 되풀이 하는 개체 발생적 소향素向이라 할 수 있는 것이다.

아시아적 신생국들에 있어서는 선진국에서처럼 시간적 여유가 허용되어 있지 않을 뿐 아니라 생존의 문제까지도 흔들리는 숨 막히는 상황이 새로운 방향에의 길을 더욱 재촉하고 있다.

인류 역사를 통하여 보면 항상 새로운 문화의 창조는 시대의 극한에 처하여 있던 지역에서 태동되어 왔음을 알 수 있다. 거듭되는 대홍수와 빈곤의 나일강변에서 이집트 문화는 전개되었고, 숫한 외민족의 압력 속에서 마케도니아는 찬란한 헬레니즘 문화를 꽃 피울 수 있는 민족의 힘을 도출하여 내었던 것이며, 인도, 이스라엘의 문화나 황하의 고대 중국문화도 다 그러한 시대적 역경 속에서 싹 텄던 것이다.

특히 우리 민족은 고대 사회로부터 전수하여 온 자급자족의 생존체제가 위기에 처하여 있고 선량善良한 도의道義를 도외시하는 경향이 짙어 현실적으로 각박한 불안 속에서 안정된 생계의 유지와 심령心靈의 자유를 회복하기 위한 재창조에의 압력이 강하다.

다만 그러한 잠재적 지향성指向性을 발현할 조화기준調和基準 harmonizing criterion과 조화율調和律이 체계화되어 학습되지 못하고, 국민의지의 지향성志向性이 내외적 영향과 역사적 잔재, 거듭되는 현실 급박急迫 등으로 지극히 산발적이어서 이성理性의 자발적 집약이 어렵고, 재생산성再生産性이 균열되고 있다.

비록 도착倒錯되어 있다 하더라도 민족의 저변의식 속에는 새로운 창조적 의지가 잠재된 사명감으로 강하게 작용하고 있으며, 인류를 향한 인도人道적이고 개방적인 성향이나, 자발적으로 상호 협력하고 건전한 투자라면 기꺼이 참여하려는 성향이 내재되어 있다.(이에 대해서는 7년간 그룹핑(grouping)을 통한 협동체제의 실험적 실시결과를 차회 논문에서 구체적으로 다루 것임)

그러므로 민족적 주권을 추구하는 혈연의식, 이성적 자유를 희구하는 인간성, 자족적 자주경제를 갈구하는 민족의 의지를 자발적 의지로서 도출, 발현시킬 수 있도록 우리의 착잡한 여건을 계기화epoching하고, 생기vitality를 도출할 수 있는 시스템을 체계화하여, 교습화敎習化 learning할 수 있는 작업이 시급히 요청된다.

오늘날의 급박한 현실이 더욱 이러한 의식의 개발을 재촉하고 있으며, 만약 이러한 시기에 신속히 민족의 주체성主體性을 확립하고, 민족의 자발력自發力을 효율적으로 집약하여 새로운 창조의 역사를 발현시키지 못한다면 당장의 생존 문제는 말할 것도 없고 새로이 전개될 개방 체제의 역사 속에서도 예속의 불명예를 계속 자손에게 물려주게 될 것이다.

본 연구의 동기도 이러한 긴박한 상황 하에서 민족의 자발의지自發意志를 개발할 수 있는 시스템의 구상화와 그 현실적 실현의 구체적 방법을 모색하는 데에 있다.

국민의 자발적 의지는 바로 기업 내에 있어서 노동 사기士氣인 동시에 외적으로는 노동과 자본의 제공자이며 수요자이기도 한 대중

의 지원체제를 가능하게 하는 원동력이라 할 수 있다. 이러한 의지
는 인간과 인간 사이에 표의식表意識, 잠의식潛意識, 유의식遺意識의 전
면적 소통에 의하여 단합된 힘으로 현실을 뚫어나는penetrate 강력한
소생력蘇生力을 발산하게 하는 것으로, 빛의 직사광선에 비유된다면,
이해관계와 폐쇄된 계급적 계층에 기초하여 인간의 협력을 강요하
는 조직은 광원에 투사된 빛을 일단 반사면에 반사시켜 반사광을 이
용함에 비유될 수 있겠다. 빛은 반사면에서 산란, 흡수되어 많은 빛
을 유실시키고 실제 이용되는 반사광량은 많이 감축된 것이다. 이와
같이 조직은 권력, 자본력, 권위 등의 위압적 압력으로 인간의 본래
적 의지를 산란, 흡수하여 유실시키고 있는 것이라 생각할 수 있다.

그러므로 기업이 인간의 자발적 의지나, 생기를 개발하려 하지 않
고 강화된 조직 하에서 생산성의 효율을 꾀하는 방법들은 마치 반사
면에서 빛의 유실을 최소로 줄이려는 것과 같이 부분적이고 지엽적
인 방법이라 할 수 있다. 조직은 다만 자발적 의지의 최유효最有效한
발현을 위한 도구에 지나지 않는 것이다.

이러한 인간의 의지나 생기는 어떠한 시스템 하에서 최유효하게
발현되는 것인가?

최근 구조주의 철학이나 과학적 관리기법에서 시스템이란 말이
많이 쓰이고 있으며, 특히 현대의 기업 조직이 방대하여지고 그 기
능간의 분화가 고도화에 따라 다양한 기능의 전체적 통일성과 조화
가 요청되어, 부분적 기능을 통합하는 수단으로서 개발된 체제공학
體制工學 system engineering이 널리 보급되고 있다.

물론 체제공학이 사용하고 있는 기법은 좋지만 다루는 내용은 역
시 폐쇄적이고, 의미론적 논리성의 테두리를 벗어나지 못하고 있는

것 같다. 그러면 현대의 여러 학문에서 사용되고 있는 시스템의 정의들을 열거하여 보기로 하자.

① 체제공학에서의 의미

   a) 대상과 그의 속성과의 사이에 일정의 관련성을 가진 일군(一群)의 대상이다.[25]

   b) 시스템은 조직체에 있어서 전목적(全目的)을 수행하는데 필요한 절차의 조직화된 집합이다. … 시스템은 몇 가지의 작업에 따르는 무수한 사무 절차에 의하여 구성되고 있다.[26]

   c) 시스템은 기업 내의 사람들이 기업 목적을 달성하기 위하여 적용하는 수단이다. 그것은 경영 방침을 중추(中樞)하기 위한 미디어(media)를 의미한다.[27]

   d) 시스템은 하나의 조직된 전체, 또는 복합된 통일체이다. 그것은 또 복합적 통일체 또는 단일의 통일체를 형성할 때의 사물 또는 부분의 집합 내지 결합이다.[28]

② 구조주의 철학에서의 의미

   a) 사회가 서로 적층(積層)되어 있든지, 몰려 있는 일정수의 구조적 배열에 환원하여 이와 같은 사회에 있어서 일종의 불균형을 시정하는 수단이다.[29]

   b) 의미란 대체로 단순한 표면효과, 포말(泡沫)에 비슷한 것이며 우리들을 깊이 뚫어 오는 것, 우리들의 이전에서부터 존재하여 있는 것, 시간과 공간 속에서 우리를 뒷받침 하고 있는 것, 그것은 시스템이다.[30]

---

25) スタンフォード・オプトナ ; 經營問題の解結のだめのシステム論, 東京, 昭和, 44. p.37.

26) Allen A. Murdoch & Rodney Dall ; The Clerical Function, London, 1961, p.3.

27) Norman N. Barish ; systems Analysis, N.Y., 1951, p.3.

28) A. Richard Johnson & Other ; 前揭書, p.4.

29) J.M. ドムナック編 ; 前揭書, p.4.

30) Ibid., p.28.

c) 시스템이란 자기 자신과 의미와의 사이의 매개자이다.31)

이외에도 구구한 해석들이 있지만 본 연구에서는 다음과 같은 의미로 시스템을 정의하고자 한다.

즉, "다수인多數人의 생기生氣 vitality를 최유효最有效하게 하는 매개체媒介體이다. 이것은 세포에 있어서 생명生命 vitals에 대한 원형질plasma과 같다." 부연해서 설명하면 주어진 시간적, 인적, 물적 질서 속에서, 유한한 수단으로서 무한한 것을 추구하려는 인간이 상징적으로 전인傳認하여 온 것(道)을 인간적 측면에서 구체화하여, 질서에 적합화시킴으로서 효율적으로 가능성을 확대하고, 노력의 누실을 방지하여 무한성에 접근하려는 2차적 질서라 할 수 있겠다.

이와 같은 의미로서 시스템을 정의하고 체제공학에서 사용하는 기법만을 원용하여 다음에 시스템을 고찰하고자 한다.

---

31) Ibid., p.149.

6. 시스템에의 '어프로우치'
(체제공학적 기법을 원용하여)

인간은 전통傳統의 진眞 traditional genuineness으로 이어져 온 얼터적 기능의 존재를 망실忘失하고 근세래近世來의 짧은 역사 속에서 거의 물질적 자극과 산업사회의 조직 생활에서 경험하여 온 편협적인 폐쇄공간에 머물러 개방 상태에 있어서 여섭與攝터 · 생명生命터 · 물질物質터 3터가 인간 측면에 사영된 영혼靈魂 · 정신精神 · 육체肉體의 포괄자로서의 생명인 인간이 얼터의 조화적 기능을 통하여 균형, 여과되어 오는 동안 형성된 인간 본래의 의지를 결여하고 현대의 정지적 폐쇄논리를 도입하여 사람마다 각기 자기自己적인 폐쇄시스템에 고착되어 대상을 인식함으로써 가치체계가 착종錯綜하고 인간 상호간의 갈등이 심화되어 가는 한편 현대가 집단 지배 시대로 이행함에 따라 마침내 조직 대 조직, 집단 대 집단의 반목과 갈등으로 변모하고 인간이 사회적 동물이란 점이 남용되어 사회적 측면만을 강조함으로써 인간을 사회적 종속물로 간주하게 되었다 할 수 있다.

오늘날 인간 의지의 간접적 표시 도구인 조직이 오히려 인간을 억압하는 강제적 존재로 화함으로써 집단 모랄Moral과 개인 모랄이 조화를 상실하여 인간은 점차 사회에서 소외되고 자기 분열의 상태로 흐르게 되었으며 조직은 그의 방대한 기구와 영향력으로서 대중을 획일화하고 개성을 상실시켜 갈수록 그의 본래적 위치에서 이탈시키고 있다. 실존주의 철학자 야스퍼스Karl Jaspers 1883~1969는 이러한 상황을 다음과 같이 말하고 있다.

"현대 인류의 정신적 상황은 외적으로 기술과 기구, 집단적 질서의 지배아래 인간은 수단화·기계화·평균화되어 본래적 실체를 상실하고 내적으로는 규제의 영향으로 획일화, 비개성화(非個性化)되어 그의 주체성을 상실하여 가고 있다."32)

이러한 전반적 정황이 대중의 자유의지를 소비적 인간주의로, 산업사회에 있어 기업은 생산적 관료주의로 2분화되는 폐쇄적 기류를 형성하여 점차 대중은 산업 조직에서 괴리되고 그의 생기vitality가 상실되어 가고 있는 것이다.

그러므로 이제 인류는 폐쇄적 논리 체계에서 탈피하여 전통적으로 이어 온 얼터의 역할을 "실實의 생활장生活場"에서 체득하고 언어, 정서 및 감정 속에 내면화되어 있는 인간 본래의 조화있는 영혼·정신·육체의 균형을 되찾고, 분석하여 현실에 정합整合되는 의미 부여를 하지 않으면 안 되는 절박한 시점에 이르고 있다.

인간은 3면적 충족을 위한 자연 본능적인 충동이나 욕구를 갖고 있는 것이며, 그것은 식욕, 생식욕, 문화욕이나 영원에의 희구 등으로

---

32) 天野格之助 ; 倫理學 要說, 東京, 1960, p.119.

서 구체화되고 그러한 충족을 구하여 생활이 영위되고 있는 것이다.

그래서 인간은 의·식·주의 경위境位를 향상시키기 위한 대對물질적 활동과 고립이나 공포에서 해방되고 종족 유지를 위한 생식 본능을 실현할 수 있는 상호부조相互扶助의 대인관계를 가지며, 또한 유한한 존재로서 무한을 추구하는 인간으로서 불안과 허무감虛無感으로 신비력神秘力에 의존하려는 대對여섭터적 희구希求 속에서 그의 실의 생활이 전개되고 있는 것이라 볼 수 있다.

원시공동체 사회에 있어서 의·식·주를 위한 재물의 획득 수단으로서 자급자족이나 물물교환의 경제체제, 원시적 신앙성의 표현인 자연숭배적 샤머니즘, 인간 간의 상호부조의 의지로서 씨족성 내지는 혈연성의 응결체인 씨족사회 등은 이와 같은 인간의 본능적 의지의 표현이라 할 수 있을 것이다.

환경에 대한 이와 같은 3측면의 여러 작용이나 경향성이 통일장統一場을 이루어 공동사회를 형성하고 이러한 3면에 공명하여 조화성장적 기능을 하는, 같은 중추로서 원시사회의 윤리인 금기禁忌 taboo가 역사의 전진과 더불어 내면화되면서 이어져 온 것이라 볼 수 있다.

인간의 원래적 의지의 표현인 원시사회에 있어서의 다양한 제도나 생활양식은 역사의 흐름과 더불어 내외적 환경의 제약 속에서 생명체의 적자생존適者生存적 진화처럼 취사取捨 선택選擇되고 적응適應되면서 이어 내려온 것이라 볼 수 있다.

전설이나 민요의 가락이 우리들에게 공명共鳴되어 오는 것은 이러한 역사 속에서 여과濾過되어 오는 동안 역사적·인류적 공통인소共通因素를 내포하여 면면이 이어온 인간의지의 결정체結晶體이기 때문일 것이다.

오늘날의 경영은 원시공동체 사회에서의 자급자족이나 물물교환의 경제체제에서 연원淵源하는 것으로 개체발생이 계통발생을 되풀이 하듯이 현대의 경영 활동 내에 원시 경제사회의 자급은 생산으로, 자족은 분배로, 물물교환은 화폐를 매개로한 유통으로 각각 변모되어 온 것이라 생각될 수 있다.

그러므로 인간의 대對물질 활동인 현대의 경영 내에서도 자급자족을 추구하는 성향이 짙게 남아 있는 것도 이러한 데에 기인하는 것이라고 볼 수 있는 것이다. 또한 원시공동체의 씨족사회는 오늘날의 가족단위의 공동체로, 자연숭배적 샤머니즘은 현대의 종교사회로, 또 원시사회에 있어서 인간의 3면적 활동에 공명하면서 조화 부흥賦興의 기능을 하던 금기에서 오늘날의 모랄Moral이 유래된 것이라 생각할 수 있다.

이와 같이 현대의 모랄은 의무적인 것만은 아니고 관습적으로 인간의 전통 속에서 유정溜晶되고 무조건반사적으로 수용되어 온 인간의 성향이라고 볼 수 있겠으며, 어떤 의미에 있어서 모랄은 일종의 인간 취향趣向이며 필요 성향이라고 생각되는 것이다.

고대사회에 있어서는 물질적 요구가 그렇게 강렬하지 않았기 때문에 모랄이 주로 인간적 측면에서 윤리로서 파악되고, 신앙적 측면에서는 계율로서 생각되어 온 것이며, 특히 동양의 도교道敎적 모랄에 있어서는 경제적 측면이 소홀이 취급되어 왔는 바 이는 고대사회의 환경 하에서는 정합整合될 수 있었지만 현대의 변화된 상태 하에서는 그에 따른 경제적인 면을 포괄하는 새로운 모랄의 정합화가 시급히 요청되고 있다.

우리는 모랄의 경제적 측면을 경영사기經營士氣로서 파악할 수 있을 것이다.

오늘날 사람들은 경제적 수익만을 목적으로 생산에 참여하는 것처럼 생각하여 생산 활동 과정에서 본래적 인간으로서 얻을 수 있는 흡족한 여러 가지 가능성을 망각하고 소극적인 생산 동기만이 작용되고 있는 것이다.

그러나 사람에게는 능동적 생산 운동과 더 나아가 자기 수익을 방기放棄하더라도 다시 말하자면 이해의 득실을 초월한 인도적 성향이나 양심적 의지가 선천적으로 작용하고 있는 것이며, 패륜悖倫이나 타락으로 기울어진 자기 폐쇄적 상황 하에서 사람의 그러한 성향은 다만 본래적 향수鄕愁로서 내면화되고 있는 것이다.

만일 현재의 폐쇄시스템에서 벗어날 때, 인간의 원래적 욕구가 보장될 가능성이 있다면 인간은 본유本有적 인도성人道性이나 양심적 의지에로 통로가 개방될 것이고, 또 더 나아가서 자기 수익성뿐만 아니라 가능성 있는 이상이 시스템으로서 부여된다면 그의 힘은 더욱 더 강렬하여 질 것이다.

그러나 이와 같은 시스템은 직접적인 것이 아니고 모랄을 매개로 한 간접적인 체제이기 때문에 그 시도는 그리 쉬운 것만은 아닐 것이다.

사실상 경제적 생활 경위境位가 각박하지 않는 이상 생산 동기는 원래 수단적인 것만은 아니고 사람들과의 교의交誼적 생활을 통하여 시간적 권태와 자기고립에서 벗어나고, 공장본능工匠本能 instinct of workmanship[33])의 충족에서 얻어지는 즐거움을 맛보려는 것 등 소득 이상의 요소

---

33) Thorstein Veblen ; The Instinct of Workmanship and the State of Industrial Arts, N.Y., 1914, pp.38.

가 얽힌 인간의 종합적 의지인 것이다.

그러면 실의 현상에 있어서 3터와 얼터의 상호 연관 및 작용 형태, 역할 등의 전반적 운동 시스템 속에서 경영은 어떻게 관계되어 있으며, 그러한 개방시스템에서 인간의 본래적 생기와 의지는 어떻게 소생되고 유도誘導되는 것인가? 관리기법의 하나인 체제공학적 방법을 원용援用하여 그 시스템의 구조를 살펴보기로 하자.

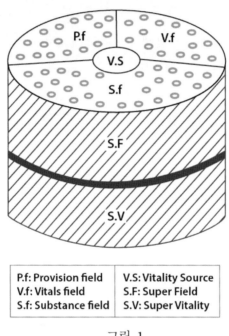

P.f: Provision field	V.S: Vitality Source
V.f: Vitals field	S.F: Super Field
S.f: Substance field	S.V: Super Vitality

그림 1

실實의 현상現象은 <그림 1>에서 보는 바와 같이 한터super field라는 원판과 한기super vitality라는 원판이 표리表裏를 이루고 한터의 전면全面에 분포되어 있는 기공氣孔을 통하여 한기가 삼투력滲透力 osmotic pressure

으로 끊임없이 발산되는 것이라고 할 수 있을 것이다.

인간의 일상 인식의 대상으로 하고 있는 것을 한터 또는 삼라森羅 cosmo라고 이름 하기로 하자. 이 한터는 여섭터與攝터 provision field, 생명터生命터 vitals field, 물질터物質터 substance field의 3터가 중첩重疊되어 있는 것이며 이러한 한터의 3가름은 "터갈"이라 이름 할 수 있다.

또 한터에는 한기에서 발산되는 기氣를 한터와 한기 사이에서 조정하고 3터와 어울려 공명되며, 종합적 조화 작용을 하는 울림자 vibrator로서 얼터vitality source가 있으며, 이는 현상 중에서 관찰의 대상은 아니지만 3터의 운동 양태樣態를 보아 충분히 그 기능이 짐작될 수 있다.

그러므로 정지적 상태를 구성적構成的 constitutional으로 추정할 때 한터에는 3터와 얼터의 4터가 존재하는 것으로 생각될 수 있겠으나 인간의 관찰자세觀察姿勢에 따라, 3터에 유의성有意性이 강할 때에는 얼터적 작용이 약하게 보이는 것이며, 얼터에 유의성이 집약될 경우는 3터가 전적으로 얼터의 작용을 통하여서만 있을 수 있는 것 같이 보이기도 하는 것이다.

얼터와 3터의 기능적인 상호 관계는 앞에서 3원색의 인식에 비유하여 설명하기도 하고 균형의 문제에 있어서 인간의 정립正立에 관계되는 대뇌, 양다리에 비유하여 서술하였었다.

또한 논리의 모순성을 지적하면서 현대 논리가 동태動態적인 "실實"을 "환幻"으로 착각하고 6면체cube 공간에 있어서 xyz축의 3차원 좌표계에 의하여 "실"의 현상을 설명하려 하나 "실"의 동태적 파악이 구체球體에 있어서 $120°$ 각의 좌표계로 설명되어야 함을 말하고 두 좌표계의 차이인 $\angle R$의 한 차원에 논리적 Veo의 차원인 얼터의 존재가 짐작될 수 있음을 말하였다.

현대의 논리 체계가 폐쇄상태 하에서 확률적 빈도頻度 frequence가 큰 물질적 구상에 치중하여 사실적이고 형식적인 논리의 관념을 도입하여 현상을 인식함으로서 공간적 확률에 의존하는 폐쇄적 의념이나 의제에 흐르고 있으나 3터와 얼터가 연관되어 있는 개방 상태 하에서 현상을 인식할 때 확률적 빈도는 비록 낮다 하더라도 가중價重 weight은 훨씬 큰 것이며 시간적 확률로 보아 실의 현상에 정합整合되는 것이라 할 수 있다.

얼터적 기능이 직접적·구체적으로 인간에게 인식되지 않는다고 해서 그것을 결여하고 현상을 파악하려는 것은 물질의 기체 상태를 도외시하고 고체나 액체의 구상적 상태만으로 그 물질을 인식하려는 것과도 같은 것이다.

그러나 물질의 3상狀은 분자의 집산集散에 관계하는 열에너지의 작용에 의한 표상에 불과한 것이라 할 수 있다. 즉, 얼터의 기능은 열에너지의 역할에 비유될 수도 있을 것이다.

유한한 능력의 소유자인 인간은 무형적 얼터의 기능에 의한 내적 제약constrain과 3터의 상호 작용으로 일어나는 현상계의 외적 제약restrain 범위 안에서 적응하여 가는 존재라 할 수 있다.

3터는 각각 독자적으로 진동振動 vibration하고 또 상호 공명共鳴 resonance, 간섭干涉 interference하면서 얼터의 기능에 의하여 조화·성장하여 가지만 얼터의 기능이 결여될 때 균형이 상실되어 누열漏裂 ; leakage 현상이 초래되는 것이다.

얼터의 Veo적 기능에 의하여 여섭터(Cis)·생명터(Mes)·물질터(Trans)의 상태가 온전한 상태sound state에서 조화·성장될 때의 모양을 파동꼴로 표시하면 <그림 2>와 같이 나타낼 수 있는 바 <그림 2>에서 굵은 선은 Veo 적 얼터의 파형으로서 실선은 외적 제약에서, 점선은 내부 제약에서의 파형이며 3개의 가는 실선은 각각 3터의 운동 파형이고 가는 점선은 외곽원이 현상계의 외적 제약이며, 내곽원은 얼터와 관계되는 내적 제약으로 이 두 가지 제약은 유한한 인간의 능력으로서는 넘어설 수 없는 제약이라 할 수 있으며 중간원은 인간의지나 이성理性의 자발적 집약 정도에 따라 신축될 수 있는 제약이라고 볼 수 있다.

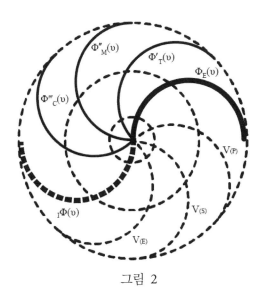

그림 2

Veo 의 파형은 관찰 소지에 따라 3터의 3가지 파형으로 각각 관찰된다고 볼 수 있다. 즉, Veo 적 운동의 파형을 물질터에서는 관찰할 때 $\Phi'_T(v)$로, 생명터에서 볼 때 $\Phi''_M(v)$로, 여섭터에서는 $\Phi'''_C(v)$로서 각각 관찰된다고 할 수 있고, 이러한 3가지 파형은 공액共軛적인 것이지 차등 差等이나 서열序列이 존재하는 것은 아니며, Veo 와 Mes · Cis · Trans 의 관계를 대수식代數式으로는 $\Phi_E(v) = \Phi'''_C(v) + \Phi''_M(v) + \Phi'_T(v)$ 와 같이 표현할 수 있다.

즉, Φ의 1, 2, 3 차 미분이 $\Phi_E(v)$에로 피드백feed-back되는 차분방 정식差分方程式이라 할 수 있다.

이러한 얼터의 Veo 적 기능에 의해 3터가 조화·성장해가는 온전한 상태는 전통의 진traditional genuineness이 유정溜晶되어 있는 실의 생활장에서 인간의 예감叡感·경험감經驗感·기량技倆의 종합적 의식 작용을 통하여 체득體得될 수 있는 것이며 이러한 전통 속에서 형성되어 온 윤리倫理나 도덕道德은 얼터의 Veo 적 작용의 내적 표출이라 할 수 있을 것이다.

모든 존재하는 것은 그 관찰 소지에 따라 여러 가지 모양으로 파악될 수 있다. 그러면 각각 그 관찰 소지에 따라 서로 어떻게 인식되어 지는 것인가?

<그림 3>에서 보는 바와 같이 생명터(V)는 여섭터(P)에서 볼 때 심心 mind으로서, 물질터(S)에서는 정신精神 spirit으로서 파악되는 바, 생명터는 이 양자의 포체包體로서 기능한다고 볼 수 있는 것이며, 물질터(S)는 여섭터에서는 세력勢力 energy으로서, 생명터에서는 신체身體 body로서 인식되는 것으로, 물질터는 이 양자의 매체로서 역할 하는 것이고, 여섭터(P)는 생명터에서 볼 때 신성神性 divinity으로서, 물질터에서는 시時 time으로 각각 관찰되는 바 여섭터는 신성神性과 시時의 매소媒素적 역할을 하는 것으로 생각될 수 있다.

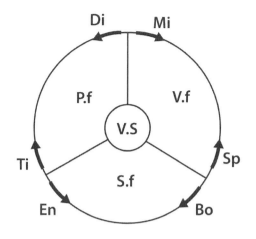

| Di: Divinity | En: Energy | Bo: Body |
| Ti: Time | Mi: Mind | Sp: Spirit |

그림 3

이와 같이 한터에서 터갈은 얼터vitality source의 **Veo** 적 작용과 공명
되면서 조화 성장하여 가는 것이고 이러한 관계는 얼터적 관찰축에
서 파악할 때 3터의 전체적 상호 관계가 명확하여 지는 것이다.

그러나 현대의 논리 체계는 터갈의 어느 한 측면에 고착된 폐쇄상
태에서 얼터의 기능을 결여하고 한터의 다양한 현상을 파악하려는
폐쇄시스템에 고정되는 경우가 많다고 생각된다.

이와 같은 현대 인간의 폐쇄적 의식으로 말미암아 상부상조의 협
동 정신은 파괴되어 가고 인간의 자유 의식은 충동적 소비성향을 자
극하여 소비적 인간으로 화하여 가며, 기업 조직은 관료체제를 강화
함으로서 인간의 본래적 생기가 상실되어 가고 있는 것이다.

우리가 추구하려는 경영은 이와 같은 3터의 복잡한 관련 속에서 어떻게 작용하고 있는 것인가?

인간의 3터적 활동 및 그 상호 연관성을 <그림 4>와 같은 원주형의 모델을 이용하여 살펴 보면서 경영과 연관되고 있는 여러 가지 환경을 검토하여 가기로 하자.

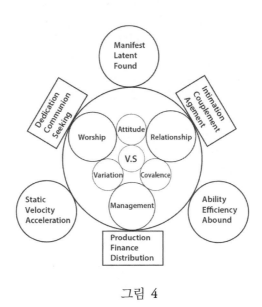

그림 4

인간의 대對생명터에서의 교섭交涉 및 작용은 인간 상호간의 인사 人事 relationship로서 나타나는 것으로 원시 공동체에 있어서 씨족사회를 형성하였던 상부상조의 의지라 할 수 있겠다. 또 대對여섭터 활동은 신성神性 divinity에 대한 숭앙崇仰 worship의 염念으로서 표현되며 경영management은 물질터에 작용하여 생활 물자를 획득하는 활동이라 볼 수 있다.

그러나 3터에 대한 인간의 활동은 각 터에서 독립적으로 이루어지는 것이 아니다. 상호 불가분의 연관 속에서 대칭적으로 공명간섭되는 과정에서 행하여지고 있는 것이며, 이러한 3터에 대한 인간의 활동은 얼터적 견지에서 보면 한기super vitality의 오퍼레이터operator라고 생각될 수 있다.

또한 이러한 3면적 활동은 상호 대칭對稱 symmetry 관계에서 유도되는 품위品位 attitude · 공액共軛 covalence · 변환變換 variation의 3가지 모멘타momenter에 의하여 공명, 간섭되고 촉발觸發되면서, 조화 성장되어 간다고 할 수 있다.

3가지 모멘타는 여섭터와 생명터의 대칭 관계에서 심心 mind과 신성神性 divinity의 공명을 통하여서 품위品位 attitude가, 생명터와 물질터의 대칭에서는 신체身體 body와 정신精神 spirit의 공명에서 공액covalence이, 그리고 여섭터와 물질터의 대칭관계에서는 세력energy과 시time가 공명되면서 변환variation이 각각 유도되는 것으로, 그 각각의 모멘타는 진자운동振子運動 oscillation을 하고 있으며 3가지 오퍼레이터 사이에서 주로 작용하고 있으나 반드시 그 사이에서 한정되어 작용하는 것만은 아니고 3면에 두루 영향하고 있는 것으로, 크게 봐서 얼터와 오퍼레이터 사이에서 양자의 교량적 역할을 한다고 생각할 수 있다.

이와 같이 인간의 3터에의 활동은 얼터의 Veo 적 역할을 통하여 숭앙崇仰 Cis · 인사人事 Mes · 경영經營 Trans이 조화 성장할 때 온전한 오퍼레이터로서의 기능이 발휘된다고 할 수 있다.

그러면 3가지 오퍼레이터의 내용을 하나씩 검토하여 가기로 하자.

인사relationship란 심mind와 정신spirit의 포체包體로서 발현되는 우의友誼 intimation관계, 배려配慮 couplement관계, 노소老少 agement관계로서 이루

어지는 사람의 대인 관계를 나타내는 기본적 질서라고 할 수 있는 것이다. 이는 동양 윤리의 바탕인 오륜五倫 중의 붕우유신朋友有信, 부부유별夫婦有別, 장유유서長幼有序에 비유될 수 있는 것이라고 볼 수 있겠으며, 얼터가 생명터와 공명되는 과정에서 전개되는 윤리의 바탕이라고 할 수 있다.

숭앙worship은 생명터에서 여섭터를 신성divinity으로서 인식할 때 우러나는 인간의 경외심의 발로로서 신성에 대한 헌신獻身 dedication, 사귐communion이나 대화이며, 또한 그에 대한 추구追求 seeking로서 표현되는 것으로 얼터가 여섭터와 공명되는 과정에서 인간이 계율戒律로서 인식하며, 여섭터와 관계되어 지는 것이라고 할 수 있다.

경영management은 물질터에서 세력energy과 신체body가 조화되며, 재무finance의 흐름 속에서 인간이 필요로 하는 재화財貨 goods를 생산production하고, 그를 분배distribution하는 활동이며, 이가 그 활동 대상으로 하는 대중의 입장에서 볼 때에는 용역用役 labor, 자본資本 capital, 수요需要 consume로서도 그 내용은 파악될 수 있는 것으로 원시경제 하에서의 자급, 자족, 물물교환 형태가 진화되어 온 것이라 할 수 있을 것이다.

3가지 오퍼레이터가 상호 공명·조화되어 가는 온전한 상태에서 얼터가 물질터와 관계되는 과정에서 경영사기經營士氣가 발생되는 것이라고 생각할 수 있다.

모멘타로서 품위attitude는 여섭터와 생명터의 대칭관계에서 상호 관찰되는 신성divinity과 심mind이 얼터와 감응感應되는 과정에서 인간 의식 속에 유의식遺意識 found, 잠의식潛意識 latent, 표의식表意識 manifest으로 내재화內在化되고, 실의 생활장에서 발현되어 가는 것으로 역사적으로 진화되고 여과되는 과정에서 유정溜晶된 것이라 할 수 있겠다.

이는 독일의 심리학자 프로이드Sigmund, Freud 1856~1939[34])의 정신분석학精神分析學에서 말하는 Id, Ego, Superego 에 비유될 수 있으나 프로이드는 인간의 전통 속에서 선향善向이 근원으로 강하게 작용하고 있음을 고려하지 않고 있다 할 수 있다. Ego 가 역사적, 공간적 환경에서 분리되어 존재하는 것은 아니며, Ego 의 내면에는 전통적傳統的 집단의지集團意志에 의해 이어온 범아凡我로서의 자아가 본래적으로 강하게 작용하고 있으며 단순히 폐쇄된 자기는 아닌 것이다.

공액covalence이란 생명터와 물질터의 대칭관계에서, 상호 신체body와 정신spirit으로서 인식되는 요소가 얼터와 감응되면서, 유한한 인간의 재량才量 ability을 서로 묶음으로서 무한의 대상abound에 가장 능률적 efficiency으로 적응하고, 개발하려는 주향성注向性이라고 할 수 있다.

변환variation이란 물질터와 여섭터의 대칭관계에서 상호 인식되는 세력energy과 시time가 얼터와 감응되면서 전개되어 가는 현상의 발전 양상으로서, 인적, 물적 및 양자의 복잡한 조합으로서 이루어지는 다양한 사상事象의 흐름을 표시하고 있는 것으로, 정돈static상태나, 속도 velocity적으로, 또는 가속도acceleration적인 여러 양상으로 변화되어 가는 것이라 할 수 있다.

이와 같이 오퍼레이터와 모멘타가 조화되는 건전한 상태sound state에서, 인간의 3터에의 작용인 동시에 한기super vitality의 오퍼레이터인 경영, 인사, 숭앙은 어떻게 전개되면서 일상적 인간 생활과 연관되는가.

---

34) 相良守次 編 ; 現代心理學の諸學說, 東京, 1964, pp.178~181.

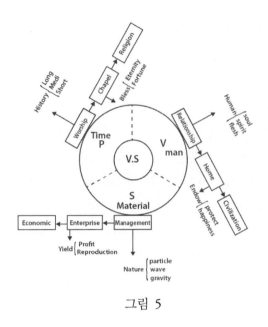

그림 5

<그림 5>에 나타난 바와 같이 인사relationship는 가정home을 그의 최소 발현장으로 하고, 우의友誼, 배우配偶, 노소老少의 윤리적 질서를 매개로 하여 가정과 가정이 상호 소통하면서 점차 확장되어 인류human적 질서로 맺어져 가고, 그러한 과정 속에서 인류의 정신문화精神文化 civilization를 형성하게 되는 것이라 할 수 있다. 이러한 대질서大秩序 속에서 인간은 그 가정을 통하여 보호, 안존安存 protect되며 행복happiness을 누리는 혜택惠澤 endow이 결과하게 되는 것이다.

숭앙worship은 성소聖所 chapel를 통하여 구체적으로 표현되며, 사회적으로 종교宗教 religion라는 형태로 확대되어, 종교사회를 형성하게 되는 것이라 할 수 있다. 이러한 인간 의식은 역사의 대원류大源流에 영합迎合되며, 전통의 진traditional genuineness으로 유정溜晶되어 가게 된

다. 인간은 그러한 흐름에의 디딤돌인 성소에서 영원永遠 eternity에 이어지는 길을 찾아 행운幸運 fortune에의 행복을 향수享受하게 된다고 할 수 있다.

경영management은 기업enterprise이라는 형태를 통하여서 행해지며 이러한 기업이 상호 유통하고, 또 대중과 소통되어 가는 총체로서 하나의 경제economy 사회가 형성된다. 인간은 경영 활동에서 얻어지는 소산所産 yield으로서 그의 생계를 영위하고 재생산reproduction 과정을 반복하는 순환 운동을 하고 있는 것이다.

이와 같이 인간의 3면적 활동은 상호 복잡한 연관 속에서 얼터의 조화적 기능에 의하여 이루어지고 있으므로 경영이 여타의 요소를 등한시 하고 경영이라는 폐쇄된 상태에 머물러 있을 때에는 결코 바람직한 경영 성과를 달성할 수 없을 것이다.

얼터의 기능이 오퍼레이터에 작용될 때 그 기능은 인사人事 relationship에서 볼 때 윤리, 숭앙崇仰 worship에서는 계율戒律 preception, 경영에서는 경영사기經營士氣 morale라는 구체적 개념으로 인간에게 인식되며, 이 3측면이 모랄을 이루는 요소라 할 수 있고, 이가 전체적 조화를 형성하게 하는 것이다.

오늘날의 경영자들이 종업원의 사기향상士氣向上을 위하여 금전적 자극을 통한 동기부여動機附興, 작업환경의 개선, 인간심리 현상을 바탕으로 한 그룹화grouping를 통하여 종업원 스스로가 주어진 범위 안에서 목표를 설정하고, 관리·평가·표창하게 함으로서 인간 관계의 개선을 꾀하는 등 여러 가지 방법을 도입하고 있음에도 노동 생산성은 향상되지 않고 있다.

이는 앞에서도 말한 바와 같이 인간의 원래적 성향을 외면하고 경영이라는 폐쇄시스템에 고착되어 이윤 추구라는 이해에 수착收着되어 경영의 요소인 자본과 용역 그리고 선택 소비의 지반을 제공하는 대중이 경영에서 이탈되어 가고 있는데 그 근본적인 원인이 있는 것이다.

그러므로 경영은 대중의 개방적 자유의지를 발현시키는 입장에 환원하여 이해와 아집, 그리고 근시안적 소속감에 수착되어 있는 그의 폐쇄시스템을 최대로 개시開示 open하여 종업원의 순수의지純粹意志를 유도할 수 있는 새로운 시스템에로의 전환이 요청되고 있다.

다음에 우리는 지금까지 서술한 여러 사항을 총괄하여 전체적인 시스템의 흐름을 <그림 6>을 통하여 살펴보기로 하자.

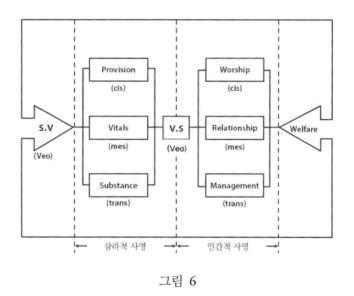

그림 6

한기super-vitality의 Veo 적 기능을 통하여 여섭터provision-cis, 생명터

vitals-mes, 물질터substance-trans는 조화되어 가는 바 이 3터는 "실의 현상"의 삼라森羅Cosmic적 사영射影 projection이라 할 수 있으며, 인간의 3터에 대한 작용인 숭앙worship-cis, 인사relationship-mes, 경영management-trans은 한기가 얼터vitality source-veo를 통하여 발현되면서 작동operation되는 것으로서, 오퍼레이터는 3터의 인간적 사영이라 할 수 있겠다.

얼터가 한기와 한터 사이에서 그 양면의 활동을 조정하는 울림자 vibrator이기 때문에 3터에 조화를 부여하는 것은 얼터라고 생각될 수도 있다. 말하자면 얼터는 그를 인식하는 관찰소지에 따라 한기의 출구로도, 3터의 조정자調整者로서도 생각될 수 있다.

얼터의 Veo적 기능이 인간의 3터에서의 활동인 오퍼레이터에 제대로 발휘될 때 인간은 <그림 5>에 나타내 보인 바와 같은 건전한 생활장을 형성하게 되어 물질적으로 의·식·주의 풍요를, 정신적으로 생에 대한 애착에서 오는 평화와 안정을, 영적으로는 안도安堵에서 오는 희열喜悅의 복지welfare를 얻게 된다.

이와 같이 한기에서 현실적인 복지에 이르는 전과정을 총괄하여 영역domain, 3터나 오퍼레이터를 범위boundary, 그리고 그 범위를 형성하는 3터의 각각이나, 개개의 오퍼레이터를 분야part라고 이름 하기로 하자.

또한 한기는 끊임없이 입자particle, 파동wave 및 그의 에너지energy형태로 한터super field에 발산發散되고, 인간 측면에 투사投射되어 영靈 soul, 정신精神 spirit, 육肉 flesh을 조화있게 발현시켜 생기vitality를 부여하고, 3터와 오퍼레이터에 조화를 주는 영역domain의 "으뜸"으로서 작용하고 있다고 생각할 수 있다.

현상계의 다양한 사상事象에 있어서 무형無形 intangible의 내적 요소인 한기는 유형有形 tangible적인 혹은 인지 가능한 외부의 요소 즉 3터 혹은 3터에 작용되는 인간 활동인 오퍼레이터와 여러 가지 방법과 형태로 결부되어 "기틀氣機"을 이루면서 복지welfare로서 실상계實狀界에 그 기능이 발현된다고 생각할 수 있다.

시스템이란 바로 이 기틀에 해당된다고 볼 수 있다. 즉, 시스템은 현상계의 유형적 대상이 무형적인 한기의 Veo적 기능에 의하여 조화있게 공명되고, 또 인간에게 본래적 생기vitality를 발현하게 하여 복지welfare를 주는 온전한 과정의 요체要諦라고 할 수 있겠다.

그러면 위에서 서술한 시스템 속에서 경영이란 어떤 기틀로서 이루어지는 것인가? <그림 7>을 참조하면서 설명하여 가기로 하자.

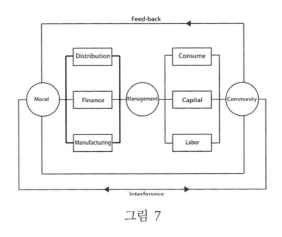

그림 7

경영주체적 견지에서 볼 때 경영활동은 <그림 4>를 통해서도 말한 바와 같이 재무finance의 흐름 속에서 재화goods를 제조manufacture하고 그 생산물을 분배distribution하는 과정의 연속이라고 할 수 있다. 즉, 경영 활동을 형성하는 내적 요소는 재무, 제조, 분배의 3부분으로 이루어진다고 할 수 있다.

그러나 경영 활동은 결국 민중民衆 community에게 재화를 분배(판매)함으로서 생산 활동을 계속할 수 있는 이윤을 획득하고 있을 뿐 아니라 경영의 내부적 3요소인 분배, 재무, 제조에 있어 분배는 고객의 수요를 예상하여, 재무는 민중의 자본 투자를 통하여, 제조는 노동자의 노동을 통하여 각각 그 기능이 발휘되므로, 이 3요소는 민중과의 끊임없는 교섭 없이는 아무런 역할도 할 수 없는 것이다.

그러므로 경영은 형식상으로 볼 때 내부적으로 분배, 재무, 제조의 3요소, 또 외부적으로 민중과의 관계에서 수요, 자본, 노동의 3요소가 결합함으로서 이루어진다고 볼 수 있는 것이다. 그러나 실질적으로 경영이 이루어지기 위하여서는 단순한 내외적 3요소의 기계적 결합으로서는 불가능한 것이고, 이러한 "형식의 틀"에 민중의 건전한 모랄이 공명되어야 하는 것이다.

모랄이란 앞에서 말한 바와 같이 얼터가 3면의 오퍼레이터에 작용하여 조화를 이룰 때 경영에서는 경영사기經營士氣로서, 인사에서는 윤리로서, 숭앙에서는 계율로서 각각 인식되어지는 것으로 건전한 모랄이란 이러한 3면적 특성을 내포하고 있는 것이다.

비유하면 모랄은 인체에 있어서 신경계와 같다고 할 수 있을 것이다. 모랄과 민중community은 상호 간섭interference되며, 민중은 모랄에 피드백feedback되고, 경영이 모랄에 입각한 경영체제를 확립할 때 민중 속에서 사기있는 노동력을 지원받아 생산성을 향상시킬 수 있으며, 민중의 건전한 투자를 유치하여 재무를 보완하고, 건전하고 확고한 수요가 보장됨으로서 원활한 분배가 가능하게 되는 것이다.

이 때 경제는 비로소 계속적인 재생산의 과정을 밟을 수 있고

오퍼레이터로서의 건전한 자기 기능을 수행하게 되어 대중에게
의·식·주의 풍요한 혜택을 제공하게 되는 것이라 볼 수 있다.

이제 유한한 인간의 능력과 수단으로서, 또 여러 가지 제약이 가
로 놓여 있는 실의 현상 속에서 인간이 어떻게 조화되고 적응하여
가는가를 <그림 8>을 통하여 살펴보기로 하자.

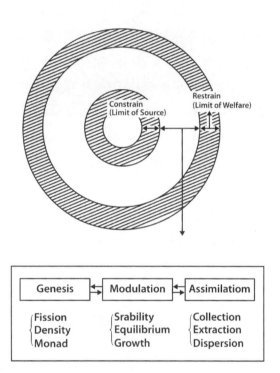

그림 8

인간의 역사는 유형적이고 유한한 환경의 외적 제약restrain과 무형
적으로 끊임없이 발산되고 변모되는 원천源泉 source에 대한 활용 능
력의 내적 제약constrain 속에서 가장 효율적으로 적응하여, 안정·균

형·성장 되어 가는 과정이라고 할 수 있을 것이다.

인간은 본능적으로 무한한 것을 추구하는 욕구가 강하게 작용하고 있는 것이며, 이러한 인간의 속성이 내적 제약 속에서 최대한으로, 또 효율적으로 무한에의 가능성을 확대하려고 노력하게 되는 동기인 것이다. 실제 생활에 있어서 인간의 능력과 수단으로서는 도저히 넘어 설 수 없는 극한極限의 외적 제약이 있는가 하면 인간이 내포하고 있는 여러 모순성矛盾性 또는 비효율적인 방법이나 시스템에서 오는 인위적 제약도 있는 것이다.

그러므로 이러한 인위적 제약은 인간의 이성이나 원천源泉 source을 개발·활용하는 능력의 정도에 따라 극복 가능의 신축성flexibility이 주어지고 있는 것이라 할 수 있다. <그림 8>에서 복지의 한계limit of welfare란 바로 이런 신축의 범위인 것이다.

우리는 앞에서 복지welfare가 한기super vaitality 기능의 실상實狀적 발현發顯임을 말하였다. 그러므로 인간의 대對외계 활동에 있어서, 인간 의식 속에 얼마나 한기의 원천source인 얼터의 기능이 발현되고 있느냐에 따라서 그 복지의 정도가 결정되어 진다고 볼 수 있는 것이다. 즉, 얼터의 조화적 기능을 통하여 인간 활동의 모순성 및 비효율성을 최대한 감축시키고, 나아가 인간의 생기vitality를 최대로 발휘하게 할 수 있는 건전한 시스템을 도입할 때 외계에서 복지를 극대로 할 수 있는 것이다.

결과적으로 내적 제약constrain과 외적 제약restrain은 단일 현상에 대한 관찰소지의 차이에 따라 생기는 부분일 뿐이라 할 수 있다.

환경을 내적 제약 측면에서 볼 때 인간이 그 활동 대상으로 하는 많은 요소들은 무형적으로 끊임없이 분화分化 fission, 변모되어 가고 있으며 또한 이러한 환경하에서 외부의 유형적 자연환경에 동화同化assimilation되면서 생활이 영위되고 있다. 그러므로 이러한 양면적 환경의 범위 내에서 안정安定stability, 성장成長 growth, 균형均衡 equilibrium되는 조절작용調節作用 modulation을 지속적으로 수행하면서 살아가게 된다.

발생發生 genesis, 조절調節 modulation, 동화同化 assimilation의 3과정은 설명을 위하여 편의상 구분한 것이고 실제상 이 세 과정은 말하자면 중첩重疊적인 것으로 관찰될 수밖에 없는 하나의 화합된 현상인 것이다.

유한한 유형적 공간에 무한한 무형적인 것이 계속적으로 공급되어 모든 대상이 분화fission, 변모되고 있어 인간은 유형, 무형의 압력 하에서 이러한 상황을 조절modulation하여 감으로서 안정stability을 얻고 균형equilibrium을 이루어가야 할 필요성이 요청되고 있다.

그러므로 유한한 수단의 인간은 외부적 환경의 여건 하에서 소재素材를 취택取擇 collection하고 거기에서 적합한 것을 추출抽出 extraction하고 나머지를 분산分散dispersion하는 동화同化 assimilation 작용을 반복하면서 환경에 적응하여 가는 것이다.

비유하자면 자연의 수자원水資源을 모아collection 물의 위치에너지를 추출extraction하여 전기에너지화 하고 흘러 보내는 것dispersion과 같은 활동이라고 할 수 있다. 그러나 인간의 조절력이 약화되어 발생genesis에 발맞춰 환경에의 동화력同化力을 발휘하지 못하게 될 경우 안정, 균형, 성장의 과정은 파행적으로 이탈되어 비정상파非正常波를 그리며 누열漏裂 leakage 현상을 초래하게 되는 것이다.

오늘날 인간은 폐쇄적 논리의 모순으로 말미암아 얼터vitality source의 기능을 망실함으로서 생기vitality를 상실하고, 폐쇄시스템에 고착되어 상호 갈등·대립을 분열되어, 온전한 조절시스템에서 이탈됨으로서 조절력을 거의 상실하여 가고 있다.

인구의 증가, 고도로 세분화된 과학 기술의 진보 등은 인구의 밀집화에 따라 사회의 조직 구조가 세분화, 개인주의화 되어 가고 있으며, 물질면에서도 원자와 전자, 세포 등의 미생물 시대로 정밀, 세밀한 면으로 이행되고 있어 미생물 농업, 소규모 대량생산 등의 방향으로 인간을 재촉하고 있고, 모든 면에서 조밀화稠密化되어 가고 있다.

이와 같이 과거의 환상적이고 막연한 것이 아닌 정밀한 구조와 새로운 시스템의 가치체계나 적응 방법 또 새로운 생활 방향에 기소氣素 monad적 적응이 강하게 요청되고 있으며 이러한 바탕 위에 건전한 성장이 가능하게 될 것이다.

오늘날 인간은 이러한 환경의 추세를 인식하여 근본적으로 그에 대처할 수 있는 새로운 가치체계價値體系나 시스템의 형성에 총력을 기울여야 함에도 불구하고 구태의연한 사실주의나 형식주의의 관념적 논리 하에서 상호 대치하는 투쟁의 이해 조직을 강화함으로서 이러한 인류적 난관을 극복하려는 안이한 사고에서 벗어나지 못하고 있는 것으로 생각된다.

조직을 강화함으로서 인간의 조절력을 되찾으려는 시도는 마치 혼합으로서 화합化合의 결과를 가져 오려는 것이나, 생명을 인공적으로 생성시키려는 의지에 비유될 수 있다. 이러한 시도는 생명을 보호하는 단순한 수단으로서의 조작일 수는 있다. 인공으로는 설사 생명이 창조된다 하더라도 막대한 부담과 정력의 소비는 그 결과를 압도하는 부작용을 초래하게 될 것이다. 생명은 양성兩性의 교합交合을 통하여 자연스럽게 또 손쉽게 언제나 창조될 수 있다. 말하자면 조직은 이러한 자연의 대질서大秩序를 무시하고 관념적 환상에서 그 억압적 힘을 남용하여 인간의 조절력을 향상시키려 하지만 오히려 생기生氣를 생성시키는 얼터의 기능을 억압, 폐쇄하고 3면적 활동에 균형을 파괴시킴으로서 누열漏裂 leakage 현상을 초래하게 한다.

그러면 현대의 여건 하에서 어떻게 인간의 본래本來적 생기生氣 vitality를 되살려 그의 건전한 조절력을 강화시킬 수 있을 것인가?

오늘날 인간은 논리적 부조리不條理와 그에 기반한 제도의 모순으로 말미암아 오랜 역사 속에서 전통의 진traditional genuineness으로 유정溜晶되어 온 모랄을 상실하고, 폐쇄적 사고와 가치 기준으로 분열되고, 통일된 가치체계가 확립되어 있지 못하므로 인간 상호간의 갈등과 대립이 심화되어 있고, 특히 현대사회의 집단지배적 성격으로 말미암아 그러한 상황은 사회 전반에 확대되어 이제 인간은 상호 투쟁의 원시적 야만으로 되돌아 가는 듯한 느낌까지 들 뿐 아니라 집단과 개인 모랄이 조화되지 못함으로 대중은 점차 사회 조직에서 소외되고, 자기 분열로 흐르고 있다.

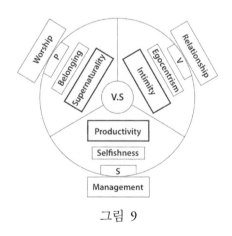

그림 9

얼터의 조화적 기능을 통하여 균형있게 발전되어야 할 인간의 3터에의 활동이 <그림 9>에서 보는 바와 같이 각각의 터에 폐쇄적으로 고착되어 아집我執 ego-centrism, 폐쇄적 소속belonging, 이기selfishness의 높은 턱을 형성하여, 생명터에서는 족벌, 지벌地閥, 문벌文閥등의 '벌閥턱'을, 여섭터에서는 자기自己적 이념理念에 의한 '교敎턱'을, 물질터에서는 물질적 우열이나 이해에 의한 '재財턱' 등으로 단절되고, 그러한 폐쇄적 이해에 탐닉되어 각각의 폐쇄역閉鎖域을 신장키 위하여 권력勸力, 금력金力, 의념擬念을 통한 조직을 강화하려고 한다.

이러한 전반적 사회 풍조가 인간 간의 소통을 단절시키고, 인간을 구성하는 육체·정신·영혼의 3면이 조화적 성장과 균형에서 이탈됨으로서 자기분열적 현상이 초래된다고 할 수 있다.

현대 기업에 있어서 경영사기經營士氣가 저하되어 가고 건전한 투자와 수요의 확보가 어려워져 생산성이 저하되고 이윤율의 체감遞減 현상도 이러한 사회 풍조에 의한 민중의 소외의식과 괴리에서 오는 현상이라 할 수 있다.

그러므로 경영이 현대적 위기를 극복하기 위하여서는 얼터의 조화적 기능이 발현되어 3터가 균형되면서 유도되는 인간의 친화성親和性 infimity, 초연성超然性 super naturality, 생산성生産性 productivity을 개발하고, 많은 '턱'을 넘어서 개방되는 시스템을 조속히 정립하고 이를 구체화할 수 있는 방향으로 전환이 시급하다.

특히 우리나라는 세계 어느 지역보다도 내·외적 여러 여건이 불리하고, 또한 존속을 위해서라도 시급히 새로운 상황에 대처해야 하는 긴박한 여건 하에 있어, 어느 나라보다도 또 어느 때보다도 이러한 요구의 압력이 강하게 작용하고 있으므로 이를 계기화契機化

epoching하고 민족의 역사를 통하여 이어 온 전통傳統의 진眞 속에서 현대 문명의 흐름에 정합整合될 수 있는 요소를 개발하여 체계화體系化 systemizing하고, 교습화敎習化 education하여 조속히 민족民族의 순박성淳朴性 clarity, 보편성普遍性 commonty, 실질성實質性 reality을 발현시킴으로서 상보체제相補體制를 형성하여 시간, 자본, 정력의 낭실浪失을 방지하고, 현실적 위기를 극복할 때, 이는 또한 세계가 고민하는 현대적 문제의 해결에로 확대되어 새로운 창조의 역사를 개시開示할 수 있을 것이다.

7. 결론

현대의 기업이 직면하고 있는 시대적 위기의 원인을 분석하고 그에 대처할 수 있는 현실적인 방안을 모색하기 위하여 오랫동안 실제實際의 생활장生活場에서 실험하고 연구한 결과의 일부인 본 논문은

첫째 ; 실實의 현상現象에 대한 정확한 인식 방법에 대하여 고찰하였다. 즉, 육체肉體・정신精神・영혼靈魂을 포괄한 전全 생명生命으로서 실의 생활장에 환원還元하여 현실을 뚫어남penetrate으로서 전통 속에 흐르는 인류人類적, 역사歷史적 공통인소共通因素를 터득하고, 얼터의 역동적 기능에 의하여 조화되어 가는 3터를 종합적으로 파악할 때 실의 현상을 정확하게 인식할 수 있다.

둘째 ; 현대의 논리論理가 빠지기 쉬운 모순성矛盾性에 대하여 고찰하였다. 즉, 중첩重疊되어 있는 현상의 다양한 대상 중의 어느 일측면에 폐쇄閉鎖적으로 고착固着되어 관찰하고 그를 현상의 전체로서 인식하려 하며, 관찰자의 차원을 결여하고, 모든 현상을 정지停止적 상

태로서 인식한다는 점과 현실과 격리된 관념觀念 세계에서 주로 지성知性을 통하여 사실주의事實主義적, 형식논리形式論理적 방법으로 현상을 설명하려 하며, 사상事象을 상호 대립적인 두 요소만의 갈등이나 관련 속에서 파악하고 있다는 점을 들어 논리의 모순성을 살펴보았다.

셋째 ; 현대 경영의 위기를 "실의 현상"의 인식 방법에 근거하여 폐쇄閉鎖적 논리의 모순성과 관련시켜 분석 고찰하였다. 오늘의 경영 위기는 궁극적으로 현대를 주도하는 기업에 대하여 실질적 영향력을 소지하게 된 대중大衆이 개방開放적 자유自由를 추구하여 기업에서 괴리되어 감으로서 일어난다는 점을 들어 말하였다.

넷째 ; 현대의 경영 위기를 극복하기 위한 새로운 방향에 대하여 고찰하였다. 즉, 기업이 대중의 입장에 서서 인간의 개방적 자유의 지自由意志를 수용할 수 있는 새로운 개방체제開放體制로 전환하면서 그의 물질에 편중한 폐쇄시스템을 탈피하고 인간의 생기生氣를 도출하여 자본, 노동, 수요의 협력을 유도할 수 있는 동기動機를 형성하는 데에 앞장 서야 하며 이는 그러한 것을 요구하는 현대의 수압需壓이기도 함을 서술하였다.

다섯째 ; 다수인의 생기가 최유효最有效하게 발현發現될 수 있는 시스템을 체제공학體制工學적 수법을 원용援用하여 구상화具象化하고자 시도하였다.

이상이 본 논문의 주된 내용이거니와 여기에서 취급한 시스템의 현실적 실현 가능성을 실험적으로 실시한 여러 결과의 분석과 그에 근거한 개방체제Open System이 구체적 구현具顯 방법으로서 경영체제 및 교습화敎習化 learning의 과정에 대해서는 차회次回에 발표할 예정이다. 참고로 실시된 실험의 내용을 밝히면 다음과 같다.

① 그룹핑(grouping)을 통한 협동체제(協同體制)의 실시
② 유통업(流通業)적 실시
③ 제조업(製造業)적 실시

그러므로 본 논문은 차회에 발표될 내용과 종합하여 상술詳述될 전체 내용의 요점만을 개략적으로 정리할 수밖에 없었다.

誠 (言→成:創造) : **信 · 義 · 業**

(廣深久의 焦核)　　(敬天)　　(愛人)　　(實地)

제2장

윤리경영수압과 개방체제실험(Ⅱ)

1. 서론
2. 실實의 현상現象의 모델화
3. 현상의 분석적 파악
4. 개방 윤리 체제와 경영 체제의 방향
5. 개방 체제 구현을 위한 방법의 예시
6. 결론

1. 서론

　經營^{경영}은 生存意義^{생존의의}에 根據^{근거}한다.

　生産性^{생산성}과 人間性^{인간성}과 信仰性^{신앙성}은 同根據^{동근거}의 異形狀^{이형상}이다. 物質偏重^{물질편중}이 가져온 人間疎外^{인간소외}와 生産^{생산} 萎縮時代^{위축시대}의 經營^{경영}은 人間^{인간}의 根本領域^{근본영역}에서 發祥^{발상}된다.

　現代^{현대} 企業^{기업}은 公義^{공의}를 保有^{보유}하여 삶의 보람을 昇華^{승화}하고 人間^{인간} 精誠^{정성}을 補償^{보상}하는 機關^{기관}으로서 遷位^{천위}될 때에 自體^{자체}의 品位^{품위}와 活氣^{활기}가 浮上^{부상}된다.

　그리하여 資本^{자본}과 權力^{권력}・權威^{권위} 依存^{의존}에서 獨自^{독자}의 機能^{기능}을 回復^{회복}하는 經營^{경영}은 大衆^{대중}을 引導^{인도}한다.

　그러므로 經營^{경영}은 限界狀況^{한계상황}에 被投^{피투}되어 自體^{자체}의 生存^{생존}과 意義^{의의}에 還元^{환원}하려는 人間^{인간}의 象徵的^{상징적} 條件^{조건}을 具有^{구유}해야 한다.

　生存^{생존}과 自存^{자존}속에 自己^{자기} 沈正^{침정}은 人間^{인간}의 次元^{차원}을 獨立^{독립}

시키고 生産^{생산}의 非理^{비리}를 收拾^{수습}한다.

命脈^{명맥}이 持續^{지속}되는 限^한에 있어서 人類^{인류}는 休止^{휴지}된 自我^{자아}의 本攸^{본유}를 開示^{개시}한다. 그것은 곧 人間^{인간}의 有通性^{유통성}과 그 要素^{요소}를 集約^{집약}하게 되고 따라서 높은 操業度^{조업도}와 協和^{협화}와 有義性^{유의성}을 蘇生^{소생}하게 한다.

이것은 곧 높은 收益率^{수익률}의 生産性^{생산성}을 標迹^{표적}하게 됨으로써 大衆^{대중}의 誠援^{성원}을 誘發^{유발}한다. 따라서 그 經營^{경영}은 難局^{난국}을 打開^{타개}하는 關鍵^{관건}이 된다.

經營^{경영}은 實^실의 場^장에서 發祥^{발상}한다.

多樣^{다양}한 人間^{인간}의 動素^{동소}는 現實^{현실}속에 沈潰^{침지}됨으로써 그의 心要^{필요}를 創造^{창조}하는 契機^{계기}를 가진다.

人間內要素^{인간내요소}는 外全般要素^{외전반요소}와 共軼^{공액}됨으로써 期待^{기대}를 結實^{결실}한다. 그리고 非目的論的^{비목적론적} 志向^{지향}의 生命^{생명}의 恒性^{항성}은 當該^{당해} 現實^{현실}의 諸素材^{제소재}가 體得^{체득}·治正^{흡정}되면서 窮極^{궁극}의 障壁^{장벽}을 透貫^{투관}한다.

實^실의 場^장에서의 本攸^{본유}의 '나타남'은 體制^{체제}와 價値^{가치}와 契機^{계기}를 條件^{조건}으로 創造^{창조}되고 또 現實^{현실}에로 波及^{파급}된다.

生活界^{생활계}에 여러 갈피로 內在分化^{내재분화}되어 있는 實^실의 場^장의 '膻^약'에서 自我^{자아}는 本攸^{본유}와 더불어 卽自^{즉자}와 向自^{향자}가 疏通^{소통}되고 또 '누리'에 共振^{공진}된다.

'제'와 '나'1)가 分裂^{분열}된 狀態^{상태}에서 生産^{생산}은 人間^{인간}과 乖離^{괴리}된다. '不安^{불안}'과 '挫折^{좌절}'은 '無^무'와 '決意^{결의}'2)를 包含^{포함}하여 創造^{창조}

---

1) 헤겔(Hegel)의 즉자(卽自)와 향자(向自)(An und für sich)에 유사한 개념(概念).

의 所與條件^{소여조건}이 될 수 있다. 그러나 生産^{생산}을 分離^{분리}한 人間^{인간}의 實存^{실존}은 自我意識^{자아의식} 내에 머무르는 非生命 恒性^{비생명 항성}의 逃避^{도피}가 되어 洽正^{흡정}을 離脫^{이탈}한다.

實^실의 場^장 속에 本攸^{본유}는 '뜻'과 '일' 그리고 '결(實準^{실준})'3)을 가진다. 現存^{현존} 品性^{품성} 그리고 意識^{의식}과 生産^{생산}은 現存^{현존} 自我^{자아}와 같이 分裂^{분열}되어 있다.

그리고 이것은 '결'과 間隙^{간극}에서 渦動^{와동}하고 猶豫^{유예}한다. 쉬지 않는 世界內^{세계내}에 있어서는 이것은 한 履歷現象^{이력현상}4)이다. 여기는 時間^{시간}과 空間^{공간} 그리고 生存^{생존}의 漏失^{누실}을 要用^{요용}하는 實現性^{실현성}이 提示^{제시}된 覺醒^{각성}과 制動^{제동}과 與件^{여건}이 要求^{요구}된다.

開放^{개방} 時潮^{시조} 앞에서 退縮^{퇴축}하는 閉塞經濟^{폐쇄경제}의 被壓地帶^{피압지대}에는 그 生産性^{생산성}의 限線^{한선}은 世界的^{세계적} 開放限線^{개방한선}에 等準^{등준}한다. 그리고 이것은 時限^{시한}의 制約下^{제약하}에 있다.

經營^{경영}은 美^미를 創造^{창조}한다.

經營^{경영}은 藝術^{예술}, 信仰^{신앙}과 같이 非手段^{비수단}의 機能^{기능}으로서 喜怒哀樂^{희노애락}의 未發^{미발}5), 즉 '中^중'을 志向^{지향}하는 人間^{인간} 性向^{성향}의 物質側^{물질측} 還元運動^{환원운동}이다.

---

2) 하이데거(Martin Heideggar)의 실존철학(實存哲學)에서 사용되는 용어로서 우려(憂慮 Sorge)의 극(極)에서 인간은 「무(無)」의 상태(狀態)에 이르고 거기서 자기결의(自己決意 Entschlossenheit)함으로써 존재(存在 Sein)를 인식(認識)하게 된다고 말한다.

3) 물체(物體)의 결(나무의 결, 물결)에 비유되는 개념으로 「기준(基準)」, 「체제(體制)」 등의 의미.

4) 탄성(彈性)의 감축(減縮)으로 인하여 일어나는 물질의 완만한 원상(原狀) 회복현상.

5) 世昌書館 編輯部, 原本備旨 中庸集註, 서울, 1951, p.9.
   喜怒哀樂之 未發, 謂之中, 發而皆中節, 謂之和.

이러한 人間^{인간} 本質^{본질}을 趣向^{취향}하는 本能^{본능}이 倫理^{윤리}를 支撑^{지탱}한다. 創作^{창작} 精誠^{정성}은 作品^{작품}의 하나로서 利潤^{이윤}을 結實^{결실}한다. 人間^{인간}의 顯在偏重^{현재편중}의 志向^{지향}은 低性^{저성}을 痲痺^{마비}시켜 結實^{결실}을 '노림'으로 轉落^{전락}한다.

그리하여 危機^{위기}의 徵勢^{징세}로서 人間內面^{인간내면}의 空虛^{공허}는 人間^{인간}의 疎外^{소외}, 永遠^{영원}에의 遮斷^{차단}, 그리고 經營^{경영}의 硬直^{경직}을 自招^{자초}하여 放任^{방임}에 의한 스스로의 結縛^{결박}이 된다.

生存意義^{생존의의}의 '마디'를 넘어 實^실의 場^장에서의 本攸^{본유}의 自我^{자아}는 '涅^열'을 입는다. 그리하여 目的^{목적}과 手段^{수단}과 道具^{도구}로서의 '私^아'가 排除^{배제}되고 '美^미'가 되살아난다.

그럼으로써 '美^미'는 '涅^열'의 外延^{외연}이다. 우리는 '美^미'의 個人的^{개인적} · 物質的^{물질적} 側面^{측면}을 '福^복'으로 象徵^{상징}하여 連結^{연결}하고 永遠^{영원}의 側面^{측면}에서 '壽^수', 또한 人間^{인간}에는 '囍^희'로서 象徵^{상징} 連結^{연결}하여 왔다.

各各^{각각}은 '涅^열'을 內包^{내포}하는 本攸^{본유}의 言語^{언어}이다. 이것은 '에로스'·'아가페'·'퓌렌'[6]에 比喩^{비유}된다.

그러므로 經營^{경영}은 具象言語^{구상언어}이며 形而下^{형이하} 藝術^{예술}이라 할 수 있다. 이런 뜻으로 '誠^성(率性^{솔성})[7]은 言^언→成^성으로 理解^{이해}된다. 오늘날의 主知主義^{주지주의}와 主情主義^{주정주의} 등의 葛藤^{갈등}도 本攸^{본유}가 開示^{개시}되어 創作^{창작}으로서 生産^{생산}이 胚芽^{배아}되므로서 再昇華^{재승화}된다.

'中^중'은 作爲^{작위}와 自然^{자연}과 超然^{초연}을 顯在^{현재}와 潛在^{잠재}와 基在^{기재}

---

6) Eros, Agape, Philene.

7) 世昌書館 編輯部, 前揭書, p.2,71,83.
天命之謂性, 率性之謂道, 修道之謂敎, 誠者天之道也, 誠之者人之道也, 誠者不勉而中, 不思而得, 從容中道, 聖人也, 誠之者, 擇善而固執之者也, 誠者物之終始, 不誠無物, 是故君子誠之爲貴.

로 牽誘^{견유}하고 顯示^{현시}하는 中核^{중핵}으로서, 技巧美^{기교미}와 自然美^{자연미}와 超然美^{초연미}는 生産^{생산}과 重疊^{중첩}된다.

그리고 '美^미'는 因果律^{인과율}을 超越^{초월}한 森羅^{삼라}를 對象^{대상}함으로 '叡智^{예지}'가 節^절8)을 이음으로써 集約^{집약}으로 表出^{표출}되고 求心^{구심}된다.

그리하여 藝術^{예술}은 經營^{경영}과 相補^{상보}하고 '眞^진'을 內包^{내포}한다. 作用子^{작용자}로서 人間^{인간}에게는 '涅^열'은 그의 反應^{반응}이며 憧憬^{동경}이다.

그리하여 倫理^{윤리}는 '그윽', '흐뭇', '떳떳'을 찾는 本能^{본능}이 支撐^{지탱}한다.

生産^{생산}은 人間^{인간}과 같이 回生^{회생}한다.

權力^{권력}과 權威^{권위} 그리고 資本系列^{자본계열}의 部品^{부품}으로서의 東洋的^{동양적} 存在^{존재}, 全體^{전체}와 規則^{규칙} 그리고 組織^{조직}의 普遍的^{보편적} 道具^{도구}로서의 西洋的^{서양적} 存在^{존재}로, 人間^{인간}이 窮極的^{궁극적} 基準^{기준}에서 離脫^{이탈}됨으로써, 低性^{저성}은 休止^{휴지}되고 意識^{의식}은 歪曲^{왜곡}되어 私的^{사적} 貪益^{탐익}을 提供^{제공}받는 巨大機械^{거대기계}가 人類^{인류}의 抵抗^{저항}을 받아 崩壞^{붕괴}되어 감으로서 私的^{사적} 努力^{노력}의 補償^{보상}이 枯渴^{고갈}되어 간다.

이것은 生産^{생산}과 人間^{인간}이 時間^{시간}과 더불어 轉換^{전환}하는 過程^{과정}에 놓인 것을 말한다. 文藝^{문예}와 産業^{산업}의 復興^{부흥}, 그리고 宗教改革^{종교개혁}의 이후 人間^{인간}은 私慾^{사욕}에로 眈溺^{탐닉}되어 周邊^{주변}의 對象^{대상}을 追求^{추구}하여 內面性^{내면성}을 消盡^{소진}하여 왔다.

그리하여 社會^{사회}에서 人間^{인간}을 導出^{도출}하여 內的^{내적} · 外的^{외적}인 本攸^{본유}의 價値^{가치}를 隱蔽^{은폐}, 歪曲^{왜곡} · 捏造^{날조}하여 그 目的^{목적}하는 바, 物

---

8) 前揭書, p.9.
   發而皆中節, 謂之和.

質물질의 正鵠정곡을 노리는 手段수단으로 化화했다. 그리하여 世界經濟세계경제 恐慌期공황기를 契機계기로 未曾有미증유의 知識지식과 能力능력을 動員동원 消費文化소비문화를 謳歌구가했다.

그러나 人間인간의 能力능력이 歷史역사와 人類인류와 自然자연의 潛在力잠재력에 抵抗저항하기에는 限界한계가 있는 것으로서 人間인간에게는 瓦解와해되고 또 創造창조되는 '고비'가 주어진다.

그럼으로써 人間意志인간의지는 그에 洽正흡정된 方向방향에로의 志向지향이 强制강제된다. 그리고 모든 價値體系가치체계의 範圍범위와 方位방위 그리고 强度강도는 現象현상과 當爲당위와 戒律계율로서 構成구성, 相互상호의 未洽미흡을 充實충실한다.

그리하여 本攸본유는 洽正흡정 基準기준에 따른 叡智예지와 質性질성을 要請요청, 生存생존 實現실현을 위한 當該당해 地域民지역민으로 하여금 生産性생산성 回復회복에 前衛전위하게끔 한다.

實現性실현성은 '儼然엄연'의 存在존재이다.

實現性실현성은 包括的포괄적 世上세상으로 보아 工學공학의 對象대상이다. 그리고 그런 意味의미에서 經營學경영학은 哲學철학의 範疇범주에 속한다.

그리하여 主體주체는 時間시간 槪念개념과 對稱대칭되어 空間공간에 形而上형이상으로 被投피투되고 空間공간과 時間시간은 形而下형이하로 主體주체에 對稱대칭되어 自我자아와 時間시간과 物質물질은 次元차원을 건넌다.

그러므로 行動행동의 集約的집약적 '臆억'에로의 志向지향은 새로운 次元차원에로 逐次축차 還元환원된다. 그리하여 開示개시되는 本攸본유는 重疊的중첩적으로 生産性생산성과 人間性인간성과 永遠性영원성을 標迹표적한다.

進展진전과 退縮퇴축은 각 要素요소의 單子槪念단자개념의 配列狀態배열상태에 따른 本攸^{본유}의 發顯^{발현}과 隱蔽^{은폐}의 結果^{결과}이다.

各^각 存在^{존재}는 固有場^{고유장}, 固有値^{고유치} 및 固有^{고유} 機能^{기능}을 가진다. 創造^{창조}는 - 確率的^{확률적}인 槪念^{개념}으로 - 重價^{중가}(進取的^{진취적}이다), 頻度^{빈도}(平衡的^{평형적}이다) 및 그 範圍^{범위} 혹은 要素^{요소}(原因的^{원인적}이다) 로써 構成^{구성}되는 三個錘^{삼개추}의 調和振動^{조화진동}으로 摸像^{모상}된다.

이것은 境位^{경위}의 狀況^{상황}에 따라 本格^{본격}, 平俗^{평속} 혹은 停頓^{정돈}의 現象^{현상}에로 差分^{차분} 傳達^{전달}된다. 個別^{개별}과 個性^{개성}이 直接的^{직접적}으로 現在^{현재}의 生産性^{생산성}을 凌駕^{능가}하고 있는 主體^{주체}는 創造的^{창조적} 可能性^{가능성}에 立脚^{입각} - 必要條件^{필요조건}을 滿足^{만족} - 하고 있다.

嚴密^{엄밀}한 質性^{질성}과 技法^{기법}은 여기에서부터 卽自^{즉자}와 向自^{향자}를 疏通^{소통}하면서 意義^{의의}와 協和^{협화}를 '누리'에 傳達^{전달}, '결(體制^{체제})'을 따라 波及^{파급}된다. 그럼으로써 創造^{창조}는 展開^{전개}된다.

이것은 生産^{생산적} 現實^{현실}에 沈漬^{침지}되어 實^실의 場^장의 準位^{준위}에 達到^{달도}되면서 開始^{개시}되며, 實^실의 場^장은 本攸^{본유}의 '언저리'이므로서 이것은 곧 本攸^{본유}의 '결'에의 進入^{진입}이 된다.

形而上^{형이상}의 自己^{자기}는 被投^{피투}되어 形而下^{형이하}에서 充實^{충실}되고 또한 下^하는 上^상에서 充實^{충실}되어 '누리'에로 傳達^{전달}되고 '제'와 '나'의 疏通^{소통}에 의해서 創造展開^{창조전개}에의 可能性^{가능성}이 짙어진다. 이때 이 '自我^{자아}'는 隣^인에 德^덕으로 連結^{연결}된다.[9]

生命^{생명}의 恒星^{항성}은 生存^{생존}을 必然^{필연}으로 實現性^{실현성}에 歸着^{귀착}시킨다. 그리고 制約^{제약}과 賦活^{부활}등은 實現性^{실현성}을 促進^{촉진}시키며 그중 方法^{방법}의 要諦^{요체}는 體制賦與^{체제부여}이다.

---

9) 前揭書, pp.9-10.
　　中爲性之德, 和而情之德, 致中和, 天地位焉, 萬物育焉.

그러므로 體制賦與^{체제부여}는 現意識^{현의식} 및 行爲^{행위}와 實現性^{실현성}의 間隙^{간극}에서의 時間^{시간}과 精神^{정신}과 物材^{물재} 등 漏失^{누실} 속의 人間^{인간} 攪泳^{교영}이 防止^{방지}된다.

그리고 現實^{현실}은 現存^{현존} 自我^{자아}의 反省^{반성}과 本攸^{본유}에의 充實^{충실}을 强制^{강제}하고 있다.

現存^{현존} 經營^{경영}의 管理部分^{관리부분} 分類^{분류}와 體制^{체제} 및 機能^{기능}은 消費的^{소비적} 生産性^{생산성}에로 限界的^{한계적}으로 萎縮^{위축}·傾倒^{경도}되어 本攸^{본유}의 生産性^{생산성} 開示^{개시}(開放體制^{개방체제}의 胎動^{태동})를 抑壓^{억압}한다.

反面^{반면} 貧困^{빈곤}과 隔絶^{격절}과 憂慮^{우려} 속의 人間^{인간}은 矛盾^{모순}된 生産^{생산}의 渦中^{와중}에서 生産的^{생산적} 生産性^{생산성}을 향한 새로운 分類^{분류}와 體制^{체제}의 開發^{개발}을 要請^{요청}한다.

開放體制^{개방체제}는 本攸^{본유}의 通路^{통로}이다.

現代^{현대} 文明^{문명}이 收斂^{수렴}된 産業^{산업}의 內部^{내부}에는 生産性^{생산성} 回復^{회복}을 圍繞^{위요} 人間制度^{인간제도}의 必要性^{필요성}과 機械制度^{기계제도}의 殘滓^{잔재}가 相衝^{상충}되어, 停滯^{정체}의 對策^{대책}으로서 採用^{채용}된 精密技法^{정밀기법}에도 불구하고 技葉^{지엽}에 偏重^{편중}된 管理^{관리}로서 踏步^{답보}되고 있다.

機械^{기계}는 그 自體^{자체} 길을 여는 것이 아님으로써 閉^폐의 制動^{제동}과 開^개의 感覺^{감각}의 對峙^{대치}는 主體^{주체} 人間^{인간}의 價値^{가치} 反省^{반성}과 體制^{체제} 摸索^{모색}으로써 克服^{극복}된다.

그것은 現存^{현존} 經營^{경영} 管理^{관리}와 方法^{방법}에 대한 本攸的^{본유적} 洞察^{통찰}과 分析^{분석}, 그리고 分類^{분류}를 經由^{경유}하면서 價値意識^{가치의식}과 管理機構^{관리기구}와 機械^{기계} 運用^{운용}의 再整備^{재정비}로서 具象^{구상}된다.

그리고 새 採算^{채산}을 提示^{제시}하면서 胎動^{태동}하는 實^실의 場^장에서의

起業^{기업}은 이를 加速化^{가속화}할 뿐 아니라 陳腐^{진부}된 物財^{물재}를 要用^{요용}한다.

그리하여 生産^{생산} 主體^{주체}로 志向^{지향}하여 얻어지는 高所得^{고소득}은 大衆^{대중}으로 하여금 創造的^{창조적} 倫理^{윤리}에로 志向^{지향}하게 하고 相互^{상호} 遮斷^{차단}된 企業^{기업}의 販路^{판로}와 設備^{설비}, 經營^{경영}의 知識^{지식}과 技術^{기술}, 作業^{작업}의 技能^{기능}과 覺醒^{각성} 등이 歷史的^{역사적} 備蓄^{비축}으로서 看做^{간주} 活用^{활용}되며, 企業^{기업}의 安全^{안전}과 文化^{문화}의 改革^{개혁}, 그리고 生計^{생계}의 向上^{향상}을 要請^{요청}하는 大衆^{대중}을 昇華^{승화}한다.

그럼으로써 販路^{판로}와 財政^{재정}과 用役^{용역}의 多衆^{다중} 協力^{협력}, 固定^{고정}과 變動^{변동}과 施礎^{시초}의 諸費節減^{제비절감}, 士氣^{사기}와 能率^{능률}과 覺醒^{각성}의 操業^{조업} 向上^{향상}은 本攸通路^{본유통로}에서 達成^{달성}될 當面^{당면}의 課題^{과제}로서 高邁^{고매}한 叡智^{예지}와 質性^{질성}은 治正^{흡정}된 開放體制^{개방체제}의 賦與^{부여}에 寄與^{기여}됨으로써 實現^{실현}된다.

經營^{경영} 本攸^{본유}에 治正^{흡정}된 方位^{방위}와 量^양과 範圍^{범위}를 가지는 要素^{요소}는 投入^{투입}(費用^{비용})과 過程^{과정}(管理^{관리})에 隨伴^{수반}하여 産出^{산출}(利潤^{이윤})을 가져 온다.

費用^{비용}은 利潤^{이윤}을 目的^{목적}(노림)으로 한 手段^{수단}이 아닌 過程^{과정}과 産出^{산출}에 더불어 本攸^{본유} 經營^{경영}을 構成^{구성}하는 要素^{요소}로서 把握^{파악}된다.

그러므로 費用^{비용}과 利潤^{이윤}은 過程^{과정}에 準^준한 寄與^{기여}와 賞與^{상여}로써 相補^{상보}되는 각 側面^{측면}이다.

豊饒^{풍요}는 더 깊은 '眞^진'의 昇華^{승화}이다.

時間^{시간}과 人口^{인구}와 에너지가 繁殖^{번식}되며 單位^{단위}의 空間^{공간}이 稠

密(조밀)하여 감에 따라 諸動素(제동소)가 賦活(부활)되고 人間(인간)의 潛在力(잠재력)이 膨脹(팽창)되고 있다.

天文(천문)과 로고스와 自給自足(자급자족)과 物物(물물) 交換(교환)이 量子(양자)와 言語(언어)와 生産(생산)·消費(소비)와 資金(자금) 流通(유통)에로, 單子(단자)10)의 論理(논리)가 微視(미시)의 工學(공학)에로, 古代(고대)가 現代(현대)에 再燃(재연)되고 있다.

稠密化(조밀화)되어 가는 過程(과정)의 모든 要素(요소)의 活力(활력)은 膨大(팽대)하다. 그리하여 多元的(다원적) 集約(집약)을 嚴密(엄밀)히 經由(경유)하여 反應(반응)·勵起(여기)한다.

進化(진화) 過程(과정)에 있어서 諸要素(제요소)는 主體(주체)와 對象(대상)의 對稱(대칭)이 時間(시간)과 對稱(대칭)되어 分化(분화)되고 時間(시간)과 空間(공간)과 自己(자기)의 單體(단체)로 構成(구성)되어 自體(자체) 決意(결의)라는 契機(계기)를 內包(내포), 確率的(확률적) 所與圈(소여권)에서 '결'을 따라 發祥(발상)한다.

近世(근세) 以來(이래) 構築(구축)된 組織社會(조직사회)가 近世(근세)의 閉塞産業(폐쇄산업)의 機構(기구)를 經由(경유)하면서 大衆(대중) 動員(동원), 相互(상호) 競爭(경쟁)의 産業(산업) 秩序(질서)는 末梢的(말초적) 生産(생산)에 기울어지면서 人類(인류)의 休眠意識(휴면의식)을 刺戟(자극), 衆多(중다)의 生氣(생기)가 驅使(구사)하는 交通(교통), 知識(지식)과 技術(기술), 그 效率(효율)이 寡占(과점)을 凌駕(능가)하게 됨으로써 至今社會(지금사회)에서 導出(도출)되었든 存在(존재)로서의 人間(인간)에 潛在(잠재)된 本攸(본유)가 움트려고 한다.

歷史(역사)는 '할 수 있는', '할 수 없는', '하기 싫은', '生(생)'과 '死(사)' 그리고 '言(언)'과 '成(성)' 사이에서 튼다.

그러므로 當代(당대)의 人類(인류)에서 逐次(축차)되는 地域民(지역민)의 實(실)의

---

10) Monad(Leibniz).

場^장에는 受難^{수난}의 恨^한이 심어져 있는 것이다. 그리고 創造^{창조}의 過程^{과정}은 모든 反抗^{반항}의 理由^{이유}를 效果的^{효과적}으로 受容^{수용}하는 것이다.

眞^진에 眈溺^{탐닉}된 삶과 知識^{지식}은 때때로 人間^{인간}의 '懷^회'와 '얼'에 대흰다. 海陸^{해륙}의 交友^{교우}, 外勢의 搖曳^{요예}, 時代^{시대}의 掉尾下^{도미하}의 우리 겨레의 뒤안에는 언젠가는 넘칠 겨레의 恨^한이 썰어 있는 것을 본다.

그리고 필자^{筆者}는 뭇 나라 사람에게 간직된 진^眞은 어려움에서 터나와 모든 것의 희열^{喜悅}에로 이를 것을 믿는다.

물질문명의 종국에서는 시한^{時限}을 둔 민족의 융성을 내걸고 품위와 슬기로 지고생산^{至高生産}을 표적^{標迹}해야 하기 때문에 본 연구는 그 통찰과 처리와 결과의 적절을 채택, 시시^{試示}하려 하는 데에 목적이 있다.

2. 실實의 현상現象의 모델화

본 논문(Ⅰ)은 체제공학적 기법을 원용하여 인식 주체로서 인간까지를 포괄한 피관체 차원被觀體 次元 Observable dimension의 입장에서 주로 정태적·구성적으로 실實의 현상現象에 어프로우치한 것이라 할 수 있겠다.

본 장에서는 이러한 대상으로서의 피관체 차원에 능동적·역동적으로 작용·적응해가는 관찰자Observer 혹은 작용자Operator 차원으로서 인간이 어떻게 이를 인식·포용하면서 기능·작용해가는 가를 종합적으로 부연 고찰하면서 그 전반적 시스템을 모델화 해보고자 한다.

현대라는 시대가 무한대無限大·무한소無限小라고 하는 무한계열無限系列을 발견하였지만 이러한 무한계열의 출발점이라고 할 수 있는 인간 자신은 여전히 불명확, 등한시된 채로 고착되어 있을 뿐 아니라 무한계열의 근본영역의 구심점을 상실하고 원심적으로만 이산離散되어 감으로써 그의 온전한 상태Sound state로부터 이탈되어 누열漏裂 Breakage 현상을 초래하게 되었다고 할 수 있다.

그러므로 실의 장(실의 생활장)에 착종錯綜한 현상으로서 순차循次 Derivation되어 온 많은 현상의 근원을 찾아 투관透貫 Penetrating하고 환원 還元 Reduction해 감으로써 초기계超機械 Supermachine로 비유될 수 있는 실의 현상과 본유本攸적 구성構成 Compensation과 작용Operation 및 다양한 기능Functions 양태를 인식 포용하면서 불명확하고 등한시되어 있는 인간이 그 본 자리를 찾아 본유기능本攸機能 Proper Function을 회복하려는 시도로서 본 모델의 의의가 있다.

현상계는 인간의 외계에 대한 자기소여自己所與인 생명터Vitals field, 입자Particle · 파동Wave · 중소重素 Gravition 등 에너지의 이합집산인 물질터Substance field, 생명터에서는 신성神性 Divinity으로, 물질터에서는 시時 time로서 관찰되는 즉 양자兩者의 매소媒素적 역할을 하는 여섭터與攝 Provision field의 중첩으로, 그들 각각이 독자적으로 진동Vibration하면서 상호간 공명Resonance · 간섭Interference되는 운동 양상을 유추하여 조화와 육성의 힘을 부여하는 한기Supervitality라는 요소의 기능이 짐작됨을 서술하였었다.

또한 관찰자의 유의성有意性 집약의 초점에 따라 한기의 출구Exit로서 또는 공명 · 간섭되면서 조화를 형성시키는, 즉 한기와 3터의 중간에서 종합적 조화기능을 하는 울림자Vibrator로서 얼터Vitality Source가 짐작되어, 정태를 가상하여 구성적으로 볼 때 3터와 얼터의 4터가 공액共軛 Covalence되어 있음을 추상할 수 있고 이를 우리는 한터Super field 또는 삼라Cosmo라 이름하여 실의 현상을 구성화해 보았었다.

그리고 이들 각각의 기능과 운동양상에 대한 파악의 편의를 위하여 얼터적 요소를 Veo(V), 3터의 각각은 Mes(M), Cis(C), Trans(T)로 표시하고 그들 상호간의 작용을 양자장量子場에 있어 고유함수Eigen function와 Superpoint, 빛에 의한 3원색의 인식기작認識機作, 사람의 정립正立에 있어 양다리, 소뇌, 대뇌의 각 기능, 차분방정식 등 물상 및 대수식代數式의 예로서 비유하여 설명한 바 있다.

이제 3터(M·C·T)와 얼터(V)의 관계를 차원Dimension으로 분별하여 살펴보면 다음과 같다. 직각(90° 각)으로 구성된 6면체Cube의 x, y, z축에 의한 3차원을 공간차원이라고 한다면 4차에 시간차원, 5차에 관찰자 혹은 작용자로서의 인간의식차원, 그리고 6차 이상에 얼터적 차원(Veo)이 짐작될 수 있을 것이다. 위와 같이 현상설명에 있어서 논리상으로만 존재 가능한 "환幻"체를 역동적 실상의 단위 요소Unit element라고 볼 수 있는 "실實"체인, 120° 각으로 구성되는 구체좌표계에 전이한다면 '제'1차가 공간차원, '제'2차가 시간차원, '제'3차가 인간의식차원, '제'4차원으로 얼터의 차원(Veo)을 둘 수 있을 것이고 이들 1, 2, 3차원은 각각 물질터, 여섭터, 생명터의 3터로 볼 수 있겠다.

여기서 분명히 해 두고 싶은 것은 논리적 "환"체를 기초로 한 차원과 실상적 "실"체를 바탕으로 한 차원은 명석하게 구분되어야 한다는 것이다.

이와 같이 구체球體좌표상으로 표현되는 역동실상의 4개 차원이 개방상태Open state의 본유本攸적 구조 혹은 무한계열의 근본이라 할 수 있고 이의 조화적 운동시스템을 온전한 시스템Sound System이라 할 수 있다.

V : M·C·T 적 기능 요소는 대칭Symmetry, 보완Complementary의 관

계로 상호 공명·간섭되면서 조화되어 가는 것이다.

그러나 이러한 요소 중 인식주체인 관찰자의 의식차원(M)이나 얼터적 차원(V)를 등한시 혹은 결여하고 가시적이고 물질적 구상일 경우가 많아 확률적 빈도Frequency가 큰 Cis, Trans 적 요소만을 생각하여, 즉 정·반, 음·양, 도전과 응전 등의 상반, 대립, 모순되는 요소를 병립시켜 현상을 인식하려 할 때에 배중율排中律 Principle of excluded middle[11])이라는 폐쇄적 형식논리에 귀착된다고 생각할 수 있다.

또한 이러한 폐쇄상태하의 부분적 차원을 전차원시全次元視하고 형식적 논리나 사실주의적 관념을 도입하여 "환"체적 계층논리를 "실" 체시하고 이를 바탕으로 하여 현상을 파악할 때 물질주의나 실증주의적 의념擬念 illusion이 배태되고 목적론이나 기계론적 입장이 확대되며 그에 근거하여 조직이념 등을 강조하게 된다고 볼 수 있다.[12])

이러한 점을 소로킨Pitrim. A. Sorokin교수는 서구문명의 위기라고 보면서 다음과 같이 말하고 있다.

"감각적 형태의 문화와 사회란 감각적인 것만이 진(眞)의 사실과 가치라고 하는 궁극적 원리에 입각하고 있다. 바꾸어 말하면 우리들이 오감에 의하여 인식할 수 있는 사실과 가치를 제하고는 어떠한 가치도 사실도 있을 수 없다는 것이다.

감각문화의 전체계를 주로 표현한 것은 감각문화적인 과학과 철학 중에 또 빈약한 종교, 법률, 도덕, 경제, 정치, 미술 및 사회조직 중에 그 궁극의 원리가 기계화되고 물질화되어 있다고 하는 사실이다. …… 인간

---

11) 형식논리학에 있어 기본원리의 하나로서 2개의 서로 모순하는 판단이 병립할 때에 진리가 2개의 판단이외의 제삼의 판단에 있음을 배제하고, 2개의 판단중의 어느 일방에 존재한다고 보는 원리.

12) 石田武雄, 經營システム工學, 東京, 昭和 46, pp.13-15.

의 감각적 생활에 있어 신체적 향락의 증진을 꾀하는 기술적인 발명, 발견은 크게 성공을 거두고 있지만 인간의 혼(魂)을 계발(啓發)하고 최고의 진·선·미에 대한 영구적이고 보편적인 초감각적인 가치 창조의 면에 있어서는 물질주의 경험주의, 실증주의 및 기타 감각적인 철학의 발달을 조장했다."13)

무한계열無限系列의 다기다양多技多樣한 사상事象으로 급격하게 분화 Fission, 순차Derivation되어 인구, 인간의 의식, 지식이 고도로 세분화되고 밀집화Density해 가는 오늘날 이러한 착종한 사상을 분석 수용하고 이에 적응해 가기 위해서는 개방적 현상인식 및 대응이 시급하나 물질주의적이고 감각문화적인 폐쇄논리와 폐쇄시스템 하에서 계속하여 자극받아온 현대의 주도적 많은 제도는 오히려 폐쇄화하고 허구적 논리에 입각한 의념擬念과 금金, 권權, 위威적 제약체제를 강화함으로서 이러한 상황에 대처하려고 한다.

오늘날 문화의 단절Discontinuity적 많은 현상의 심화나 현대 경영이 당면하고 있는 위기적 요인도 이러한 시야에서 파악될 수 있을 것이다.

그러므로 Cis, Trans 적 기능의 가시 구상적 요소만으로서 현상을 인식 수용하려는 폐쇄의 각殼에서 벗어나 비록 비가시적이고 포착하기 어렵다 하더라도 Mes, Veo 적 기능 요소를 포괄한 개방 상태로 개시開示되기 위해서는 실의 장에 환원하여 착종한 현상을 각 요소별로 분별, 배열하면서 집약, 순차하여 실의 현상의 근본 영역이라 할 수 있는 얼터(V)적 기능과 그의 유형적 반영이라 할 수 있는 전반

---

13) Pitrim Sorokin and Walter Lunden, Power and Morality(Who shall guard the guardians?), Boston, 1959, pp.117-118.

영역으로서 3터의 기능과정Functional process을 파악하고 시스템화하여 그 본유本攸 기능을 인식해야 할 것이다.

실實의 장場은 비유하자면 현상의 모든 요소가 집결 농축되는 다시 말해서 본유의 근본 영역과 전반 영역이 합일되는 곳이라 생각할 수 있으며, 실의 현상을 초기계超機械 Supermachine라 하여 비유한다면 실의 장은 이 초기계의 구조·기능·작동양태를 확률적으로 가장 잘 파악할 수 있는 관찰 소지라고 말할 수 있을 것이다.

또한 실의 장은 현실적으로 인간의 자존을 가능하게 하는 생존조건, 자연조건, 희囍의 조건 등의 요소들을 가장 광범위하게 내장하고 있는 개방의 표준장Standard field이며 현대인, 특히 우리의 경우 물질터 측면의 순차 요소가 한계상황에 있고 유의성誘意性 Valence[14]의 초점이 이에 집약되어 있는 관계로 인간 본유의 물질터적 사영이라 볼 수 있는 현성미(顯性美 Manifest Beauty : 福), 잠성미(潛性美 Latent Beauty : 囍), 기성미(基性美 Found Beauty : 涅)[15]의 추구 성향을 만족시킬 수 있는 가능성을 확대하기 위해서도 실의 장에서의 생활과 의식에 환원하여 그 본유장本攸場 Eigen field의 운동 과정에 투입되는 본유가치本攸價値 Eigen value를 분별하고 집약하여 재배열함으로서 실의 장에 있어 본유기능Eigen function을 인식해야 할 것이다.

이와 같이 실의 장에의 환원은 실질적으로 인간 본유의 유의성을 효과적으로 만족시킬 수 있는 가능성을 가장 많이 내포하고 있음은

---

14) 詑摩武俊編, 性格の 理論, 東京, 1967, pp.112~113.

15) 본 연구 논문에서 후술될 顯性, 潛性, 基性의 각 심리기능이 상호 조화되는 상태에서 파악되는 각 측면의 내적 극치(極致)를 각각 福, 囍, 壽, 涅로 볼 수 있는 바 이는 우리 겨레의 의식 내면에 잠재되어 온 본유(本攸) 성향의 유정(溜晶)이라 생각된다.

물론이고, 개방 상태이며 거의 본유장에 가까운 실의 장은 얼터와 3
터적 제반 요소가 무한 다기한 순차Derivation과정을 거쳐 광범하게 혼
효되고 내장되어 있는 풀pool이라고 볼 수 있다.

최근 현상의 전체적이고 종합적인 파악을 추구하는 시스템공학
연구자들의 시스템 인식에 대한 다음과 같은 말 속에서 - 비록 그
시스템의 인식 내용이 폐쇄의 범위를 크게 벗어난 것은 아니지만 -
이러한 견해의 일단을 엿 볼 수 있다.

> 즉 "시스템적 과정에 들어가지 않고서는 시스템을 느끼고 인식할 수 있
> 는 적절한 방법이 없다는 점은 주지의 사실로 인정되고 있다. …… 시스템
> 에 대해서 이를 이론상으로만 듣고 말하는 것으로써는 시스테의 기능은
> 이해될 수 없다. 자전거를 타 봄으로써 운전을 배울 수 있고, 그 시스템을
> 알 수 있는 것과 같이 실제적인 체득(體得)을 통해서 시스템을 인식할 수
> 있다."16)

인간의 대상 인식과정은 정태적으로 관찰할 때 3측면을 생각해
볼 수 있을 것이다. 즉 인식 대상으로서 피관체被觀體 차원인 소여所與
와 그를 인식하는 주체적 관찰자 차원으로서 인간의 심리적 측면 또
는 그 대상에 의미 내용을 부여하는 징상徵象 Symbol feature이 그것이라
할 수 있다.

이는 훗설Edmund Husserl의 현상학에서 감각적 소여Empfindungsdaten,
의미 부여 작용Sinngebung, 표현진술Ausdruck Prädickation17)의 단계를 밟는
노에시스Noesis 과정의 각각에 비유될 수 있겠다.

---

16) John, A. Beckett, Management Dynamics(The new synthesis), New York, 1971, p.14.
17) 高坂正顯, 現代哲學, 東京, 昭和 32, pp.192-196.

그러나 여기서 분명히 해두고 싶은 것은 훗설의 이러한 단계적 인식과정은 그 방법상으로는 훌륭한 것이라 할지라도 실제상 관념의 영역에서는 그가 말하는 순수현상純粹現象 Reines Phänomen[18] 즉 본질에의 접근이 어렵다는 것이다.

그러므로 본질에 접근하기 위해서는 최대의 양상(자연), 최대의 시간(역사), 최대의 양(인간)의 공약장公約場으로 또는 무형의 근본 영역과 구상具像적 제반 현상의 기능이 밀착되는 합일점合一點 Matching point 으로서 실의 현상의 인지 및 체득의 가능범위가 큰 실의 장에 환원할 것이 우선적으로 요구된다. 그리하여 현상학적 및 형상적 환원과 노에시스Noesis의 과정도 그러한 실의 장에의 환원을 조건으로 하여 동시적으로 수행되면서 또 본유기능을 유추하고 모델화 해감으로써 다시 말해서 다기다양多岐多樣한 일상적 인식의 대상을 요소별로 분별 · 배분하면서 순차와 집약의 과정을 병행해 갈 때에 V : M · C · T 적 기능의 질서가 인식되어 실의 현상에 이르게 된다고 볼 수 있다.

인식 주체로서의 인간은 현성(顯性 Manifest : 표의식(表意識)), 잠성(潛性 Latent : 잠의식(潛意識)), 기성(基性 Found : 유의식(遺意識))의 3면적 심리 측면이 복합되어 작용하는 존재라고 할 수 있다.

현성顯性이란 오감을 구사하여 표상적 현상을 인식하는 인간의 심리작용 및 기능의 총칭이라 할 수 있다.

잠성潛性은 Kant의 선험先驗 A priori에 비견할 수 있는 바 생득적으로 인간 심리 속에 내재되어 있는 성향으로서 일반적으로 잠재의식이라고 말하는 심리면이다.

기성基性은 유진(遺眞 Traditional Genuineness ; 전통의 진)의 개체 인간 심리

---

18) 前揭書, p.193.

에의 사영이라 할 수 있는 것으로 장구한 역사에서 여과瀘過 Filtration 되고 유정溜晶 Residuum된 것으로 얼터적 기능과 감응·공명될 수 있는 인간의 신비적인 영감의 세계라고 할 수 있다.

범철梵哲에서 안·이·비·설·신의 다섯 가지 감각기관을 통해 색·성·향·미·촉의 감각으로 대상을 인식하는 외에 6식識으로서 의意를 생각하기도 하고, 마나식末那識, 아뢰야식阿賴耶識[19]을 추가하여 8식識을 도입하거나, 나아가 8식에 아마라식阿摩羅識[20]을 더하여 9식으로서 대상을 인식한다고 보는 견해에 있어 6식은 잠성潛性, 8식이나 9식 등은 기성基性의 측면에 비견되는 것이라 생각해 볼 수 있겠으며, 정신감응Telepathy 현상도 이에 근사한 인간의 심리면이라고 할수 있을 것이다.

이와 같은 인간 심리의 3측면은 3터의 인간측면에의 사영射影 Projection인 육체Flesh, 정신Spirit, 영혼Soul의 대외계對外界 기능이라고 할 수도 있을 것이다.

그러므로 인간은 이러한 현성, 잠성, 기성의 속성이라고 할 수 있는 경험적 유의성, 선험적 유의성, 유전적 유의성이 다양하게 조합되는 심리의 풀Psycho pool로써 외계의 대상에 작용하게 되는 것이라 볼 수 있다.

오늘날 인간이 사실주의적 관념이나 형식적 논리를 강조하는 폐

---

19) 靑井和夫 외 179人, 哲學事典, 昭和 37, pp.56-57, 1130.
   梵哲은 識(Vijnana)을 다음과 같은 견해로 해석한다.
   1) 小乘佛敎에서는 眼, 耳, 鼻, 舌, 身, 意의 六識으로 나눈다.
   2) 大乘佛敎에서는 六識에 마나식(末那識), 아뢰야식(阿賴耶識)을 더해서 八識을 생각한다.
   3) 攝論, 天台, 華嚴宗에서는 八識에 아마라식(阿摩羅識)을 더해 九識을 생각한다.
20) 주19) 내용과 동일.

쇄 상태에 고착되게 된 것은 현성 유의성이 지나치게 팽대되고 저성低性이라고 이름할 수 있는 잠성이나 기성이 은폐됨으로써 저성이 제 기능을 발휘하지 못하게 되어 얼터와 3터의 본유 기능 인식에서 멀어짐으로써 오는 현상이라고 생각된다.

앞에서도 언급한 바와 같이 근세 이래 분화Fission와 순차Derivation가 가속화되어 인구, 인간의 의식, 지식이 고도로 세분·섬세화되고 밀집화하여 인식 대상인 소재materials로서 요소수要所數 Element number와 요소범위要素範圍 Element boundary가 무한이 확대되어 갈 뿐 아니라 본유本收의 기능을 인식하기 위해서는 인간의 현성·잠성·기성이 다양한 조합Combination에 의해 대상을 인식하고 표현하게 되는 고로 그러한 인식의 의미내용은 언어적 논리와 같은 단편적 징상徵象 Symbol feature만을 매개로 해서는 그 표현이 빈약하고 착오가 따르기 쉬운 것이다.

그러므로 엄밀하게 말한다면 실의 현상은 실의 장에서 체득 생활을 복합한 감각, 언어, 예술 등의 다양한 방법을 통해 직관적으로 인식 표현될 수밖에 없는 것이다.

메를로 퐁티M.Maurice Merleau Ponty는 언어의 현상학에 관한 논문 중 다음과 같은 견해로서 평속언어平俗言語의 불완전성을 말하고 있다. 즉

"표현이란 것이 결코 완전한 것은 아니다. 우리들은 소쉬루가 지적하는 바와 같이 우리들의 언어(국어)가 사물을 완전히 표현한다고 생각한다. 그러나 우리들의 언어가 우리들의 것인 것은 그것이 완전히 사물을 표현할 수 있기 때문은 아니다. 그것이 우리들의 것이라는 점, 바로 그 사실이 국어가 완전히 사물을 표현한다고 믿는 이유인 것이다."[21]

---

21) M. Maurice-Ponty, 言語の現象學について, Problémes actuels de la phénoménologie,

이와 같이 볼 때에 언어란 사물을 인식하는 하나의 지향 도구로서 그 단어의 모든 요소가 표현이라고 하는 단 하나의 노력을 위해서 협력하게 되는 하나의 논리체계라고 생각되며 현재顯在적 논리에 지배된다고 볼 수 있는 것이다.

실의 현상의 설명에 있어 양자장量子場을 가정하고 고전역학의 모델을 도입하여 태양계의 세차운동Precession motion[22]이나 원자계의 궤도 모형과 같은 물상적 현상에 비유하거나 그 용어를 구사하는 것도 이러한 언어 논리의 한계성을 탈피하려는 의도라고 할 수 있는 것으로 이는 현상現象 구성構成인 구면지도球面地圖를 편의를 위하여 언어적 구성이라 볼 수 있는 평면지도로 표시하는 점에 비유될 수 있는 것이다. 또한 평속적 언어와 구분하여 징상徵象 Symbolic feature이란 용어를 사용하는 것이다.

부분적인 직감이나 평면적으로 일국면에 고착되어 현상을 파악하게 될 때에 부분의 가산적 집합이 전체를 이룬다는 기계론적 계층 논리를 유도하게 된다고 볼 수 있고 이는 '맹인들의 코끼리 구경'의 우화와 같은 결과를 초래할 것이다. 오늘날 경영이론에 있어 쿤츠 Harold Koontz[23] 교수가 말하는 경영이론의 정글Management theory Jungle도 이러한 결과의 일면을 보여주는 현상의 일례라 할 수 있겠다.

물론 게슈탈트Gestalt 심리학이나 체제공학, 구조주의 철학 등에서

trans, KATAHASHI NOBUKAI, Tokyo, 1969, p.118.

22) 井上敏外, 理化學 辭典, 東京, 1967, pp.1935~1936.

23) Harold Koontz : 칼리포니아 대학교 경영학 교수, Koontz는 1962년 12월 Journal of Academy of Management 에 "The Management Theory Jungle"(經營理論의 정글)이란 논문을 발표한 바 있으며, 1962년 11월 경영이론의 통합을 위해 경영학자, 실무자, 경영대학 경영자 등 각계 관계자를 초청 Symposium을 주관한 바도 있다. Toward a Unified Theory of Management, ed. Harold Koontz, New York, 1960, pp. ⅺ ~ ⅻ.

이러한 점을 인식하고 새로운 방법을 모색하고 있다.

즉 게슈탈트 심리학에서는

"심리학 현상들은 기본적으로 전체적 성질을 갖고 그 전체에 있어 어느 부분을 취하더라도 그 부분은 전체에 대해서 혹은 다른 부분에 대해서 독립된 것이 아니고 상호 영향하는 성질을 갖고 있다. 즉 개별적 부분 요소의 영향에 의해서 전체가 결정되는 것이 아니고 개별적 부분이 전체의 본래적 성질에 의해서 영향을 받고 있다. 이러한 전체성의 성질을 밝히는 것이 Gestalt 심리학이 의도하는 점이다."[24]

또 체제공학System Engineering에서는

"우리는 시너지(Synergy)[25] 현상을 발견하였고 전체는 그를 형성하는 각 요소의 총합 이상의 것이라는 사실을 알게 되었으며 경영에 대한 좀 더 명확한 개념을 파악하기 위하여 그 구조에 대한 전체성 개념의 설정이 긴요함을 깨닫게 되었다."[26]

라고 본다.

그러한 이러한 다양한 시도가 실의 장에서 종합적 직관에 의해 본 유적인 얼터와 3터의 종합 기능을 파악한 바탕에 서지 못할 때는 맹인들의 의견을 종합하여 코끼리를 인식하려는 의도와 마찬가지의 일이 되고 말 것이다.

그러면 실의 장에서 인식주체로서 관찰자인 동시에 작용자Operator

---

24) Max Wertheimer, "Gestalt Theory" A sourcebook of Gestalt psychology, ed. Willis, D. Delis, London, 1969, p.2.

25) 전체적 효과에 기여하는 각 기능의 공동작업.

26) Beckett, op. cit., p.3.

인 인간은 무형적 요소와 유형적 요소가 복합적이고 다양한 양상으로 소여되는 현상Erscheinungen[27])을 구체적으로 어떠한 과정을 거쳐 분별, 배열하면서 실의 현상의 얼터적 근본 영역과 전반 3터적 영역 또 그 상호간의 작용과 기능을 인식하고 적응해 가는 것인가?

실의 장에서 대상(피관체(被觀體) 차원)에의 인식은 2가지의 과정이 교호적으로 진행되면서 이루어진다고 볼 수 있다.

즉 그 하나는 유형적 전반 영역에서 소재Materials를 취택取擇하고 빈가頻價 Frequency 요소와 중가重價 Weight 요소를 배분・배열하여 근본 영역에로 나아가는 집약Intention 과정이라고 할 수 있는 것으로 후술하는 순차의 역진逆進 과정이라고 볼 수 있다.

또 다른 하나는 무형적 근본 영역을 종합적 직관을 통해서 추상推想하고 그 구성과 기능을 모델화하여 그 각 구성 인자가 실의 장에 순차循次 Derivation되고 누집累集 Piling된 유형적 전반 영역에서 어떻게 공명Resonance, 간섭Interference되는가를 인식하는 과정이라 할 수 있다.

이는 양파의 껍질을 벗겨 감으로서peeling 왕성한 세포 분열이 일어나고 있는 생명의 근원인 핵에 도달하고 또 핵의 분열에 의해 세포가 쌓여piling 형성되어 가는 각 층을 통과하면서 최외각에 표출되는 것에 비유될 수 있을 것이다.

우리는 이러한 Peeling, Piling 의 과정을 종합해서 투관Penetrating 작용이라 하고 그러한 기능을 기발起發 Detonation이라 하며 그 기능 주체를 기발체起發體 Detonator라 이름하기로 하자.

이러한 기발체의 작용인 Peeling 과 Piling 의 운동은 생명체에 있어 호흡작용 또는 혈액순환에 있어 심장을 매개로한 동맥과 정맥의

---

27) 高坂正顯, 前揭書, p.188.

기능에 비유할 수 있을 것이다.

이러한 기발체는 집약과 순차 과정에서 그 요소간의 기능을 종합적으로 포용하게 되는 동시에 그 요소간의 기능을 연결하는 연결자 Connector, 혹은 그 통로의 역할을 한다고 볼 수도 있고 또 각 요소 기능간의 작용을 촉발하는 것이라 볼 수 있을 것이다.

이러한 기발작용은 사이클로트론Cyclotron을 이용한 가속 입자의 턴넬효과Tunnel effect에 의한 원자핵의 연쇄분열 반응이나 촉매 Catalyzer에 의한 화학 반응에 비유한다면 가속입자나 촉매는 기발체Detonator에 대비될 수 있을 것이다.

이러한 기발체의 작용을 인간 측면에 사영射影 Projection할 때 이를 리더쉽Leadership이라고 생각할 수도 있겠고 언어와 언어, 사람과 사람, 시대와 시대, 또는 서브시스템Subsystem 과 서브시스템을 연결하는 조건체條件體 Conditioner라고 볼 수 있을 것이다.

그러면 위에서 말한 순차는 어떠한 구조로서 진행되는 것인가?

순차의 구조는 크게 보아 연순차延循次 Ductile Derivation, 편순차偏循次 Partial Derivation, 중순차重循次 Dual Derivation의 세 가지 양상으로 파악될 수 있다고 생각된다.

집약Intention은 이 순차의 역逆개념으로 다만 그 진행 방향이 반대라고 할 수 있다.

또 이 집약과 순차의 진행 양상은 직진이 아니라 하나의 파형wave 으로서 표현될 수 있는 운동인 것이며 크게 보아 그 전체적 모양은 순환운동으로 파악될 수 있다.

그리고 그 기능의 전체적 진행양상을 단편으로 끊어 관찰한다면 <그림 1>과 같은 모델로서 표현될 수 있다.

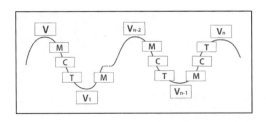

즉 소재를 많은 집약 과정을 거쳐 M·C·T 적 요소로 배분하고 그 각각에 공명 간섭되면서 전체적 조화를 형성시키는 중가重價 Weight적 인자라 볼 수 있는 V_n 을 추상하고 이 V_n 에 바탕 하여 다시 앞에서와 같은 과정을 반복 집약해 감으로서 V_{n-1} , V_{n-2} , …… 로 나아가 무형적 근본영역의 V에 도달하고 또 역으로 V 에 의해 공명 간섭되는 원초적인 M·C·T 적 요소로부터 여러 순차과정을 거쳐 V_1 을 파악하고 이를 바탕으로 V_2 , V_3 , …… 로 나아가 차츰 빈가頻價 Frequence적 요소가 현저한 유형적인 전반 영역에 도달하게 된다고 볼 수 있다.

그러나 이 전반적 두 과정은 순차와 집약을 호흡처럼 반복 실시해 감으로서 근본영역(얼터)과 전반영역(3터)이 공명 간섭되는 본유本攸의 기능 양상을 파악해 가게 되는 것이다.

이제 피관체被觀體 차원인 객체Objective body를 양자장量子場으로 상정하고 태양계나 원자계의 고전역학적 모델을 도입하면서 그 본유적 체계와 기능을 비유로서 파악해보자.

천체계의 운동 양상을 모사하여 전자궤도의 역학적 구조를 추정하고 이러한 고전역학을 바탕으로 하여 현대의 양자역학이 발전되어 온 것이라 본다면 본유의 체계와 기능도 이와 같은 과정을 가상, 재파악 함으로써 인식함이 편리할 것이다.

실實의 현상現象의 본유적 기능인 V 와 M·C·T, 및 M·C·T 상호간의 기능 관계는 양자론적으로 보아 동일한 시스템이라 생각되는 천체계나 원자계의 역학적 구조로도 또 양자장의 현상에 비유함으로써 용이하게 파악될 수 있을 것이다.

<그림 2>는 He(헬륨)원자 구조의 유사모형을 도식화한 것이라고 할 수 있다.

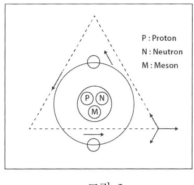

P : Proton
N : Neutron
M : Meson

그림 2

즉 He 원자의 전자궤도에 있어 정향자전正向自轉의 전자와 역향자전逆向自轉의 두 전자가 궤도를 선회하면서 핵의 구심력과 관련될 때에, 그 핵은 V, 반대의 회전축을 갖는 2개의 전자와 그 궤도는 각각 M·C·T 로 비유될 수 있겠으며 이 3요소의 운동벡터는 그림 좌하단에 표시된 바와 같인 플레밍Flemming의 법칙[28]에 유사한 관계로 연관 균형된다.

또 원자핵에 있어 양자陽子 proton와 중성자neutron, 그리고 이에 작용

---

28) Alpheus, W. Smith. The Elements of Physics, New York, 1938, p.444.

하는 중간자中間子 meson는 M·C·T 의 한기Super vitality 측면이라 볼 수 있는 것으로 M'·C'·T' 로 생각할 수 있으며 본 연구 논문(I) 에서 표시한 파동꼴 도표의 V(E), V(S), V(P)에 유사한 것이라고 할 수 있을 것이다.

<그림 3>은 본 연구논문(I)에서 보인 파동꼴 도표에 비견되는 것 으로서 V : M·C·T 적 요소의 상호기능관계를 산소원자 모형의 유사도類似圖로서 징상徵象 Symbol feature한 것이라 할 수 있다.

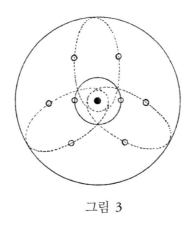

그림 3

산소원자는 핵 중에 양전하陽電荷의 양자proton가 8개 존재하고 K, L 각에 각각 2개, 6개의 전자에 의한 1쌍 및 3쌍의 궤도를 이뤄 모 두 8개의 음전하 전자가 있으므로 이 경우 정正·부負의 하전성荷電性 으로 보아서 내적으로 산소원자 자체는 안정성이 있다고 생각된다.

그러나 파울리 배타원리Pauli exclusive principle[29])에 의하면 L 각의 정

---

29) Linus Pauling and E. Bright Wison, Introduction to Quantum Mechanics, New York, 1935, pp. 214 ~ 216.

전도(力)로 보아 불안정하므로 외부의 다른 원자에서 2개의 전자를 받아 $2n^2$의 조건을 만족시킴으로써 외부원자와 결합하여 안정과 균형을 얻는다.

또 K, L 각에 각각 1쌍, 3쌍의 전자궤도를 벡터로 표시하면 <그림 4>와 같이 도시할 수 있는 바 L 각의 3전자궤도를 각각 3개의 벡터군으로 하여 M, C, T 로 볼 때, K 각의 궤도를 V로 볼 수 있고 나아가 He 원자의 전자궤도와 핵과의 관계처럼 산소원자의 K 각의 궤도와 핵의 관계도 V : M·C·T 의 관련이 집약Intention되어 간다.

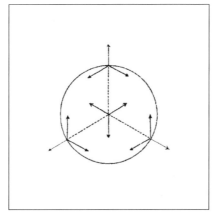

그림 4

산소원자가 그 독자적인 안정과 균형을 보유하면서 파울리의 원리처럼 다른 외부원자와의 관련 하에서 전체적인 안정과 조화를 형성하고 내적으로 각 전자가 핵을 중심으로 타원궤도 운동을 하는 것처럼 대상의 M·C·T 적 각 순차 요소는 각각 독자성을 유지하면서 상호 관련되고 V적 기능요소에 의해 조화되어 간다고 볼 수 있다.

또 양자장에 있어 고유장固有場 Eigen field, 고유치固有値 Eigen value, 고유함수固有函數 Eigen function는 M·C·T 적 요소의 기능에, 초위超位 Superposition의 가정은 V 적 기능의 상정에 비유할 수 있다.

그리고 정상 상태에 있어서 원자는 4가지의 양자수[30] 즉 주양자수(n), 방위양자수(l), 스핀(Spin)양자수(s), 자기양자수(m)를 가지는 바 그 관계는 V : M·C·T 의 관계에 대비해 볼 수 있을 것이다.

이상 필자는 원자계와 양자장의 현상을 들어 V : M·C·T 적 기능을 유추해 보았거니와 천체계에 있어 태양과 혹성, 지구와 달 등의 세차운동Precession motion도 실의 현상의 본유적 기능을 설명해 주는 좋은 예가 될 수 있는 것이다.

달이 그 독자의 자전축orbit을 갖고 자전하면서 지구 궤도를 공전하고 다시 태양 궤도를 선회하며 나아가서 이 전계全系가 은하계를 대선회하는 운동은 실상적 다양한 요소가 M·C·T 적 관계를 거치면서 $V_n, V_{n-1}, V_{n-2}, \cdots$ 로 회귀하는 순차운동에 비유할 수 있을 것이다.

이상에서 예로 든 여러 가지 사실은 본유기능의 객체적 현시라고 할 수 있겠다.

이제 본유기능이 관찰자이며 작용자인 인식주체로서 인간에게 어떻게 사영Projection되어 현시顯示되는가를 징상徵象 Symbol feature으로서 나타내어 보기로 하자.

본유本收의 기능양상은 무형적이고 또 그에 작용하는 인간은 현성顯性, 잠성潛性, 기성基性 등 여러 성性이 다양하게 조합된 유의성誘意性 Valence의 집약체 즉 심리 요소의 풀Psychopool이라 할 수 있으므로 그 유의성의 초점, 즉 관찰소지에 따라 객관적 대상의 운동양상도 확률적으로 '어프로

---

30) Ibid.,pp. 120-125

우치' 될 수밖에 없다고 생각된다.

다만 그 확률적 가능성을 확대하기 위하여 양자론적 모상模象이나 공학적 수법 등의 징상徵象적 논리를 이용하게 되는 것이다.

삼라의 사영이라 볼 수 있는 인간은 이미 서술한 바와 같이 잡다한 사상들을 순차와 집약과정을 통해 배분, 배열, 분배하면서 얼터적 V 기능과 물질터, 여섭터, 생명터의 3터적 M · C · T 기능의 구조와 작동을 파악하고, 대상에 적응해 간다고 볼 수 있다.

현상의 본유本攸를 인식하기 위하여 기초적인 징상徵象 Symbol feature 을 정립하려면 객체Object body, 주체Subject body, 징체徵體 Symbol body의 다양한 점點에서 보아 확률적으로 가능성이 많은 기초를 근거로 할 것이 요청된다.

그런 점에서 본 연구가 M·C·T라는 3요소로 현상을 분별하고 파악하며 그 상호 기능을 통하여 V적 요소를 유추하는 것도 말하자면 개연성이 큰 확률적 추상推想이라 볼 수 있다.

이는 인간이 색을 인식할 때 빨강 파랑 노랑의 3원색을 기초로 한다든지 인간의 능력상으로 보아 외계를 통제하는데 있어서도 3을 기초 단위로 하는 것이 가장 적절하다고 보는 점[31]이나 양자역학에 있어서 고유장, 고유함수, 고유치, 원자핵에 있어서 양자, 중성자, 중간자, K 각에 있어 정향, 역향의 두 전자와 궤도의 관계 등등 3이 기초가 되어 있는 점 등으로 보아서도 3을 기초로 하는 것이 실의 현상 파악에 있어 그 확률적 가능성이 가장 높다고 생각될 수 있을 것이다.

또한 최근 다방면에서 시스템적으로 현상에 '어프로우치'하려는

---

31) W.W. Suonjanen, "The Span of control - Fact or Fable?" Advanced Management, Vol.20, No.11, pp.5-13(November, 1955).

노력이 증대되고 있는 바 모든 시스템을 3가지 그룹group으로 특징지
워 설명하려는 것이 편리함을 지적하는 경향이 있다.[32]

<그림 5>는 본유기능의 객체적 현시인 M·C·T 의 각 요소를
인간 즉 인식주체에 사영하고 현시시켜 구체적인 상호관계를 표현
한 징상徵象이다.

객체의 M·C·T 요소는 그 상호간의 기능에 따라 <그림 5>에서
보는 바와 같이 양(陽 Active : A)요소, 음(陰 Passive : P)요소 및 그
두 요소사이에서 조건을 부여하는 조건체(條件體 Conditioner : C)
의 어느 것에 해당되는 것으로 볼 수 있으며 여기서 조건체는 정正
Positive으로도 부負 Negative로도 작용하는 상호 대칭Symmetry의 관계에
있는 것이며 양(A)과 음(P)은 서로 상보相補 Complementary의 관계에 있
는 요소라고 할 수 있다.

---

32) Charles, H. Smith, "Systems theory as an Approach to Accounting Theory"(Ph.D.Diss,
The Pennsylvania State University, University Park, Pennsylvania March, 1968), p.28.
아래 그림은 물리적 시스템, 생물학적 시스템, 사회학적 시스템을 3을 단위로 생각
하는 사고법의 표현 예.

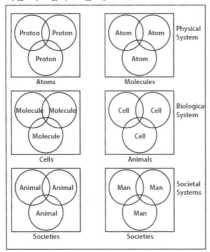

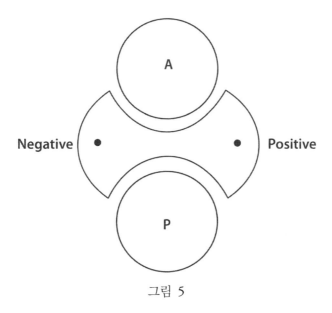

그림 5

이들의 관계를 원자계의 예를 들어 설명해 보기로 하자.

원자핵을 양자proton, 중성자neutron, 중간자meson 혹은 Yugawa particle의 3요소로 구분하여 볼 때 양자와 중성자는 A나 P의 어느 것에 해당되고 중간자를 조건체로 볼 수 있다. 이 중간자를 Y(Y^+, Y^-는 정, 부의 중간자)로 표시하면 양자와 중성자는 중간자를 교환해서 상호 전환하는 즉 $P \leftrightarrow N + Y^+$, $N \leftrightarrow P + Y^-$ 되는 바[33] 이 중간자의 기능이 조건체의 기능에 비유된다고 볼 수 있다.

또 헬륨(He) 원자에 있어 정향正向 및 역향逆向 전자는 각각 A 나 P의 요소로, 그 전자궤도를 조건체로 볼 수 있고, 전자의 궤도 회전 방향은 각각 정·부로 대비해서 비유할 수 있다.

---

33) 井上敏外, 前揭書, p.854.

이상 원자계의 모델을 대비하여 비유해 보았으나, 일상 접하는 많은 사상事象이나 사물은 이와 같은 C·A·P 의 요소로 배분하여 배열할 수 있는 것으로 이들 3요소 간에는 하등의 계층이나 우열이 있는 것은 아니고, 다만 인식 주체가 대상을 보는 유의성有意性의 집약 초점, 즉 관찰소지에 따라 C 와 A 및 P 의 기능 요소를 각각 다르게 배분, 배열하면서 파악하게 될 뿐이다.

폐쇄상태Closed state란 위에서 말한 C·A·P 의 상호 작용 중에서 대개 C 의 요소를 결여하고 A, P 를 상호 대립 상반Contradiction되는 요소로 보고 이 두 요소의 투쟁, 충돌, 도전과 응전 등의 과정에서 현상의 발전 양상을 파악하려는 것이라 볼 수 있을 것이다.

질이 양을 결정한다든지 양이 질을 결정한다고 보는 상반되는 견해도 이러한 점을 단적으로 표현해 주는 것이라고 볼 수 있을 것이다.

강우降雨 현상에 있어 과냉각 물방울의 집체인 구름이 응결하여 비雨가 된다고 할 경우, 다만 과냉각 물방울의 단순한 집합만으로써 빗방울이 형성되는 것이 아니라 인공강우에 이용되는 옥화은沃化銀이나, 드라이아이스dry ice 혹은 자연 상태에 있어 미진微塵과 같은 입자의 응집핵이 씨딩Seeding됨으로써 과냉각 물방울이 연쇄적으로 응결하는 것과 같이 입자의 기발작용起發作用 Detonation을 조건으로 하여 강우가 가능하다고 볼 수 있다.

즉 양(구름)과 질(물방울), 또 그 조건체로서 입자의 씨딩이 강우에 작용하고 이러한 C·A·P 의 관계는 V 적 요소라고 할 수 있는 에너지의 기능인 것이다.

이와 같이 C·A·P 의 요소기능이 갖는 3면적 상호작용을 도외시하고 대립적 두 요소만으로써 현상을 구성할 때에 배중율排中律이라는 형식논리와 계층적 논리가 강화되어 목적론이나 기계론적 현상 해석이 두드러지게 된다고 볼 수 있다.

이러한 현상은 인간의 잠성이나 기성基性적 심리면을 결여 혹은 경시하고 현성을 지나치게 강조하여 유형적이고 감각적인 구상에만 고착되어 현상을 인식하려는 데서 연유한 것이라 볼 수 있을 것이다.

이제 본 연구논문(Ⅰ)과의 연관 하에서 대상에 대한 인식 및 작용 주체으로서 인간이 실實의 현상現象을 파악하고 그를 분별·배열하여 본유화本攸化하는 시스템을 총괄해 보면 <그림 6>과 같은 도시로써 징상徵象 Symbol feature해 볼 수 있을 것이다.

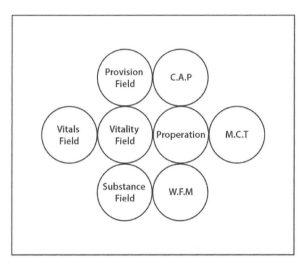

그림 6

현성顯性, 잠성潛性, 기성基性적 각 유의성誘意性의 강도 및 조합 상태에 따라 자아 혹은 주체는 M·C·T 的 순차요소의 풀Pool인 객체적 대상에서 소료(素料 Materials : M)를 취택取擇하고, 중기重價요소(Weight : W), 빈가頻價요소(Frequency : F)를 선별, 배열하여 C·A·P 를 형성해 간다.

그리하여 주체적 현상 기구인 C·A·P 가 객체의 본질로서 M·C·T 를 W·F·M 으로 취택, 선별, 배열하는 과정을 매개로 하여 C·A·P 와 M·C·T 가 최적 접근하여 여섭터與攝터 Provision field, 생명터生命터 Vitals field, 물질터物質터 Substance field의 3터적 요소와 얼터 즉 한기Super vitality와 연관되어 가는 질서에 흡정治正되어 갈 때 본유本攸 Proper에 도달하게 되고 그러한 인간의 투관透貫 Penetrating 과정을 본유화Properation라 할 수 있을 것이다.

그러므로 W·F·M 의 흡정도治正度에 따라 인간본유의 기능정도가 결정된다고 볼 수 있으며, 경제현상에 있어 승수효과乘數效果나 물리적 가속도 효과는 W·F·M 의 집약적 배열에 따른 결과라 생각될 수 있다.

그러므로 M·C·T 적 객관요소를 파악하는 심리요소의 풀Psycho pool로서 인간이 그 일면적 성향만을 강조하고 M·C·T 적 객관요소의 어느 일측면에 고착되어 현상을 구성하고 이에 근거하여 대상에 적응하려 할 때에 누열漏裂 Breakage 현상이 초래되고 인간의 본유의 온전상태Sound state에서 이탈되어 가는 것이며 본 연구논문(I)에서 말한 아집Egocentrism, 폐쇄적 소속Belonging, 이기Selfishness 등의 턱을 형성하게 되어 분열되어 가는 것도 이러한 현상의 결과라고 볼 수 있을 것이다.

3. 현상의 분석적 파악

　본 장에서는 2장에서 고찰한 실實의 현상現象의 본유구조本攸構造와 그 기능을 바탕으로 현상 파악의 논리성을 검토·분석하고 그에서 파생되는 시대의 전반 상황을 개괄해 봄으로써 오늘날 경영의 위기 요소를 이해해 보고자 한다.

　사상事象 일반을 종합과 분석의 수학적 방법을 통해 파악하려고 하는 데카르트Réne Descartes[34]의 방법을 연원으로 하여 근세 이래 서구문명의 기초를 이루어 왔던 실증주의, 경험론적 사고의 팽대는 현상의 인식에 있어서 가시·구상의 대상이라 할 수 있는 물질物質터 요소에 치중되면서 물질주의적 문화양상을 확대 심화시켜 왔다고 볼 수 있을 것이다.

　이와 같은 경향은 실의 현상의 근본 영역이라 할 수 있는 얼터(Veo)적 기능에 의해 공명·간섭되는 중첩重疊의 3터(M·C·T), 즉

---

34) 靑井和夫外 179人, 前揭書, p.828.

물질·생명·여섭의 상호연관과 그 각각의 기능을 요소별로 분석하여 파악하고 그 각 요소를 가산적으로 종합함으로써, 더욱이 물질적 유의성에 편중·고착되어 현상을 인식하고 그를 근거로 대상에 적응하려는 폐쇄논리의 결과라 생각된다.

물질 편중의 사고 확대와 그에의 고착은 본유 구성의 비가시 요소로서, 포착하기 어려운 중가重價기능 요소라고 할 수 있는 본유의 근본 영역으로서의 얼터적 차원은 말할 것도 없고, 현상의 인식 주체인 인간의 의식 차원을 등한시하거나 결여하게 된다.

그 결과 2장에서도 언급한 바와 같이 Cis, Trans, 즉 정·반, 음·양, 도전과 응전 등의 상호 대치·대립되는 두 요소의 투쟁과 갈등 관계로서 현상을 파악하는 폐쇄의 형식논리가 배태된다고 볼 수 있다.

이와 같이 폐쇄 상태 하에서 인간의 물질 측면에의 현성顯性 Manifest적 유의성誘意性이 증대되고 투쟁과 갈등의 논리가 강화되고, 또 근세 이래 주지主知적 과학 영역은 분화와 전문화의 과정을 가속화하게 되었다.

그리하여 현대 과학이 고도로 세분·직세織細·구체화되면서, 무한소無限小와 무한대無限大의 무한계열을 발견함에 따라 점차 그 본질을 포착할 수 없는 불확정 영역Uncertainty Domain이 커지고 확률적 현상파악의 비율이 상대적으로 증대될 뿐 아니라, 인간 자신이 쌓아온 과학의 영향으로 인구, 지식, 인간의식 등이 기하급수적으로 분화·확대되면서 고도의 밀집현상을 초래하게 되었다.

그러나 이와 같은 과학의 분화와 전문화는 그 전문분야 상호간의 소통을 어렵게 해 갈 뿐 아니라 그 분화의 근원인 전체성과 부분 사이에도 심한 격차와 불연속을 초래하게 되는 다시 말해서 수평·수직의 단절Discontinuity 현상을 심화시키게 되고, 마침내 기존의 인식체

계로서는 확대되어 가는 확률적 영역의 파악이나 밀집화되어 가는
외계의 제반 상황을 포용할 수 있는 시스템의 결여로 말미암아 이론
과 실제와의 괴리현상이 걷잡을 수 없게 파급되어 간다.

이러한 현대 문명의 불연속 현상은 "단절의 시대Age of Discontinuity",35)
"미래의 충격Future shock"36) 등으로 표현되는 최근 학자들의 저서 속
에서도 심각하게 논의되고 이러한 상황의 극복을 위한 노력이 각 분
야에서 점차 고조되어 가고 있다.

즉 현상의 전체성을 중요시하고 전체는 부분의 가산적 종합 이상
의 독자성을 갖고 있다고 보는 구조주의 철학, 게슈탈트Gestalt심리학,
시스템공학 등의 새로운 영역이나, 시스템적 사고를 도입하는 컴퓨
터의 개발 등은 이러한 노력의 일환이라고 볼 수 있을 것이다.

여기서는 시스템 방법으로 현상을 재구성 파악하려는 학자들의
서술 내용을 인용해 보고자 한다.

① "일반적으로 사물·물체·동물이나 부분과정을 다루는 비인격적인
학문으로부터의 과학 모델로서는 전체를 파악하고 이해하는 데에 있
어 한계가 있고 부적당하다."37)
② "전체성, 상호관련성, 동태양상의 존재와 중요성을 지나쳐 보고, 그리
하여 사실의 유의미한 실제적 전모, 특히 형이하 세계를 초월하여 존
재하는 사실을 구성하지 못하게 됨으로써, 과학은 분화를 거치는 동
안 마비되어 왔다고 할 수 있을 것이다."38)
③ "분화의 과정에서 전체성의 내용이 상실되어 가기가 쉽다."39)

---

35) P.F.Drucker, The Age of Discontinuity, New York, 1969.
36) Alvin Toffler, Future shock, New York, 1970.
37) Abraham Maslaw, The psychology of Science, New York, 1966, p.xiii.
38) Harold Sachman, Computer, System Science and Evolving Society, New York,
1967, pp. 13-23.

그러나 이러한 시스템적 '어프로우치'로서 전체성을 파악하려는 시도가 그 근원의 전체 구성과 기능 과정이라고 할 수 있는 V : M · C · T 적 요소의 인식에로 개방되지 못하고 현재의 폐쇄공간에 머무를 때에 그 의도와 수법은 훌륭하다 하더라도 역시 현상의 전체적 기능을 파악하기는 힘들 것이며 그 시스템의 방법으로서 개발된 컴퓨터와 같은 뛰어난 수법도 본유기능本攸機能을 인식하는 바탕에서 현상을 재구성하는 용구用具 tool로서 쓰이지 못할 때는 현대의 단절 극복을 위한 이기利器로서 충분한 자기 기능을 발휘할 수는 없을 것이다.

이제 앞에서도 잠시 언급한 바 있는 인식과 작용Operation의 주체로서 인간 의식 차원이 결여되고 현상의 정태적 파악에 의존하여 전개되는 논리와 그에 근거한 환경 적응에서 파생되는 결과적 다양한 현상을 검토해 보고자 한다.

인간은 얼터의 기능에 의해 조화되면서 상호 연관되는 3터의 각 요소를 그 자신 육체flesh, 정신Spirit, 영혼Soul이라는 양상으로 내포하고 있는 존재이며, 그 각각의 속성이라고 할 수 있는 현성顯性, 잠성潛性, 기성基性의 복합적 조합기능이 역동적인 실實의 현상現象을 구성 · 인식하고 대상에 적응해 감은 이미 언급한 바 있다.

그러나 근세 이래 가시可視 · 구상具象의 대상에 입각한 실증주의적 사고 경향의 확대와 물질편중은 인간의 저성低性인 잠성과 기성의 기능을 등한시, 현성 심리요소만을 강조하고, 그에 고착되게 되었을 뿐 아니라 구심적 얼터의 기능에 의해 역동적으로 공명 · 간

---

39) G. Sommerhoff, "The Abstract Character of living System,", in F.E.Emery(ed.) System Thinking(Middleesex, England, 1969), p. 152.

섭되면서 다양한 구조와 연관으로 변모되어 가는 사상事象의 요소 기능을 특정한 시간·공간의 차원에 고정시키고 그 각 구성 요소를 분석·종합함으로써 현상을 인식하려는 해석학적 정태논리를 정당화해 왔다고 할 수 있다.

이는 현대의 많은 학문 분야에서 즐겨 원용하고 있는 형식논리학인 수학의 논리전개 구조에서도 쉽게 알 수 있는 바와 같이 정지상태에서만 적용될 수 있는 "환幻"체인 6면체 공간의 좌표계에서 공간(3차원)과 시간(4차원)으로써 현상을 수용할 뿐, 인간 의식, 즉 관찰자 차원과 얼터 차원이 누락되고 있는 것이 바로 그것이라고 할 수 있다.

이와 같이 얼터 차원과 인간 의식 차원이 누락되고 있는 정태의 형식논리 구조로써는 실의 현상을 수용할 수 없을 뿐 아니라 더욱이 시간과 인구와 활력Energy의 분화·번식이 가속화됨에 따라 단위의 공간이 조밀화되고 요소의 역동적 관련도가 증대됨으로써 확률적 현상 인식의 범위가 걷잡을 수 없을 정도로 확장된다.

그러므로 정태적 폐쇄논리의 강화는 현상의 본유적 구조와 기능 파악을 어렵게 할 뿐 아니라 현상 구성의 정도精度를 흐리게 하고 이론과 실제의 단층斷層을 심화함으로써 환경에의 최적적응이 어렵게 되고 요소간 학문 간의 소통을 단절하게 된다.

··· 오늘날 경영이론에 있어 사용되는 용어의 개념이나 연구 분야에 무엇이 포함되어야 하며 무엇을 제외시켜야 될 것인가에 대한 보편 타당성 있는 이론에 동의·도달하고 있는 단 두 사람도 찾아보기 힘들다. 아무리 참신한 신이론이 전개되더라도 감정적 과열에 의해 압도되어 버릴 정도로 의견의 불일치되어 버릴 정도로 논쟁이 심화되어 있다.[40]

이와 같이 현대 인류의 유의성誘意性이 최대로 집약되어 있는 경영학의 이론에 있어서도 통일된 정론定論이 없고 각양 각색의 이론으로 분화되어 "경영이론의 정글Management Theory Jungle"이라는 말로서 표현되고 있는 것이다.

또 이러한 폐쇄논리의 구조가 기능 과정으로서의 역동 실상實相을 정태적으로 파악할 때에 각 기능 요소간의 관계에 위계·서열 등의 계층성을 도입하게 되며, 이와 더불어 인간까지도 고정적이고 단순한 수단적 도구로 보고 이러한 논리구조를 인간관계에까지 확대하여 사회의 조직구조를 도식화·절대시하는 타성이 배태되게 되었다고 할 수 있는 바, 과학적 관리Scientific Management의 창시자인 테일러 F.W.Taylor의 다음과 같은 말에서 이를 엿볼 수 있을 것이다.

"과학적 관리의 요체는 … 각 개인의 각 동작에 대한 엄밀한 규칙을 적용하고 , 모든 도구와 다양한 작업조건을 표준화 완벽화하는 데에 있다."[41]

최근 이러한 모순을 인식한 시스템공학의 연구가들은 이를 다음과 같이 말하고 있다.

"시스템의 견지에서 볼 때에 조직(Organization)에 대한 다양한 견해는 분명히 시스템을 구조로서 파악하고 있다. 즉 그들은 예를 들자면 명멸광(明滅光)의해 순간적으로 촬영되는 상처럼 정지적 상태에서 시스템이 어떻게 보이는가 하는 문제에 대해서만 말하고 있는 것이다.

---

40) "Management theory : Functional and Evolutionary", Academy of Management Journal vol.6, March, 1963, p.7.
41) F.W.Taylor, The Principle of Scientific Management, New York, 1911, p.85.

시스템의 구조를 알려는 시도야 해로울 것이 없고 주도(周倒)한 연구와 면밀한 구도 파악은 가치있는 일이다. 그러나 명멸에 따라 다르게 포착되는 사진의 각 상과 같은 그 구조의 변화, 운동인 과정(Process)은 서로 불가분의 관계에 있고 분명히 구조에 못지 않게 중요한 것이다. 우리가 알고자 하는 것은 생동적이고 역동적인 행동의 과정인 것이다. 이제까지는 정태 상태에 초점을 모아왔으므로 이제는 그 과정(Process)에 눈을 돌려야 할 때이다."[42]

부분의 가산적 집합이 전체를 구성한다고 보는 견해도 이와 같은 폐쇄·정태의 논리에 입각한 것으로 논리성을 바탕으로 현상에 적응하게 될 때 목적론이나 결정론이 배태되어 편협하고, 단기적이며 깊이가 얕은 사고가 확대되고 목적이나 수단 등을 중요시하여 폐쇄의 국면에서 효율성Efficiency을 강조하게 되지만, 이는 실의 현상의 본유적 기능이 파악되는 개방상태에서 볼 때에는 오히려 비효율의 경우가 많고, 나아가서는 본유 기능의 조화·발전을 저해하게 된다고 볼 수 있다.

"어떤 일에 있어 효율성을 높이려고 할 때에 요소 범위가 좁으면 좁을수록 그만큼 그 노력은 시스템적으로 보아 큰 전체의 조화있는 행동과 부정합될 위험성이 크다."[43]

"실제상 효율성의 강조가 전체성의 견지에서 볼 때에 오히려 비효율적일 수 있다. 바꿔 말하면 하나의 국적(局的) 최선의 방법이 전체 시스템에 최적이라고 볼 수 없다."[44]

---

42) Oskar Lange, Wholes and Parts, A general theory of system behavior, Oxford, 1965, p.31

43) Beckett, op, cit, p.147.

44) C.West, Churchman, The System Approach, New York, 1968, pp.18.

이와 같이 동태적인 개방 상태하의 전체성 즉 본유의 기능 과정은 오늘날처럼 다양한 요소가 가속적으로 분화·순차되어 가고, 복잡다 단하게 혼효되어 있는 대상 속에서는 일면의 부분적인 심리기능 특 히 언어적 지성의 논리에 치우친 현성顯性만으로써는 거의 파악할 수 없게 되어 있다.

그러므로 가시可視·구상具象의 빈가頻價 요소에 작용되는 현성 심 리기능을 조건으로 하면서 본유적으로 인간 내면에 잠재되어 온 저 성低性 즉 잠성과 기성을 일깨워 그 각각을 양Active, 음Passive의 기능으 로 하여 중가重價 요소를 인식할 때에 본유의 기능 요소를 분별하고, 재구성하여 개방화될 수 있을 것이다.

또 이와 같은 관찰 및 작용의 주체로서 인간은 역사와 더불어 전 통적으로 유정溜晶되어 그 시대 최대다수의 대중적 생활장 속에 내포 되는 또 저성의 본원本源이라 할 수 있는 유진遺眞 Traditional genuineness 이 포착되는 실의 장을 떠나서는 3면 심리요소의 조화 있는 작동이 불가능할 것이며, 또 설사 그와 같이 실의 장을 탈피하여 지적 논리 로서 현상을 인식한다고 하더라도 실제에 적용되기까지에는 보편타 당성을 결여한 관념적 의제擬制 illusion를 강화하는 결과 밖에 되지 않 을 것이다.

원래 인간은 현성과 저성을 포괄하여 전인全人으로서 대상을 파악 하고 그에 적응되는 것이며 얼터적 기능 요소에 의해 3터의 양상으 로 실의 장에 현시되는 본유의 전반 영역은 부분적 직관이나 지성적 논리로써는 정확하게 인식·표현될 수 없다고 생각된다.

또 본유의 역동적 기능양상은 끊임없는 분화Fission, 순차Derivation의 과정 중에 있으므로 능동적으로 현상의 발전 과정을 파악할 수 있는

인식시스템을 형성하고 실의 장에서 순차와 집약을 병행하는 투관透
貫 Penetrating 과정을 통하여 촉발觸發 Detonation될 때에 비로소 많은 요
소 상호간의 조화에 작용되는, 유진遺眞의 외연이라고 할 수 있는 유
통성有通性 Syntality[45]이 질성화質性化됨으로써 본유의 기능이 파악된다
고 볼 수 있다.

그러나 실의 장에서 3면적 심리의 유의성誘意性이 조화되는 종합적
직관에 의하여 착잡한 현상을 투관하여 촉발되지 못할 때에 언어적
논리를 구사하여 당위當爲 Sollen나 규범規範 Norm을 통한 자기自己적이
고 수단적인 논리를 강조함으로써 본유기능의 기본원칙까지도 그에
종속 내지는 적합시키려는 강제가 대두하여 이념理念 Ideology이나 조
직Organization 등을 배태하게 된다고 볼 수 있다.

이러한 현상을 탄넨바움F.Tannenbaum은 다음과 같이 말하고 있다.

"즉 …… 공산주의, 파시즘(Fascism), 나치(Nazi), 등은 공식적인 이데
올로기(Ideology)에 의존하므로 관념패턴의 변화에 따라 수정될 것이기
때문이다. 이들은 독단에서 오는 약점을 내포하고 있기 때문에 곧 권력
(Power)을 이용하여 그 이념이 구하는 형(型)을 사회에 강제하는 것이다.
이는 인간을 실제에 맞지 않는 어떤 특정의 형으로 묶어 고정화해 버리
게 된다. 그러나 인간의 무한한 변화성을 이념으로 묶을 수는 없는 것이
고, 또 목적을 위해서 폭력을 사용하는 것은 언제나 그를 자신·스스로
가 자기의 묘혈을 파는 것에 지나지 않는다."[46]

이상으로써 우리는 현대의 논리체계가 내포하고 있는 다양한 문

---

45) 원래는 심리학 용어로써 각각이 집단이 가지고 있는 그 집단 특유의 통일적·지속
적인 성격을 말하는 것이나 본 연구에서는 포괄적인 의미로서 인간이 본유(本攸)를
터득할 때 가질 수 있는 공통적인 속성을 말한다.

46) F.Tannenbaum, The True Society - A philosophy of labor, London, 1964, p.144.

제를 개괄해 보았거니와 오늘날 인류가 겪고 있는 위기의 상황은 이와 같은 인식방법과 행동체계로서는 더 이상 급변해 가는 외계 현상을 수용하고 적응해 갈 수 없는 한계상황으로 말미암아 파생되는 현상이라고 볼 수 있겠다.

근세 이래 인간 자신이 쌓아온 과학과 산업 기술의 급격한 분화Fission, 순차Derivation는 지식・기술・의식・인구의 가속적 변화와 누집累集, 교통과 통신수단의 급진적 발달에 의한 정보・의식의 개방과 더불어 세계적 단일사회화에로의 길을 재촉하고 있다.

그러나 한편 근세 이래 현대사회를 주도해 왔던 물질 편중의 사고와 폐쇄・정태의 지적 논리에 근거하여 조직Organization과 이념과 강제를 앞세운 권력・금력・위압의 관료 체제를 유지・존속시키려는 보수의 압력도 강하게 작용하고 있다.

이와 같이 개방과 폐쇄의 혼효와 소용돌이 속에서 인간 문화가 흡정治正을 이탈하고, 요소 간 연속성이 와해・단절Discontinuity됨으로써 누열漏裂 Breakege 현상을 야기시키고 있으며 이에 따라 인간은 사고의 가치기준Criterion이 흐려지고 균형감각을 상실함으로써 급변하는 외계환경의 혼돈Chaos에 대한 불안은 근시안적 안정Stability을 추구하게 되고, 현상의 중가重價 요소에 대한 인식의 결여는 흡정된 요소의 구성과 집약을 혼미케 하여 현실 적응에의 효율성을 저하시키게 되었다고 생각된다.

산업혁명을 전후로 자급의 수공업이 점차 대규모의 기계를 도입한 대량생산의 체제로 변모되고 다수의 노동력을 흡수하게 되면서 현대사회의 표리 관계로 산업사회와 대중사회가 전개되고, 사회의 분화・확대 및 기계화가 촉진됨에 따라 신속・정확・지속성, 통일성, 절약 등 능률과 합리를 표방한 대·소규모 관료적 조직체계가 형성되기에 이르렀다.

그러나 본래의 의도와는 달리 반대로 관료체제는 능률과 합리라는 기술적인 면에 탐닉되어 성원成員을 비인격화하고 기계적 시스템의 일부품시一部品視 하게 됨으로서 전인적으로 대상과 교통·관계하고자 하는 개인으로 하여금 조직으로부터의 소외를 조장하게 되어 실질합리성과 형식합리성의 이율배반二律背反이라는 심각한 문제를 가져 오게 했다.

또 관료 조직은 법률과 의법성依法性을 강화하고 공공성과 목적을 내세워 강력한 조직력을 구사, 인간의 자발력을 은폐하기가 쉽다.

나아가서 관료제는 전문 기능을 강화하여 고도의 계획을 갖게 되지만, 역으로 전문화가 심화됨에 따라 그 전문 분야 사이의 소통이 어렵게 되어 조직 전체로서 외계에 대한 최적 적응의 신축성이 둔화되고, 또한 소수 전문 기능자에 의해서 정책결정이 독점화됨으로써 본능적으로 직접 참여를 희구하는 일반성원一般成員이나 대중의 무관심을 결과하게 되어 조직은 특권을 방위하는 자기 유지적 성격으로 변모되어 가게 된다.

또한 관료제에 있어서 규칙·법률, 문서주의文書主義 등의 많은 요인이 경직된 형식주의, 목표와 수단의 전도, 무책임, 번문욕례繁文縟禮(규칙이 너무 세세하고 번잡하여 비능률적인 현상) 등으로 결국 합리적 관료제의 최대 장점이라고 할 수 있는 능률과 기동성을 저하하게끔 된다.

이와 같이 근세 이래 형성되어 온 관료 체제는 폐쇄논리성의 표준 모델로서 물질 편중, 인간행동의 규범화, 간접적 규제를 조건으로 이념을 중요시함으로써 행위 지배의 도구로서, 또 본능적 지향인 자존성과 직접성을 소외시켜 내면적 자기 분열과 인간 주체성의 미비를 초래하게 하고 나아가서는 사회적 혼란과 공해를 조성하는 근원이 되어 가고 있다.

그러나 현대 대중은 그의 생계를 이러한 관료조직에 의존하여 간접적인 방법으로 획득하지 않을 수 없는 시스템 하에 놓이게 되었다.

"1950년 이전에는 미국이나 세계 대부분의 사람들은 농촌을 중심으로 자영(自營)하였고, 도시는 소규모의 시장을 형성 미분화단계에 있어 자급 상태였다.

생계를 거의 노동으로 유지하는 사람들의 10% 이하가 그 수입을 임금(Wage)에 의존했다. 그러나 최근 150년 간에 산업 혁명은 서유럽이나 미국의 대중에게서 그 자급성을 박탈했다. …… 우리들은 자신의 생계를 타인에게 의존하고 있는 것이고 대부분의 인구는 거의 임금 생활자가 되어 있다. …… 대중이 그 수입을 타인에게 의존하는 것은 세계적으로 새로운 사실이고, 현세대에 있어 생활의 실체는 타인의 수중에 있는 것이다."[47]

이와 같이 오늘날 산업사회에 있어 기업은 대중에서 생계를 제공하는 중추적 기능을 담당하게 되었고, 또한 현대인의 유의성誘意性이 물질에 집약되어 있으므로 관료적 기업은 이를 기화奇貨로 그의 심대한 조직과 자본력을 구사하여 더욱 대중의 물질편중적 유의성을 자극하면서 기존의 폐쇄체제를 유지·존속시키려 한다.

이러한 상황을 탄넨바움F. Tannenbaum은 아래와 같이 지적하고 있다. 즉

"우리들 산업사회의 해악은 화폐 수입과 인생 그것의 목적을 동일시

---

47) 垣見陽一, 新企業體制論, 東京, 昭和 45, P.148.

하는데 있다. 확대되는 화폐경제는 우리들 사회의 복잡성을 증진하고, 목적을 규격화하며, 전인류(全人類)의 불만을 배가시켜, 사회로 하여금 화폐적 목적 평준화에의 방향으로 끌고 감으로서 더욱 개인의 불안정성을 보편화하는 것이다."[48]

그러나 오늘날 대중은 급진적으로 발전하는 과학과 기술의 보편화, 정보와 의식의 개방화에 따라 그 스스로 자체의 조직력을 구사할 수 있는 능력을 소지하게끔 되어 있을 뿐 아니라 실질적으로 그 사회의 중요한 기능을 담당하는 제도나 조직에 대해 강력한 영향력을 미치게 됨에 따라 그들의 개방적 자유의지를 더 이상 자본력, 권력, 위압 같은 강제수단으로써는 제어할 수 없는 극한에 다다르게 되었다.

이제 이러한 전반의 시대상황하에서 기업 경영이 당면하고 있는 위기 상황을 파악해 보고자 한다.

현대 인간의 유의성誘意性이 고도로 집약되어 있는 기업경영이 직면하고 있는 많은 위기상황은 앞에서도 언급한 바와 같이 단적으로 개방을 요구하는 대중 의지의 폐쇄 경영에 대한 도전에서 연유된다고 수 있다.

원래 경영은 인간의 생존生存과 의의意義에 근거하여 심리의 3측면 즉 현성顯性·잠성潛性·기성基性의 유의성誘意性이 조화있게 흡정洽正될 것을 요구하여 자연에 적응해가는 전인적 활동의 한 측면과정이고 또한 전통적으로 인간내면에 그러한 요구가 본능화되어 내재하고 있는 존재로서 3면의 유의성이 조화·흡적洽適된 상태라고 할 수 있는 '희囍', '수壽', '복福'을 항상 희구希求하고 있다 하겠다.

---

48) F.Tannenbaum, op. cit., p.150.

그리고 인간의 경영에의 참여는 단순히 생계를 위한 물질 획득 수단에 그치는 것이 아니고 베블렌T. Veblen이 지적한 바와 같이 친성본능親性本能 Parental instinct, 공장본능工匠本能 Instinct of Workmanship, 호기본능好奇本能 Instinct of idle curiosity[49] 등의 본능이 복합된 활동이라고도 볼 수 있겠으며, 생계의 획득도 직접적이고 개별적인 방법을 통하여 자급될 것을 요구하게 된다.

그러나 근세 이래 폐쇄·정태의 논리를 근거로 경영도 물질 편중의 사고와 이념 등을 전제한 금·권·위威의 강제를 구사하여 일방적으로 대중의 협력만을 강요하게 됨에 따라 인간의 본능적 욕구와 유의성이 좌절·왜곡되고, 자아의 분열과 도착倒錯 현상이 짙어짐으로써 본래의 생기와 윤리성이 저하되고 인간 상호간의 불신과 갈등이 심화되며, 조직으로부터의 소외는 기업의 생산성을 위축시키게 된다.

아울러 경영이 과학과 기술의 급진적 분화·발전, 메스컴과 교통의 발달에 따른 단일 세계로의 개방성, 인구의 도시 집중과 조밀화, 지식수준 및 의식의 향상과 자유화 등 복잡·가속화하는 환경의 변화를 흡정洽正되게 수용할 수 있는 체제를 미비하게 됨으로서 현상의 정확한 파악이 어려워지고 정도精度 높은 방향 설정과 행동 체계에서 이탈하게 되었다.

기업 내부적으로 볼 때에 오늘날 경영의 요소라고 할 수 있는 제조Manufacturing, 재무Finance, 판매Sales는 외부의 노동Labor, 자본Capital, 수요Consume와 직결되어 있다. 이러한 기업내외의 연관은 아직 사회가

---

49) Thorstein Bunde Veblen ; The Instinct of Workmanship and the State of Industrial Arts, New York, 1914, p.38.

미분화·폐쇄 상태에 있고 지식과 의식이 개방되지 못했을 때에는 그다지 중요한 문제가 아닐 수도 있겠지만, 기업 상호간의 경쟁이 격화되고, 사회의 전반적 제도가 개방화되어 감에 따라 이제는 기업 내의 문제를 폐쇄·정태의 방법으로써는 다룰 수 없게 되었음은 물론이고 기업의 유지·성장, 나아가 그 존폐문제까지도 외부 다양한 여건의 흡정된 집약도集約度 여하에 따라 좌우되기에 이르렀다.

즉 생산은 노동자의 기술과 성의誠意 Morale있는 협화協和와 정성의 발휘 여하에 의존하게 되었으며, 기업이 대량 생산을 위한 오토메이션·시스템과 거대 기계를 도입하는 생산체제로 변모되어 가는 한편, 격화되는 기업 간의 경쟁은 기술의 혁신을 가속화하게 된다.

그 결과 제품이나 설비의 단명을 초래하게 되고 끊임없는 신제품의 개발과 설비의 대체代替 Replacement가 요청된다. 따라서 신축성 있는 적응을 위해서는 주식에 의해 대중의 분산된 자본을 집중하여 그 재무를 충당하지 않을 수 없게 되었다. 또 기업의 유지·성장을 위한 기반이라 할 수 있는 이윤의 획득도 소비대중에 의해 끊임없이 제공되는 시장 기회를 포착, 판로의 확보로써 가능한 것이다.

이와 같이 현대 기업은 대중과의 긴밀하고도 부단한 소통과 성원誠援 Support을 바탕으로 그 유지·성장이 가능하게 되었으나 생계와 더불어 인간성과 신앙성을 회복하려는 대중의 집요하고 강열한 개방開放적 자유의지自由意志를 도외시하여 편협하고 폐쇄적인 관료제의 자본력과 조직력에 의존하여 일방적으로 성원을 강요하려 하는 데에서 대중의 도전과 반발의 원인을 발견할 수 있을 것이다.

그리하여 인간의 자기 분열과 도착倒錯은 인간 상호간의 전인적 소통을 차단하고 개개인의 품위와 기량과 각성의 발현으로 가능한 노동 생산성을 저하하게 된다. 또 물질 편중적 심리의 자극에 의한 소비성향의 향상과 그에 따른 노임勞賃의 계속적인 상승압, 기술의 혁신에 따르는 설비대체의 요구 증대는 고정비固定費의 상승을 불가피하게 하고 고정비적 비용 범위의 확대는 손익분기점의 상향으로 수익률의 저하를 결과케 한다.

그 결과 파생되는 투자위축은 경직화해 가는 관료조직과 더불어 기업의 신축성있는 적응력을 약화시켜 조업 단축이나 나아가서는 도산을 초래하게 함으로서 실업율의 증대와 물가의 등귀를 재촉하게 되는 스태그플레이션Stagflation이라는 전례없는 경제현상으로 파급·전파된다.

더욱이 국제적 개방을 재촉하고 있는 오늘날 국제무역의 양과 범위가 확대됨에 따라 일국의 이와 같은 경제변동은 국제규모로 파급되기 마련인 것이다.

그러나 국제적 개방화 시대 조류에 거슬러 악순환하는 자국의 경제 문제를 해결하기 위하여 각국은 보호주의의 폐쇄체제로 전환하기에 까지 이르고 있다.

최근 미국의 세계적 주간지 뉴스위크지는 '도전받는 기업'이라는 제하題下에 기업의 사회적 책임과 경영적 책임을 경고하는 특집 속에서 이러한 대중의 도전과 저항을 광범하게 분석하고 있다. 즉, 다음 세대를 이어 받을 학생들의 반발과 우려, 소비자, 노동자의 도전 산업공해에 대한 생태학자들의 경고, 심지어 주주들까지도 저항하고 있어 그 도전과 반발은 가히 기업 내외의 대중이 총망라되어 있다고 할 수 있다.

그 내용의 일부분을 인용해보면 다음과 같다.

"시대는 분명히 변해가고 있다. 기본적인 고민은 기업이 보조를 맞추지 않고 있다는 사실이다. 과거에 기업관습으로 인정되어 온 일이 이제는 용납되지 않는다. 즉 연기를 내뿜는 굴뚝, 경직화한 채용·해고정책, 강매를 위한 광고 등이 이제 많은 미국인들에게 오만, 태만, 또는 양심의 명백한 결여로써 받아들여지고 있다."50)

"과거의 조야(粗野)한 기업가로부터 세계의 부정(不正)을 시정하기 위해 권력과 부를 사용하는 자비심 깊은 부자로 전환하는 일이다."51)

"나는 미국의 기업체제가 더욱 사회적인 것을 지향하는 인간적 책임이 있는 체제로 진화해야 할 것으로 본다."52)

"역설적이지만 대기업의 규모와 권력 그 자체가 스스로를 상처내기 쉬운 것으로 만들었다."53)

"오늘날 기업이 필요로 하는 것은 용기와 지혜와 동정있는 리더쉽이고 자기의 이익과 공익을 계발(啓發)하여 넓은 마음으로 변화에 대처하는 리더쉽이다."54)

그러므로 기업이 이러한 악순환을 타개하기 위하여 시도하고 있는 인간관계의 개선 문제나 사상事象 일반을 종합적으로 다루려고 하는 최근 경영의 다양한 수법이 개방을 제촉하는 대중의 자유화 의지를 포용하는 광범한 시야에서 기업의 가치와 대중의 개방 가치를 포괄하는 새로운 체제를 창출하고 적용하지 않는 한 거의 아무런 역할도 할 수 없다고 생각 된다.

즉, 기업의 폐쇄가치와 대중의 개방가치는 더 이상 양립될 수 없는 한극限極에 도달하고 있는 것이다.

---

50) Newsweek, May, 24, 1971, pp.41-45.

51) Newsweek, op, cit.

52) Newsweek, op, cit.

53) Newsweek, op, cit.

54) Newsweek, op, cit.

이러한 상황에 대해 미국의 헨리 포드Henry Ford II는 다음과 같이 그의 견해를 피력하고 있다. 즉

"대중의 요구가 다방면에서 폭발적으로 팽대되고 있으므로 우리들은 이제 단기적으로 보더라도 이익(이윤)과 사회에 대한 봉사를 별개의 대립되는 목적으로 간주할 수 없게 되었다. 끊임없이 제기되는 대중의 요구에 맞추기 위하여 단기적인 이익을 희생해 가는 기업은 곧 그들이 바라는 단기적인 안목으로 보더라도 그것이 아무런 효과가 없다는 것을 깨닫게 되었다. 또 한편 변화해 가는 대중의 요구에 최소한으로 응답을 줄임으로써 그들의 이익을 확보하려고 하는 기업은 곧 그들이 이윤의 근거로 하고 있는 대중과 대치상태에 있게 됨을 알게 된다.

그러나 제 3의 대안은 이윤의 추구와 사회가치의 추구가 별개의 분리된 또는 상반되는 목적이라는 생각을 중단하는 것이다. …… 기업의 입장에서 볼 때에 이윤은 목적이고 공중(公衆)에의 봉사는 수단이다. 기업은 공중의 요구에 봉사함으로써 이윤을 획득한다. 즉, 봉사가 아닌 이윤이 기업의 목적인 것이다.

반면 사회와 그 구성원의 입장에서 볼 때는 봉사가 목적이고 이윤은 수단이다. 사회는 수익성이 있는 시장기회를 제공하는 과업을 수행한다. 즉 이윤이 아닌 봉사가 사회의 목적이다. 어떻게 보더라도 중요한 사실은 한편의 증대가 다른 편의 감소를 가져오는 길이라는 생각을 중단하는 것이다. …… 우리는 관리자나 문제 해결자라는 생각보다 기업가이며 개혁자라고 생각하지 않으면 안 된다."[55]

이와 같은 견해는 특히 기업이 당면하고 있는 현상에서 개방화의 새로운 방향을 모색하는 시대조류의 일단이라 볼 수 있겠다.

우리나라의 경우는 이러한 시대 상황 하에서 퇴축되어가는 선진 비만 경제의 현상 유지를 위한 미봉책인 폐쇄화 경향에 따른 압박을

---

55) Henry Ford II(An Address to Harvard Business School Public Affairs Fortune) quoted in New York Times, February, 16, 1970.

강하게 받고 있을 뿐만 아니라 내·외의 불비不備한 많은 여건 속에서 새로운 개방 체제에의 창조적 기업을 태동시켜 가야 하는 긴박한 환경 하에 있다.

해양과 대륙의 통로에 위치하여 거듭되는 열강의 침략과 지배의 오랜 수난 속에서 누적되어 온 민족적 좌절감과 현재적으로 직면하고 있는 도산·기근·전화戰禍의 위험과 불안하의 겨레는 개인의 생존과 의의 및 민족의 자존이 어느 때 보다 갈구된다.

그러나 현대를 주도해 온 서구 문명의 많은 요소를 만족시킬 수 있는 그나마의 감각이 둔하고 훈련이 미숙한 단계에 있는 우리가 서구문명사회가 거쳐 온 길을 이제 다시 우회하여 개방 체제로 나아가기에는 생존과 시한의 각박과 긴박이 이를 허용하지 않는 한계 상황에 있다고 생각된다.

그러므로 격동하는 국제 정세와 파급되어 가는 경영 경직화 현상의 이면裏面에서 붕괴되고 있는 기성의 폐쇄 체제가 개방체제에로의 새로운 준위準位를 형성해 가는 유예 기간 중 오랜 역사를 통해 생존生存과 의의意義의 극한에서 유정溜晶되어 온 '얼', 즉 외면성의 팽대에서 내면성에로 복귀external return하는 시대에 있어서 개방체제의 요체라 할 수 있는 저성低性적 근원을 개발하고, 서구문명이 이룩한 현재顯在적 요소를 요용, 본유本攸의 구조와 기능을 파악하여 시스템화 함으로써 착종錯綜한 현실을 투관透貫 Penetrating, 촉발觸發 Detonator될 것이 요청된다.

그리하여 그 촉발자인 정예精銳를 실實의 장場에서 발굴하고 수습 Learning하여 연쇄적인 촉발로 대중의 협화와 윤리를 부활하고 본유적 요소를 집약, 개방 경영을 태동함으로써 세계적 개방한선開放限線을 도월跳越할 때에 자체의 생존과 의의 및 겨레의 자존은 물론 창조적 역사의 개시開示로 인류문명이 당면하고 있는 시대적 위기의 해소에 도 기여될 수 있을 것이다.

4. 개방 윤리 체계와 경영 체제의 방향

본 장에서는 대중의 개방적 자유의식이 내포하고 있는 인간의 다양한 본유本攸 성향과 그 기능시스템을 검토·분석하고 또 그의 발현을 촉발·신장할 수 있는 윤리체계의 방향을 모색하면서 그러한 본유 기능과 성향에 흡정洽正되는 경영체제에 대하여 고찰해 보고자한다.

오늘날 경영은 개인과 사회의 순환을 매개하는 조건체Conditioner로서의 기능을 소지하게 되었다. 각 개인은 노동자, 투자자, 소비자로서 경영에 연결되고 경영활동을 매개로 상호소통되며 그의 생계를 구하게 되었다. 또한 국가도 그 활동의 원천인 재정을 경영의 소산에서 획득하게 되는 것이다.

인간이 그의 생존을 위하여 자연에 작용하는 물질 획득 과정이라는 경영 본래의 영역을 넘어서 인간·물질·시간의 상호간 또는 인간人間간·물질物質간·시간時間간을 매개하고 조건지우는 중추적 기능을 담당하게 됨에 따라 현대인의 유의성誘意性이 고도로 이에 집약되어 오늘날 경영은 가히 국가의 대명사가 되고 있는 것이다.

이와 같이 경영의 기능 영역이 광범위하게 확대되고 대부분의 현대 인간이 경영체와의 긴밀한 연관 하에서 생활해 감에 따라 각 개인은 경영에 직접·간접으로 관여하여 물질적으로 생존의 안정은 물론이고 정신적인 생활의 자유도와 영속·불변한 생명의 가치성을 동시에 추구하게 되는 것이다.

그러나 근세 이래 폐쇄·정태의 논리체계를 근거로 물질과 조직에 의존하여 전개되어 온 경영은 생활의 자유도와 생명의 가치성을 추구하는 본유의 인간 성향이라고 할 수 있는 저성의 심리기능을 도외시하고 가시·구상의 현재적 유의성만을 자극하면서 금력·권력·권위를 속성으로 하는 폐쇄적 관료체제를 강화해 왔다고 생각된다.

그에 따라 경영이, 그를 위요圍繞하여 인간 내면의 심리기능과 외전반 대상이 공명되도록 요소가 적정하게 배열·집약됨으로써 가능한 본유의 시스템을 이탈하여 본유지향本攸志向의 보편적 인간 욕구와 유의성이 좌절·왜곡됨에 따라 개개인은 내면적 자기분열과 도착倒錯 Perversion에 흐르게 되었다.

이는 곧 인간본유의 생기生氣 Vitality 발현을 차단하여 사회나 조직으로부터의 소외, 인간간의 불신과 반목 등을 결과하게 되어 본유의 생산적 창조의지 집약을 어렵게 함으로써 경영 내외 요소간의 단절을 심화해 왔다.

한편 경영을 둘러싼 외계환경이 시공으로 확대·분화·개방되고 변화가 가속화함으로써 경영은 고도의 신축성과 탄력성의 집약에 의한 폭넓은 자유도를 소지하는 유기체적 적응이 긴요하게 되었고,

또 외부의 요소와 직접적이고 다양한 관계로 연관의 도度가 증대되어 감에 따라 그 자체의 유지·발전을 위해서는 끊임없는 외부로부터의 협화적 성원Support이 불가결하게 되었다.

그러나 경영이 개방 하에서 다양한 요소의 매개 및 소통을 위한 연결자 또는 조건체로서의 기능을 등한·결여하고 자본과 조직 및 기계에 의존하여 자기적인 폐쇄목적에 탐닉됨으로써 경영조직의 생체적 기능 요소라고 할 수 있는 구성원이 점차 도착·분열되어 생기를 잃어가고, 조직으로부터 소외·괴리됨에 따라 경영이 경직화되어가고 경영 외부로부터의 성원시스템이 약화·와해되는 데에서 오늘날 경영의 위기가 야기된다고 할 수 있다.

앞에서도 지적한 바와 같이 산업사회로 특징되는 현대에 있어 경영은 인간측면에서 볼 때에 인간내의 요소와 외전반요소를 흡정되게 매개·연결하는 중추적 기능을 수행하지 않을 수 없는 위치에 있기 때문에 경영 내부의 위기 상황은 바로 현대 문명 전반의 위기라는 의미를 갖게 되었다.

그러므로 오늘날 경영이 당면하고 있는 문제들은 경영 내부에 폐쇄·고착되어 자본·조직·기계·기량과 같은 지엽적이고 현재적인 요소에만 의존하여 관료 체제를 강화하는 종래의 고식적인 방법만으로써는 그 해결이 어려운 현대인류 문명 전반에 연관되는 좀 더 근원적이고 포괄적인 문제점을 안고 있다고 할 수 있는 것이다.

다시 말해 경영이 물질에 편중되어 극대 이윤 추구를 최대의 목적으로 하는 폐쇄적 동기에 탐닉됨으로써 그 기능의 주체인 인간을 도구 또는 수단시하여 그 목적에 정합正合시키려는 현재顯在치중의 방법이나, 일반의지一般意志 general will를 강조하는 획일적이고 전체주의적인 체제로써는 개별화와 직접성을 요구하는 현대 대중의 팽대해 가는 개방적 자유의지를 수용할 수 없을 뿐 아니라 현존 체제에의 고착은 악순환만을 조장하게 되는 시대착오적 적응방법이라고 하지 않을 수 없다는 것이다.

물론 근래 경영이 현성顯性 의존에 경도傾倒된 획일주의적 방법의 한계성을 인식해 감에 따라 인간관계Human Relation나 체제공학적 수법 등 위기 해결을 위한 새로운 방법들이 모색되기에 이르렀다.

즉 메이요Elton Mayo의 호손실험Hawthorne Experiments[56]을 통하여 인간은 논리적・경제적 요인 이외에도 비논리의 감정적 요인이 작업 능률에 큰 영향을 미친다는 점, 결국 산업에 있어서 인간행동을 규정하는 것은 금전이나 물적 동작조건만으로가 아닌 감정의 동물로서 인간이 갖고 있는 동기 만족 등의 심리, 인간 상호간에 있어 사회관계 작용 등이 중요함으로 인식하여 인간관계에 대한 연구가 활발히 전개되어 왔다.

또 부분의 가산적 집합에 의해서 전체성을 파악하려는 정태적 논리를 탈피하여 역동적 전체성에 대하여 시스템적 '어프로우치'를 꾀하는 체제공학System engineering, 산업공학Industrial Engineering, 오퍼레이션즈-리서치Operations Research등의 다양한 공학적 수법들이 안출・적용되고 있다.

그러나 이와 같은 인간관계에의 증대해 가는 관심이 경영의 폐쇄 목적에 종속될 때는 오히려 본유本攸의 인간관계를 저해할 뿐 아니라 결국 경영이 요구하는 인간관계도 성취될 수 없을 것이며, 전체성,

---

56) George Elton Mayo, The Human Problems of an Industrial Civilization, 4th ed, New York, 1960, pp.1-14.

부분간의 상호관계 및 그 기능과정을 중요시하는 체제공학적 많은 수법도 본유의 전체성을 파악하지 못하고 경영의 폐쇄 목적에 치중된 논리를 구성하고 그를 체제화 할 때는 오늘날 기업이 당면하고 있는 문제에 대한 일시적이고, 잠정적인 해결에 필요조건이 될 수는 있을지 모르나 근본의 핵심적인 문제에 필요·충분조건을 충족시킬 수는 없을 것이다.

그러므로 경영이 급변하는 외부 환경에 적응하여 신축자재伸縮自在의 탄력성을 소지하여 그 자체의 가치를 생성하면서 동시에 인간의 내면요소와 외전반요소를 매개·소통하는 조건체條件體 Condition로서의 흡정洽正 기능을 다하기 위해서는 현재의 폐쇄적 공간에서 벗어나서 우선적으로 경영 외부의 개방적 상황에로 나아가 그 자신을 포함한 전반의 시대 상황에서 인간적 요소와 그에 연관되는 외전반요소의 기능적 상호관계와 그 조화적 발전시스템을 파악하여 그에 흡정되는 경영 체제를 재구성하는 입장에 서지 않으면 안 될 것이다.

이와 같이 경영의 위기 해소를 위한 문제의 소재所在가 외부 환경에 있음에도 본 연구가 경영을 중심적인 과제로 다루어가는 것은 근세 이래 경영에 대한 인간의 노력이 축적되어 왔으므로 그 역사성에서 차단되지 않으려는 점과, 또 현실적으로 인간의 유의성誘意性이 이에 집약되어 있으며, 생계를 그에 의존하고 있으므로 이러한 현상에서 단절되지 않으면서 그 여건을 효율적으로 요용하여 개방체제 구현具顯을 위한 최대의 가능성을 모색하려는 것이다.

또한 현대 문명의 위기상황이 비록 비가시적이고 포착하기 어렵긴 하지만, 현상구성의 중가重價기능요소를 파악하는 인간 저성低性이 억압·은폐된 데에서 파생된 것이라고 볼 수 있으므로 그의 소생과 발현을 위해서는 가장 명확하고 뚜렷한 현재顯在적 요소를 조건으로 하면서 그에 연관되는 저성요소를 추구하는 것이 효율적이기 때문이다.

"가장 숨겨져 있는 것에 나아가기 위해서는 가장 명백한 것에서부터 출발하지 않으면 안된다. 가장 명백한 것이란 입는 것(蒙-입을 몽)이 나와 나 자신과의 사이에, 즉 인수하는 자로서의 나와 입는 자로서의 나 사이에 설정하는 거리이다"[57]

인간은 외계의 물질物質·생명生命·여섭與攝의 3터가 사영된 육체肉體·정신精神·영혼靈魂의 조화적 기능체로서 그 3면의 외계 수용기구가 각각 현성顯性·잠성潛性·기성基性이라고 할 수 있고 이러한 3가지 성향은 사람마다 '제나름'의 '결'로서 외계의 전반요소에 작용하여 현상을 파악하고 행동해 간다고 볼 수 있다.

근세 이래 탐닉되어 온 가시·구상의 경험이나 물질 편중의 유의성으로 추구되는 합리나 유용성Utility은 현성적 지향이고, 역사성이나 선험先驗을 내포하는 당위성은 잠성적 지향이며, 초자연적인 신비와 섭리의 계율은 기성적 지향이라고 할 수 있겠다.

이와 같이 현성·잠성·기성의 지향점인 유용有用과 당위當爲와 계율戒律은 인간측면에서의 조화와 본유지향本攸志向에의 효율적인 가능성을 고양시킬 수 있는 조건체라 할 수 있을 것이며, 이들 상호간이 조화있게 발현되면서 본유本攸의 근본영역인 얼터와 공명·간섭되어 가는 시스템을 터득해 갈 때에 개방적 윤리 체계가 인식될 수 있고 현상의 전체적 기능 하에서 많은 요소의 적정 배열과 집약에 의해

---

57) M.Pani Ricoeur, 意志に 關する 現象學の 方法と 課題(Probléms actuels de la phénoménologie, Trans KATAHASHIBUAKI Tokyo, 1969), p.170.

외계에의 흡정洽正된 적응 가능성이 커진다고 볼 수 있다.

아래에 인용한 소로킨Sorokin 교수의 견해는 이에 유사한 사고의 일단을 표현하고 있는 개념이라고 생각된다.

"진(眞)의 총체적 실재(True and total reality)란 무수의 양과 질을 포섭하는 무한의 닿지 않는 X 로서 파악된다. 즉 정신적인가 하면 물질적인 것, 일시적인가 하면 영구적인 것, 무상(無常) 변전(變轉)의 것인가 하면 영겁(永劫) 불변적인 것, 인간적인가 하면 초인간적인 것, 공간적인가 하면 공간을 초월한 것, 하나인가 하면 다수인 것이다. ……이와 같이 끝이 없는 존재의 양태 중에서 특히 중요한 기본적인 형태는 다음의 3가지이다. 즉 ① 경험적・감각적인 것, ② 이성적・정신적인 것, ③ 초이성적・초감각적인 것이 이것이다."[58]

역사적으로 고찰해 볼 때에 인간의 윤리 체계에 있어서는 유용성을 등한시하고 선험의 당위성이나 섭리의 계율을 근거로 이념적 가치성을 부여함으로써 강제성을 띠는 윤리관이 지배적이었으며, 근세 이래 물질문명의 지배하에 있는 오늘날은 물질적 현재顯在에 편중된 유용성을 강조한 나머지 당위나 계율을 지향하는 인간본유人間本攸의 저성기능低性機能을 경시해 왔다고 생각된다.

그러나 개방윤리開放倫理는 이념적 가치성이나 유용성의 어느 부분적 측면에 편중되어서는 그 현시顯示 가능성이 희박하고 유진遺眞 Traditional genuineness으로서 유정溜晶 Residuum되어 있는 대중의 생활장에서 초자연적 질서에 감응하는 인간의 기성基性이 발휘되고 또 생명체로서의 본능本能・가시可視・구상具像에 대한 현실적 경험 등 인간의

---

58) Pitrim Sorokin and Walter Lunden, Power and Morality(Who shall guard the guardians?), Boston, 1959, p.125.

자연성 기능이 조화되는 속에서 자연스럽게 발현된다고 볼 수 있다.

즉 현성기능에 의한 합리나 유용성에 편중된 현존의 지엽·부분의 기술을 전체적 인간심리 기능의 조건체Conditioner로 환원되어 당위성이나 계율성이 갖는 애매성을 보완하고 각기 양Active, 음Passive적 요소로 배치되어 3기능이 서로의 미흡을 상보해가면서 본유의 근본영역인 얼터적 기능과 공명 조화될 때 인간의 생기Vitality와 유통성有通性Syntality이 발현, 윤리는 본유에 흡정洽正되게 실實의 장場에 현시된다.

윤리의 가치는 인간의 본유적 지향성志向性을 촉진하는 것으로 실용을 결여한 당위의 경륜經綸만으로써는 비보편성의 미흡이 따르고 의념假念화 되기가 쉬우며, 따라서 제약화를 강조하게 되는 경우가 많다.

원래 인간은 그 본능 속에 선善의 본능을 내포하고 있다. 그럼에도 불구하고 조박糟粕하고 편협한 주지적 폐쇄논리에 자기 최면되어 간접적인 의식 구조의 피안彼岸에서 인간 능력을 강요하려고 한다.

그러므로 자기 속에 내포되어 있는 인간의 본유지향적 본능이 「결」을 따라 자연스럽게 발현되어 대상과의 온전한 공명이 가능한 인식 및 행동의 체제를 정립함으로써 풍성한 능력과 윤리가 현시될 수 있을 것이다.

오늘날 여러 누열漏裂 Breakage 현상은 가시·구상의 현재적 대상에 대한 욕망의 과잉과 리비도Libido적 성향59)이 본능 속의 비선성非善性을 자극함으로서, 스스로 인간의 내면성을 탐구·계발하고 초자연적 질서를 수용할 때 현시될 수 있는 무한한 능력을 마비시키고 있기

---

59) 詑摩武俊編, 性格の 理論, 東京, 1967, pp.20~24.

때문이라고 할 수 있다.

그러므로 오늘날 경영이 당면하고 있는 많은 난관을 극복하고 급변하는 외계 환경에 대하여 신축자재伸縮自在의 탄력성 있는 적응능력을 소지하기 위해서는 인간내면의 심리성향이 조화 기능을 발휘하여 3터의 상호 관계를 인식하고 그들의 다양한 순차요소循次要所를 C·A·P(Conditioner·Active·Passive)로 분별하여 현상을 분석Analyzing하면서 유용·당위·계율이 자연스럽게 조화됨과 동시에 본유本攸의 근원에 지향志向할 수 있는 체제로 전환해 가야 할 것이다.

이는 육면체Cube의 정태적 "환幻"의 논리구조에 있어 시간차원인 4차원에 인간의 신성神性 Divinity적 5차원을 추가하여 계열화하는, 즉 물질·생명·여섭의 M·C·T 적 연관과 그 각각에 공명·간섭하여 조화를 부여하는 얼터 기능을 파악할 때 그 전체적 운동시스템 속에서 개방의 윤리가 발현·도출될 수 있을 것이다.

현존 체제에 있어서는 인간의 여섭與攝의 신비와 같은 것에 향하는 성향을 도외시한 헛점을 호도하기 위하여 전체주의 이념이나 우상적 존재를 앞세운 관료제 조직을 강화하면서 대중의 충성심이나 동기Motive를 자극·강화해 왔다고 볼 수 있다.

그러나 개방화해 가는 전세계의 조류는 그 자체가 권위의 우상이나 정치적 권력에의 의존을 배격하고 전체주의적 이념에의 충성이나 추종에서 벗어나서 개별적이고 직접적으로 본연의 자기로 환원하려는 인간의 내면화된 본유 지향이라고 할 수 있을 것이다.

사회적으로 볼 때에 인간의 자기 분열과 도착倒錯, 사회나 조직으로부터의 소외·불신의 확대와 생활의 불안정, 경제적으로 기업 도산의 급증, 실업과 물가의 동시적 상승, 노동자의 노골화된 반발, 격동하는 국제 경제 정세, 정치적 급변과 국가간 알력, 감각적 소비문화의 만연 등 현상들은 개방화를 지향하는 대중의 자유의식과 폐쇄체제의 간극間隙에서 파생되는, 새로운 전환을 상징하는 계기契機 Epoch의 시대 상황이라고 할 수 있으며 외계 상황의 급격한 변모, 관성慣性의 상실에 의한 단절현상, 균형감각의 상실, 외계 적응에 있어 확률적 영역의 확대와 효율성의 감퇴 등은 이러한 환경Environment을 말해 주는 것이라고 할 수 있다.

이와 같이 시대는 계기契機의 환경 하에 있으나 기존의 폐쇄 체제속에서 인식 및 행동 체계가 타성화되어 있고, 그러한 이념이나 관념의 조건반사적 자극에 젖어 있어 제도制度나 그에 수반되는 인위적 제약이 자연적 제약으로 고정화되는 성향이 농후하다.

또한 폐쇄를 고집하는 보수의 압력이 강렬하게 작용하고 있을 뿐아니라 당장 현존체제에서 이탈할 경우 생계의 위협이 따름은 물론 개방화 의지를 수용할 수 있는 시스템이 미비 단계 있기 때문에 개방화에의 도정에는 촉발Detonation적 여건 부여가 절실히 요청된다.

그러므로 우선 이러한 계기 상황을 절감하는 선구 정예精銳[60]가 시대의 변환기에서 야기되는 혼돈Chaos하 실의 장에 피투被投되어 생존과 의의가 극한에 다다른 착종한 현실을 뚫고 나갈 본유本收를 터득擄得·질성화質性化 함으로써 전통적 인간 개성에 입각하여, 폐쇄 체제하에서 주입된 이데올로기Ideology로부터 본래적 인간에로 순화醇化되고 개방 의지를 인식·수용할 수 있는 시스템을 정립·확대해 갈 것이요청된다.

---

60) 高官晉編, 小數精銳主義の經營體制, 東京, 昭和 46, pp.3-7

실實의 장場은 최대다수의 공통생활장으로서 본유 구성의 질·양적 최고가치가 집약되어 있고, 본유의 '결'이라고 할 수 있는 실준實準적 질성質性을 짙게 내포하고 있는 곳이라고 할 수 있다.

그러한 실의 장에서 생존의의生存意義의 극한점인 '마디'를 정성과 지혜로 뚫고 나갈 때 현존現存적 자기의 '유有'는 자기의 '무無'로 되고 그 때에 본유本攸의 '유有'에 견인되고 한기Super Vitality와 감응하여 '관關의 자自'와 '유唯의 자自'의 자기가 구성됨으로써 '나름'의 세계에서 '제'의 '나'와 '내'가 교통되고 '마디'를 변곡점으로 하여 산만되었던 현성顯性·잠성潛性·기성基性이 조화 있게 구조 변환된다.

그리하여 본유적 자기를 파악하여 인간과 인류, 찰라와 영원, 부분과 전체를 소통하게 하는 다양한 요소가 집약·배열되고, 실의 장에 환원하여 본유의 기능시스템을 인식할 때에 이를 촉발 또는 기발起發 Detonation이라 할 수 있고 그 주체를 촉발자 혹은 기발자라 할 수 있다. 이 촉발작용은 양자역학에서의 턴넬효과Tunnel effect[61])에 비유될 수 있다.

촉발작용에 의해 본유의 시스템을 인식하고 그에 질성화質性化된 선구정예先驅精銳 즉 촉발자Detonator는 인간의 유통성有通性 Syntality과 그 요소를 집약함으로서 물질 의존적 사고에서 해탈하여, 자기분열, 도

---

61) 포텐셜(Potential)을 가진 힘(力)을 받아 입자가 운동할 때 전(全) 에너지 E는 위치에너지 U와 운동에너지 T와 합이기 때문에 고전역학에서는 E<U인 영역을 입자가 투관할 수 없다고 보았다. 그러나 양자역학에서는 그림과 같이 U가 극대를 가질 때 E가 U의 극대치보다 적더라도 ab측에서 cd측에 혹은 그 역방향으로 포텐셜의 장벽을 뚫을 수 있다. 예를 들면 원거리에서 T=E(U=0)의 운동에너지를 갖고 포텐셜의 벽에 접근하는 입자는 고전역학에 의하면 C에서 전부 반발하게 되지만 양자역학에 의하면 ab의 영역으로 투과도 가능하다. 이 현상을 턴넬 효과(Tunnel effect)라 한다. 입자 장벽을 돌파하는 확률은 그림에서 점선 bc보다 위의 U곡선이 이루는 면적이 증가함에 따라 급격히 감소한다.

착倒錯, 소외의식 등에 의해 격절隔絶되어 있는 인간간의 전인적인 소통을 촉발하게 된다.

나아가서 개방 의식과 폐쇄 체제의 격절에서 파생된 혼돈적 상황을 분석하여 인간내의 요소와 외전반요소의 상호 공액기능을 터득하게 되며 인간이 일상 접하는 소재로서 전반 영역인 3터에 작용되는 본유本攸의 근원에의 접근시스템을 소지하게 된다.

그러나 물질 편중의 사고 경향과 폐쇄·정태의 논리 하에서 형성되어 온 의념懿念에 의해 금·권·위적 체제로 경도傾倒되어 반복되는 조건반사적 자극을 받아 오는 동안 현존 인간은 현재顯在 편중의 제압制壓·유한有閑·수취收取 등의 의식과 욕구를 중시하는 가치 기준을 정당화하게 되었다.

따라서 사상事象의 조화·발전에 관여되는 요소의 범위를 협화狹化함으로서 현상 구성의 요소 집약을 결여하게 된 현준現準과 본유本攸의 「결基準」이라고 할 수 있는 실준實準의 간극間隙에서 인간은 무위無爲한 시간과 정력과 물질을 낭실浪失하게 된다.

현준現準에의 고집은 자기와 인간 시스템이 현상의 복합적 균형점, 즉 물리학적 개념으로서의 중심重心에서 이탈, 주관主管 위치를 상실하게 됨에 따라 인간본유의 본향성本向性, 협화성協和性, 성실성誠實性의 집약적 발현을 차단하게 된다.

따라서 본유에 흡정洽正되는 실준에 이르는 시간을 단축하고 유기적 요소의 집약효과를 기해 개방 체제의 실현 가능성을 고양하고 본래의 자연력을 요용要用하기 위해서는 실의 장에서 발굴된 정예가 개방 가치와 그 체제를 시시施示하여 견실한 생산효율을 제시함으로써 보다 높은 유익성有益性, 유의성有誼性, 유의성有義性을 조건으로 대중에게 파급·촉발될 것이 요청된다.

정예는 인간의 개별성과 직접성을 근거로 자율自律 Self-control의 한계범위를 신장하고, 본유 지향의 저성低性을 부활賦活 Activation함과 동시에 현재顯在 편중의 사고습성을 제동하는 시스템 부여를 조건으로 계기Epoch를 인식하게끔 할 수 있는 실준實準의 집약환경을 조성하면서 본유의 구조와 기능을 수습修習 Learning함으로서 개방윤리와 개방경영에의 길을 개시해 갈 수 있을 것이다.

이와 같이 자율·부활·제동이 계기·환경·수습과 관련되어 개방체제로의 길을 개시해 감으로써 인간은 대상과 주체와 시간의 전체적 기능과정의 중심에 환원, 구심력과 원심력을 조화하여 평형을 찾고 사상의 요소집약이 순조로운 때에 생산성生産性, 인간성人間性, 영원성永遠性의 동시적 발현 가능성이 효율화될 것이다.

그리하여 도덕성Morality과 신앙성의 회생과 더불어 경영은 많은 요소기능의 신축자재한 탄력성을 집약하여 폭 넓은 자유도를 소지함으로써 생산성Productivity의 향상을 기할 수 있을 것이다.

계기와 환경 그리고 수습修習의 관계는 계기가 시간적 상황, 환경이 공간적 상황이라 할 때 수습은 그러한 시, 공의 상황 하에서 요소의 본유적 구조와 기능의 요소를 분별, 배열한 현상의 징상徵象적 모델화와 그 실현을 지향하는 방법을 내용으로 한다고 볼 수 있다.

다양한 사상事象은 요소의 역동적 기능과정이라 볼 수 있으므로 계기는 사상의 발전상황에 따라 다양하게 부침된다고 생각되며 현대의 인류문명이 당면하고 있는 계기는 방대한 조직력을 구사하여 획일적이고 전체주의적인 간접방법으로 인간의 본유지향성과 재량의 발현을 폐쇄하는 현존체제에서 탈피하여 직접적인 방법과 개별적 독자성에 입각한 단자單子 Monad적 적응으로 인간의 전인성을 회복하려는 획기적 전환기라고 볼 수 있다.

이러한 계기적 징후는 인간의 내적 분열과 도착倒錯, 소외, 가치체계의 교란, 산업적 공해의 심화, 국제적 정치, 경제의 격동, 종교·문화의 기능 마비, 기업에 대한 대중의 반발과 도전 등으로 표출되고 있다.

따라서 이러한 계기 상황 하에서는 자연·인위적 제약이 가중되어 인간나름의 기능과 취향인 본유 지향의 본능 추구와 저성의 발현이 한계점에 이르게 된다.

이러한 계기의 과도기적 환경 하에서는 개방화 의식과 폐쇄적 체제 및 의식간의 격절隔絶과 현상구성의 많은 요소가 다양하게 이산離散, 혼효混淆되는 혼돈混沌 Chaos 상황을 야기하게 된다. 또한 기존의 폐쇄조직은 개인의 전인성을 수용할 수 없을 뿐 아니라 무책임하기 때문에 새로운 체제에 적합될 수 있는 스스로의 자기 수습修習을 향한 결단성이 요청된다.

기존의 폐쇄 체제가 행위 주체인 인간의 내면적 심리 성향과 그 복합 기능의 가능성을 등한시하고 자본, 의념意念, 조직, 기계 등의 지엽에 고정, 편중되어 왔고, 이제 그러한 상황에서의 탈피를 요청하는 한계점에서, 도태淘汰되지 않으려 할 때에 개개인은 스스로 효율적인 자기 재량을 연마하고, 반의反誼를 충족할 수 있는 인간관계와 정신적 공허 및 불안을 해소할 수 있는 신앙을 강화함으로써 안정과 조화를 추구하려는, 즉 휴지休止된 자아의 본유 회귀의 요구가 강열해진다.

따라서 개인은 개별적으로 판매나 생산 기술에 참여하여 자본, 권위, 권력에 의존하여 인간의 본유 지향을 폐쇄하는 기존 체제에서 벗어나려고 함으로써 물질에의 의존도를 줄이고 능력과 신의信義와 친근성을 소지하는 체제를 형성, 이를 기점으로 대중의 개방 의식을 수용 촉발해 가야 할 것이다.

그러므로 과도기의 실의 장에 침적되어 자기 스스로의 인격이 개선되지 않을 때에 환경으로부터의 소외와 생계의 위협이 가중되어 갈 것이다. 따라서 개인은 자발성과 자제력을 조화·발휘하여 협력의 효율성을 스스로 구하면서 실준實準에 접근해 갈 것이 요청된다.

정예 기발자起發者는 실의 장에서 질성화質性化된 유통성有通性을 매개로 결화성結和性이 짙은 개인 간의 소통을 촉발하고 본유 지향을 촉진하는 수습修習과 여건을 부여하게 된다. 그리하여 분열된 자기실존성自己實存性을 강화하고 도착倒錯에서 자기실현의 가능성을 효율적으로 고양할 수 있는 유익有益, 유의有誼, 유의有義를 내포하는 시스템을 정립함으로써 대중에 공명·파급되어 개방화에의 현실적인 실현의 방법이 도출될 것이다.

수습Learning은 목적의식이나 결과를 노리는 제압制壓, 유한有閑, 수취收取의 현성顯性 편중적 유의성有意性을 배제하고 정성과 예지로서 현상의 범위, 방위, 강도의 요소를 집약함으로서 나름의 갈피(방향)을 잡아갈 수 있도록 평이平易·집약集約·보편성普遍性을 요체로 해야 할 것이다.

그러므로 인간의 보편·표준의 공통성향인 진실성, 융화성, 창조성 또는 신信, 의義, 업業 지향의 잠성·기재基在적 잠재력을 소생하게 하고, 그 발현을 촉발하는 것이 교습의 방향이 될 것이다.

따라서 개방체제는 계기의 인식과 환경, 수습을 부여함으로써 개인의 본유를 소행하게끔 하는 매개 또는 조건체Conditioner로서 자율self-control, 제동Restriction, 부활賦活 Activation을 통해 촉진된다고 볼 수 있다.

그러므로 자율·제동·부활은 본유의 가치윤리와 구현을 지탱하는 체제의 속성적 바탕이라고 볼 수 있을 것이며 제압·유한·수취의 폐쇄적 현준現準에서 재량, 협화, 유의有意를 포함하는 실준實準에로의 발전을 촉발함으로써 본유 지향을 유발하는 조건체라고 볼 수 있을 것이다.

지성적 방법으로도 개방윤리의 체계를 인식·현시顯示케 할 수 있는 시대적 상황에 있으나 기존의 폐쇄적 인식 체계가 조건반사적 자극으로 타성화·고착화되어 본유를 차단하고 있다.

그러므로 인간의 자연성 기능인 본유지향적 본능의 무한한 가능성을 각성하고 그러한 인간내면의 심리요소와 외전반요소의 공액으로 개인의 창조성이 유발誘發되도록 자기 발산의 범위를 확대하면서 개별적·직접적으로 경제 자립을 기할 수 있는 생활무-드와 시스템을 형성하여 자율성을 강조해야 할 것이다.

나아가서 인간은 유기체적 기능을 소지한 생체이므로 자율을 크게 저해하지 않는 범위 내에서 경쟁의 자극이나 조직의 구속을 부여할 때는 자제를 돕게 되고, 그와 같은 제동은 자율과 부활賦活에 더불어 본유의 발현을 상승하는 효과를 촉발하게 될 것이다.

이제 제동과 자율 그리고 부활을 조건으로 계기와 환경 및 수습의 부여가 개방 체제에 어떻게 작용하여 윤리 및 경영 체제에 상보相補되며 그 상호간의 기능 양상은 어떠한 것인지 살펴보기로 하자.

생존生存과 의의意義가 극한에 처한 계기의 제약 환경하의 실實의 장場에서 인간 본유本攸의 내면성을 지향하여 정성과 예지로서 「마디」를 투관함으로써 촉발된 정예 기발자起發者 Detonator는 개방과 폐쇄의 분수령인 과도기의 혼돈 상황을 분석하게 된다.

그리하여 인간 내면의 복합적 심리 기능과 외전반 대상의 공액적 조화·발전의 양상을 파악함으로써 본유의 기능을 인식, 질성화質性化하면서 많은 요소의 흡정배열洽正排列로 환경에의 최적 적응을 효율적으로 수행할 수 있는 시스템을 도출하게 되고 그의 실현을 촉발하는 선도적 기능과 재량을 구유具有하게 된다.

앞에서도 언급한 바와 같이 개방 하에서의 윤리 현시는, 객체적으로 보아 생명, 물질, 여섭與攝의 M·C·T 적 3터가 얼터의 Veo 적 기능에 의해 공명·간섭되며, 또 3터의 인간측면적 사영이라 볼 수 있는 육체·정신·영혼의 포괄체로서 인간이 얼터 기능과 연관되면서 외계의 대상에 작용하는 내면적 심리 기능인 현성·잠성·기성의 본유 지향적 발현시스템을 인식하고 본유에 흡정된 행동체계의 확립을 조건으로 그 가능성을 고양하게 된다고 볼 수 있다.

즉, 현성·잠성·기성이 얼터 기능과 공명·조화되면서 외전반 3터적 여러 순차요소를 분별·배열하여 본유에 흡정된 구성으로 변환, 유용·당위·계율의 조화점이 사상事象의 중심에로 복귀되어 인간의 본유가 회생될 때에 개방의 윤리가 '결'을 타면서 현시된다고 할 수 있다.

이러한 개방 윤리가 최대로 현시되면서 인간의 내면 요소와 외전반 요소가 공액되어 본유가 발현될 때에 본유의 자아는 '열涅'을 입게 되고, 이는 물질의 측면에서는 '복福', 생명의 측면에서는 '희囍', 여섭의 측면에서는 '수壽'의 중첩적 연결로 상징될 수 있다.

이와 같은 본유의 발현 과정 하에서, 경영이란 물질터 측 순차 기능으로서 본유本攸의 자아는 그 결과를 '복'으로 수용하여 '열涅'에 연결한다.

본유의 근본 영역으로서 얼터의 중첩적 표상이 물질·생명·여섭의 3터라 한다면 3터의 순차적 측면인 '희'·'수'·'복'은 '열涅'의 중첩적 표출이라 할 수 있겠다.

결과적으로 경영은 '열'에 이르는 물질터 측면의 순차 기능이라고 할 수 있고 따라서 그 자체의 물질기능만으로써는 '열'에의 가능성을 흡족하게 할 수 없고 생명터, 여섭터 측면의 다양한 순차요소와 더불어 중첩적 요소를 이룰 때 비로소 '열'에의 길이 트이는 것이다.

다시 말해서 경영은 생명·여섭 측 순차요소로서 인간관계의 기본적 질서라 볼 수 있는 인사人事 Relationship[62]와 신성神性 Divinity에 대한 헌신獻身 Dedication, 사귐Communication, 추구追求 Seeking로서 표현되는 숭앙崇仰 Worship[63] 을 도외시하고서는 그 본래의 기능 수행이 어려운 것이다.

또 3터의 순차요소에 능동적으로 작용하는 자아는 현성·잠성·기성의 3면적 심리 기능을 소지한 인간이므로 결국 경영이 본래의 기능을 다하기 위해서는 인사나 숭앙에 지향하는 인간의 잠성과 기성을 현성과 병행하여 조화있게 부활함으로써 인간의 생기Vitality와 재량Span을 최대로 소생·신장하고 유통성有通性의 요소를 집약하는 일이다.

그러므로 본유에 흡정된 윤리와 경영은 결국 한 현상의 표리, 또는 구심력과 원심력의 관계로 파악해 볼 수 있다. 즉 윤리가 인간의

---

62) 필자의 본연구논문(Ⅰ), 건대학술지, 12집, p.453.
63) 각주) 62와 동일.

내적 심리기능이 외계에 작용하는 물리적 개념상의 구심력이라고 한다면 경영은 외전반에서 내면에 작용되는 구심력이라 할 수 있어, 인간의 본유기능에 흡정을 이루는 상호 필요·충분조건을 형성하는 관계에 있다고 볼 수 있는 것이다.

따라서 개방윤리의 조화적 표현인 도의성道義性 Morality과 경영의 생산성生産性 Productivity은 서로를 충실充實시키는 상보의 관계에 있는 것이며 도의성은 유용과 당위, 그리고 계율의 조화적 발현에 따라 유통성의 요소를 집약함으로써 인간간의 전인적 소통을 통해 협화를 여기勵起하고 동시에 개개인의 재량의 신장과 그 집약에 의한 높은 수익성과 유의성有義性을 내포하는 경영을 매개로 신뢰성Reliability으로 주위에 파급된다.

이때에 경영은 이와 같은 협화와 신뢰성에 바탕하여 내적으로 구성원의 정성과 성의를 부활함으로써 생산성의 향상을 기하고 외부적으로 대중의 성원을 유발하게 되므로 많은 요소의 폭 넓은 탄력성을 집약하게 되어 신축자재伸縮自在의 자유도를 소지할 수 있게 된다.

기존의 폐쇄 경영이 자본과 기계 등 물질터적 순차 요소에 주로 작용되는 인간의 현성적 심리면에 편중, 그를 자극·유발하고 저성低性 심리면과의 조화 기능이 결여하게 됨에 따라 인간의 자연성에 따라 순리로서 발현될 수 있는 도의道義 Moral를 당위적인 규범으로 왜곡·조작하게 되고 그에 따라 폐쇄적 목적이나 수단으로 성원의 성의誠意 Moral를 강제하려 하게 된다.

그러나 조직의 점증적 계층구조와 폐쇄적 의념儀念을 매개로 한 간접 방법에서 탈피하여 개별성과 직접성에 입각한 본유의 기능을 부활復活함으로써 도의道義 Moral와 성의誠意 Moral 및 재량裁量Span은 자연스럽게 발현될 수 있을 것이다.

일반의지—般意志나 권위적 위압으로 개별성과 독자성을 억압하는 획일적이고 전체주의적 체제하에서 습성화되어 오는 동안 본유지향의 전인성全人性을 무시·결여하고 상하의 계층적 명령과 복종의 관계 혹은 권한과 책임을 중시하여 수평적 인간관계의 단편적인 면만을 강조하는 정태논리에 고착되어 왔다.

그리하여 '희囍'·'수壽'·'복福'을 지향하는 본유적 본능의 충족 및 실현의 가능성이 희박해지고 현성과 저성의 조화있는 발현으로 외전반 요소에 작용되면서 본유의 근본영역과 감응되는 인간의 본유기능이 차단됨으로써 유용·당위·계율의 조화가 어렵게 되었다.

그 결과 윤리적으로 사회 전체의 도덕성Morality이 피폐되고 유통성有通性 Syntality의 요소 집약이 흐려져 인간내면의 갈등과 도착의 심화, 인간간의 전인적 의사소통의 미흡은 경영내적으로 성의와 재량을 저하하게 되고, 외적으로 노동Labor, 자본Capital, 수요Consume의 상보적 성원 체제를 이완시켜 생산성의 위축을 가져온다.

이는 곧 경영의 신축성Flexibility과 탄력성Elasticity의 감퇴를 의미하므로 급변하는 외계환경에의 적응에 있어 폭넓은 자유도가 위축되어 기업의 장기적인 대응력과 유지·발전을 어렵게 하고, 단기적으로 경영의 시의적절한 요소 집약의 미흡은 무위한 비용의 증대로 손익분기점의 상향으로 수익률의 저하를 결과하게 된다.

또한 경영이 본유 지향을 차단하고 조직적 압력이나 물질에의 유의성을 자극하는 폐쇄 체제의 간접 방법으로 동기動機 Motive를 유인하려 할 때 대중의 도전과 반발을 격화시키게 된다.

오늘날 경영과 대중이 물질에 집중적인 유의성을 갖고 있으나 현대 산업사회에 있어 개인과 사회의 순환과 소통을 매개하는 중추적 기능을 담당하게 된 경영이 먼저 인간의 본유기능에 입각하여 유업(익)성有業(益)性, 유의성有誼性, 유의성有義性을 동시에 내포하는 개방적 윤리체계를 확립함으로써 도의성을 고양하고 개개인의 자발력을 개발할 수 있는 경영 체제로 전이될 때, 기업이 당면하고 있는 대중의 도전과 반발은 창조적 에너지로 요용되어 생산성과 자유도를 확대하여 높은 수익을 결과할 수 있게 될 것이다.

개방적 윤리 체제의 요체는 개방 하에서 實의 현상現象을 수용·분석할 수 있는 인식시스템을 정립하는 것과 인간 내면에 본능화 된 다양한 심리 요소의 조화·발현을 조성할 수 있는 조건을 부여하면서 물질 의존적 폐쇄조직을 인간 의존적 시스템으로 전환하는 것과 전문화 심화로 인간을 부분적 국면에 고착시켜 왔던 조직구조에서 본유 지향의 전인성全人性을 피어나게 할 수 있는 시스템의 방향으로 전체적 경영 체제를 확립하는 일이다.

권력, 자본력, 권위를 속성화하고 있는 관료 체제에 종속되어 온 개개인은 개별적이고 단자單子Monad적인 독자獨自의 기능이 부인되고 일반의지를 근거로 한 획일적이고 전체주의적인 이념이나 강제 하에서 일부품一部品 및 수단시되어 왔고, 개인의 의사나 창의 또는 이상의 직접적인 실현 가능성이 차단되어 방대한 계층적 형식 조직을 경유하여 간접적인 방법으로 표현될 수 밖에 없게 되어 있다.

또 개개인의 전인적인 능력이나 재량에 의한 자기실현의 가능 범위가 전문화된 부분적 직능분야에 고착되고, 그리하여 직능 간 및 상하 간의 전인적인 의사소통의 단절은 경영 전체의 통일적인 조화 기능을 둔화시켜 조직의 경직 현상으로 나타난다.

그리하여 '희囍'·'수壽'·'복福'의 추구 과정에서 발현되는 개인의 창조성 자유가 억압됨으로써 생산성 도의生産性 道義(有業), 협화적 도의 協和的 道義(有誼), 신앙적 도의信仰的 道義(有義)가 소실되어 가고 있으며 이가 대중의 도전과 반발을 유발하는 원인이며 또 시대적 계기 상황에 이른 근원이라고 할 수 있다.

내일의 경영을 담당하게 될 미국 대학생들의 불안과 반항을 해부하여 그 원인을 분석하고 현존 기업의 경영자가 대처해야 할 자세를 모색한 최근의 연구결과에 의하면 학생들이 표방하는 여러 가지 슬로건과 시위는 결과적으로 아래와 같은 다양한 사항에 대한 요구라고 해석하고 있다. 즉

① 나는 회사의 운영을 맡고 있는 책임자들에 대해서 직접적인 영향력을 갖고 싶다.
② 종업원의 변모해 가는 요구에 적응해 가는 회사에서 일하고 싶다.
③ 나는 나의 독자성이 허용되는, 그리고 전적으로 "나의 것"일 수 있는 일을 원한다.
④ 나는 나의 인간성을 존중해주는 사람들과 함께 일하고 싶다.
⑤ 나는 나의 여러 활동에 있어 나 나름의 길을 갖고 싶으며, 또 다른 사람들이 나의 자율성을 존중해 줄 것을 원한다.
⑥ 나는 팽대해 가는 대중의 요구에 적응해 가는 회사에서 일하고 싶다.[64]

이와 같이 젊은 학생층의 요구는 개방화를 지향하는 현대 대중의 내면적 자유의식을 대변하는 표현이며 더욱 강렬화해 갈 것으로 보인다.

---

64) Samuel, A. Culbert and James, M. Elden, "An Anatomy of Activism for Executives, Harvard Business Review Vol.48(November-December, 1970), pp.131~142.

그러므로 경영은 증대해 가는 인간의 내면적 요구를 도외시한 강제수단의 외제外制적 형식조직Formal Organization[65]하에서 부분과 지엽에 편중된 수법과 수단적 도구로서 인간관계를 수렴시켜온 경직된 체제로서는 당면한 경영위기를 극복하기 어려울 것이다.

따라서 개개인의 자연적 본능인 개별성, 직접성, 자유화 욕구를 수용할 수 있는 자생의 비공식조직Informal Organization[66]이 소지하는 기능을 확대하면서 형식조직에 조화될 수 있도록 경영의 여러 관리 부분을 재분별하여 각 기능요소와 체제를 재편성해 가야 할 것이다.

이와 같은 개방 체제는 외적으로 인구의 조밀화, 매스컴 및 교통의 발달에 의한 세계의 단일화, 의식의 자유화, 공해의 심화, 인간의 내면적 분열과 도착, 경영의 경직화 현상 등이 이를 강요하고 있을 뿐 아니라 과학 및 기술의 발달, 지식 및 의식 수준의 향상, 대중성의 발달 등은 이의 가능성을 짙게 해 주고 있다.

그러므로 현대 사회의 중추적 기능을 담당하게 된 경영이 그 내부에서 대중의 집약적 소수라고 할 수 있는 정예 기발자起發者를 발굴, 그들의 촉발작용을 바탕으로 본유本攸를 회생할 수 있는 개방체제에의 선구적 역할을 수행하여 인간의 본유기능을 근거로 현존 경영의 경직성 해소는 물론 폐쇄된 개인과 사회, 시대와 시대, 지역과 지역 간의 격절隔絶을 소통하게끔 함으로써 시대적 요구에 최적 적응이 가능할 것이다.

---

65) Chester, I. Barnard, The Functions of the Executive, Harvard University Press, 1938, pp.115-123.

66) 각주 65)와 동일.

5. 개방체제 구현을 위한 방법의 예시

본 장에서는 앞 장에서 고찰해 온 개방開放적 윤리체계倫理體系와 경영체제에서 방향에 근거하여 개방하의 경영기능과 체제를 검토함으로써 실제적인 경영의 관리 부분을 분석·분류하고, 그 구현具顯을 위한 구체적인 방법을 유기有機시스템의 모델을 이용하여 모색함과 동시에 세계적 개방 시조時潮에의 시한적 적응이 강요되는 우리나라가 나아가야 할 방향을 실實의 장場에서의 실험적 연구 결과를 근거로 분석·개략화 하여 제시해 보고자 한다.

경영은 대상의 M·C·T(Mes·Cis·Trans)적 다양한 순차요소를 범위요소Materials로 하여 중가重價 Weight, 빈가頻價 Frequency 요소를 분별·선택하고 배열하여 그를 C·A·P(Conditioner·Active·Passive)로 구성하면서 본유本攸를 구현해 가는 인간의 복합 기능의 한 과정적 측면이라고 볼 수 있다.

그러므로 권력·권위·자본에 의존한 제도의 보편적 도구나 부품으로서 인간이 소외되고 또 의념擬念이나 기계에 탐닉되어 폐쇄적이고 지엽적인 수법이나 방법으로써는 본유의 구조나 기능의 파악이 어렵고, 대상에 대한 복합 기능의 흡정洽正된 발현과 적응이 어렵다고 생각된다.

그러므로 경영은 개방상태 하에서 본유적 인간 기능의 발현에 의하여 생기生氣 Vitality와 윤리성을 최대로 부활하게 할 수 있는 유익성과 친화성과 영원성에의 길을 동시적으로 부여하는 시스템을 형성해 가면서 사상事象의 전반적 발전 과정에서 부분과 지엽에 치우친 많은 수법을 복합적 전체 기능에 축차·환원해 감으로써 본유 기능에 흡정된 요소로 그들을 분별·배열해 갈 수 있을 것이다.

이와 같이 본유 기능에 흡정되도록 인간의 내면 요소와 외전반 요소가 공명되어 경영과 인간이 각각 그 본연의 기능을 되찾아 창조적 생산과 생산적 윤리를 회복할 때에 경영, 나아가서 인류 문명이 당면하고 있는 시대적 난국은 극복될 수 있을 것이다.

경영은 내면적으로 보아 다양한 심리요소의 복합체인 인간이 $M \cdot C \cdot T$ 적 순차로서 소여된 대상을 본유 지향적 방법으로 정돈·배열·집약하여 본유의 기능이 발현될 때에 그 결과로서 이윤이 생성되고 그때에 개인은 '수壽'와 '희囍'에 더불어 이를 '복福'으로서 감지하며, 사회에 물질적 풍요를 가능하게 하는 조건체Conditioner라 볼 수 있다.

이와 같이 '복'은 '희'와 '수'에 더불어 중첩적으로 조화되면서 '열涅'에 연결되어 인간내면에 받아진다고 볼 수 있고, '열'의 외연이 '미美'라고 할 때에 경영은 곧 '미'창조에 필요조건을 이루는 인간의 활동측면이라 생각될 수 있을 것이다.

그러므로 현존 경영이 최대 이윤의 추구를 기업의 목적이라고 보는 것은 물질터 측면에 고착된 부분적이고 편협한 현상파악의 소치라고 생각되나, 실상 이윤은 목적이나 수단이 아닌 인간정성의 소산 또는 결실이라고 볼 수 있겠다.

또한 경영은 외형적으로 보아 개인과 사회의 조화를 매개하고 그 관계를 조건 지우는 조건체의 기능을 수행해 감으로써 그 본래의 역할을 다할 수 있다.

그러므로 폐쇄와 개방의 간극에서 M·C·T적 많은 순차요소의 범위를 특정 부분에 한정 또는 편중시켜 중가重價 Weight와 빈가頻價 Frequency 요소의 본유적 조화·배열이 미흡됨으로써 무질서와 혼돈Chaos에 이른 현대의 계기 환경 하에서 경영은 그 본유의 기능과 역할의 흡정된 수행이 더욱 시급하게 요청되고 있다.

이는 그러한 계기 환경을 절감하는 선구 정예가 실의 장에서 생존의의生存意義의 '마디'를 투관하여 본유의 구조와 기능을 인식하고 유통성有通性 Syntality의 요소를 질성화質性化하면서 내부적으로 촉발되고, 나아가서 대상의 요소를 분별·배열하면서 M·C·T 적 동소動素가 집약될 수 있도록 촉발하여 공간적으로 그를 파급하고 범위를 확대해 갈 때에 그 기발자起發者 Detonator를 중심으로 경영은 본유 기능을 회복하게 되고 개인과 사회의 환경과 조화를 원활하게 매개하는 역할을 다할 수 있는 것이다.

그러면 경영이 활동의 근거로 하고 있는 사회환경을 분석하고 그와의 관련 하에서 그 기능을 파악해 보기로 하자.

사회는 안정Stability을 구하는 성향의 대산층大産層 High class, 성장과 향상을 추구하는 소산층小産層 Low class, 그리고 양자의 중간에 위치하여 기준Criterion 혹은 매개적 역할을 하는 중산층中産層 Middle class의 3

그룹으로 대별하여 파악해 볼 수 있으며 이는 역사적으로 인류사가 안정과 성장, 그리고 균형Equilibrium의 파형 운동을 끊임없이 지속해 왔음을 보아서도 짐작할 수 있을 것이다.

그리고 단위의 범위를 확대 또는 축소하더라도 역시 그러한 3그룹으로 사회를 분류하여 생각할 수 있고 오늘날 국가단위로 구성되는 국제사회에 있어서도 대, 중, 소 성향의 국가군으로 대별하여 파악될 수 있는바 우리나라의 경우는 중과 소의 성향을 동시에 지니고 있다 생각된다.

대산층은 과거의 자본을 보유 혹은 비축하고 있는 그룹으로써 현상을 유지하려는 보수 성향이 짙으며 단위사회의 주도적 역할을 담당하며 기업의 성장에 따라 설비의 대체Replacement에 필요한 재財를 공급하게 되지만 창조력이 상실되는 한계상황 하에서는 유한의식有閑意識과 물질적 비만에 의한 신축성의 결여로 경직화의 요인을 형성하게 된다.

소산층은 보유자본을 소유하지 못한 제약조건하에 있는 그룹으로 역동적이고 진취적이며 강렬한 성장의욕과 생산적 잠재력을 내포하고 있어, 사회 전반의 성장이 침체될 때 시대의 정예에 촉발되어 창조력을 발휘하고 사회전반을 여기勵起하는 추진력이 되기도 한다.

중산층은 주로 지식이나 기술자로 형성되어 대산층과 소산층의 균형유지와 매개적 기능을 수행함으로써 그 사회의 핵심적 역할을 담당하는 그룹이다. 이들은 사회의 개선Improvement과 혁신Innovation을 주도하는 제도나 이론을 정립하여 창조적 발전의 전위前衛로서 기능한다

이러한 3그룹은 중산층을 조건체Conditioner로 하여 대산층과 소산층이 양Active, 음Passive의 관계로 조화되면서 Veo 적 기능요소라 할 수 있는 본유적 윤리를 핵으로 각각 그들의 고유기능을 최대한 발휘

할 때 단위사회의 온전한 발전과 성장이 이룩된다고 볼 수 있다.

그러나 어느 특정 그룹만을 강조하여 획일적으로 강화하고 여타의 그룹을 위축시킬 때에 상호간 상보 대칭관계가 와해되어 조화적 기능이 상실되고 사회 전체의 불안과 침체를 야기시킴으로써 개개인의 창조적 자유와 자발력이 은폐된다고 생각된다.

또한 경영주체적 입장에서 사회의 대, 중, 소 3그룹은 노동력과 생산 기술 및 기능을 제공하는 노동자Laborer, 자본과 설비를 소유·제공하는 자본가Capitalist, 그리고 제품과 서비스의 소비주체인 수요자Consumer의 3그룹으로 재분별 해 볼 수 있을 것이다.

그러므로 대산층은 자본Capital을, 소산층은 노동Labor을, 중산층은 대, 소산층과 더불어 수요Consumption층을 형성함으로써 경영과 관련된다고 볼 수 있다.

따라서 경영은 현존의 자본, 기계, 조직에 편중된 폐쇄 체제에서 탈피하여 기발자의 촉발을 매개로 대, 중, 소산층 혹은 노동자, 자본가, 수요자의 3그룹이 협화·조화될 수 있는 체제로 개편되어 가면서 내부의 제조·재정·판매가 외부의 3그룹과 긴밀하게 소통되어 갈 때 원활한 자기 기능을 수행할 수 있는 바탕이 형성된다고 생각할 수 있다.

경영의 내부 요소직능인 제조·판매·재무의 종합적 조화와 외부환경의 변화에 따른 신축성 있는 적응의 자유도Degree of Freedom[67])는 경영이 근거하고 있는 외부 노동, 자본, 수요를 x, y, z 축으로 하는 3차원 공간이라 볼 때에 그 3축의 각각이 갖는 변환의 신축 범위와 상호의 협화적 공명의 탄력성 여하에 따라 결정된다고 볼 수 있다.

---

67) 井上敏外, 전게서, p.630.

다시 말해서 경영이 원활한 자기기능을 발휘하기 위해서는 노동자, 자본가, 수요자의 각각이 최대의 신축성을 소지하여 경영활동에 반응해 주고 동시에 그들 상호간에 탄력성 있는 협화가 이루어져야 한다는 것이다.

　그러므로 경영은 그 활동의 주체인 인간적 측면에서 볼 때에 외부 환경인 사회의 각 그룹과 내부 구성원과의 원활한 소통과 공명을 근거로 여타의 요소나 여건을 흡정된 기능수행을 위한 방향으로 선별·재구성하고 집약하는 과정으로서 파악해 볼 수 있다.

　그리고 그 전반 활동을 정태적으로 관찰해 볼 때에 비용의 투입 Input, 기업가치의 산출Output 및 그를 매개하는 과정Process으로 크게 분해해 볼 수 있을 것이다.

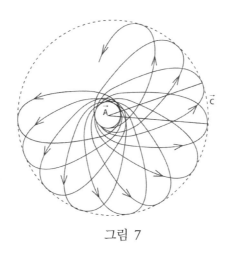

그림 7

　이는 개념상으로 보아 <그림 7>과 같은 세차운동歲差運動 Precession motion의 모델에 비유될 수 있는 것이다. 즉 경영의 관리과정이 화살

표로 표시된 타원궤도의 운동이라고 한다면 투입인 비용은 두 타원궤도가 이루는 중심각의 방위方位벡터Amplitude Vector $\vec{A}$ 로서, 산출인 이윤은 궤도의 원점이 이루는 원주 상에 $\vec{A}$ 가 이루는 호의 운동량 증분 벡터 $\vec{C}$ 로서 생각해 볼 수 있을 것이다.

그러므로 비용의 투입, 기업가치인 이윤의 창출 및 다양한 과정은 독립된 부분으로서 분리하여 파악될 수 있는 것이 아니고 전체적 운동의 과정 하에서 그 각각의 본유本收 기능이 인식될 수 있을 것이다.

현존 경영에 있어 비용의 개념은 이윤을 목적으로 하는 한 수단으로써 간주되고, 이러한 이윤동기Profit Motive의 추구를 위하여 여타의 요소를 그 방편으로 파악하려는 경향이 많다.

미국의 경영학자 드럭커P.F.Drucker교수는 이러한 현상을 다음과 같이 말하고 있다.

"기업 및 기업 행동에 관해서 일반적으로 행해지고 있는 경제이론, 즉 이윤극대화의 이론은 완전히 파탄에 이르고 있다. …… 이것은 이윤 및 이윤성이 중요하지 않다는 것을 의미하는 것이 아니다. 그것은 이윤 및 이윤성이 기업 및 기업활동의 목적이 아니고 기업활동의 제한적 요인(a limiting factor)임을 의미한다. 이윤은 기업활동 및 기업결정의 설명, 원인 또는 이론적 기초를 이루는 것이 아니고, 그들의 타당성에 대한 판정자가 되는 것이다. 어떠한 기업에 있어서도 문제는 이윤의 극대화에 있는 것이 아니라 경제활동의 위험을 보상하고 이에 손실을 회피하는 데에 충분한 정도의 이윤을 달성하는 데에 있는 것이다. …… 경영 혼란의 원인은 기업가의 소위 이윤동기가 그의 행동을 설명하고 또는 바른 활동에 대한 지침을 설정하는 기준이라고 하는 잘못된 신념에 있다.68)

---

68) P.F.Drucker, The Practice of Management, New York, 1961, p.36

즉 전체적 경영 과정중의 측면을 강조하여 본연의 경영기능을 왜곡해 온 현존 기업의 모순을 단편적으로 지적하고 있다.

이와 같이 비용은 이윤을 목적으로 한 수단이 아니라 기업의 관리과정Process이나 이윤Profit의 산출Output을 수반하는 투입Input인 것이며 많은 요소의 비용이 투입되어 본유경영本收經營에 기여됨으로써 이윤이 결과 되는 것이라 볼 수 있다.

그러므로 경영에 관계되는 다양한 요소 및 여건은 이러한 전반적인 경영시스템의 역동적 기능에 있어 소여所與로서 파악되는 것이며 전체적 경영 활동이 본유에 흡정洽正되는 운동을 할 수 있도록 많은 요소들을 신축성 있게 분별·배열해가는 과정이 곧 경영관리라고 할 수 있다.

그러나 경영에 관계되는 특정의 부분적이고 지엽적인 기능요소를, 정태적으로 관찰하여, 지나치게 강조하거나 경영의 전체적 기능에 복합적으로 작용하는 많은 요소를 독립적으로 분리하여 파악하고 그의 가산적 종합에 의하여 경영활동을 전개하는 폐쇄의 입장에 고착될 때 환경의 변화에 대한 예측 및 계량의 정확성이 흐려지고 신축 자재한 탄력성의 발휘가 어렵게 되므로 시의 적절한 대응능력이 약화된다고 볼 수 있다.

이제 경영이 외계 환경과의 관련 및 그 자체의 기능 과정에 있어 요소 범위Element boundary, 중가重價 Weight, 빈가頻價 Frequency를 분별하면서 개방 경영의 작동 양상을 유기有機모델을 징상徵象 Symbol feature으로 고찰해 보기로 하자.

<그림 8>의 Ⓐ 부분은 기존체제의 개편을 시도하는 과정으로써, Ⓑ 부분은 신체제의 편성 도입과정으로써 파악하고, 이 양 과정의

공액시스템의 형성을 시도하여 개방 체제에의 효율적 가능성을 모색해 가기로 하자.

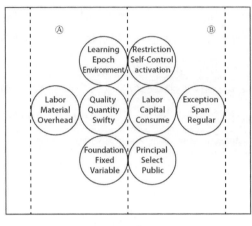

그림 8

경영은 무엇보다도 먼저 그 활동의 주체인 인간의 본유 기능을 최유효하게 발현하게 할 수 있는 가치체계(뜻)와 체제(결)를 정립·소지하면서 현존의 지엽·폐쇄적 현재顯在 편중의 공학수법(일)을 본유지향의 조건체로서 전환·요용하여 정밀하게 요소를 분별·선취選取하고 복합적 전체성에 환원·집약해 감으로써 경영의 본유 기능이 흡정되게 수행되어 갈 수 있을 것이다.

모든 운동과 사상事象의 발전 양상은 그 요소의 배치配置에 근거하고, 그 집약도에 따라 정지 및 침체, 균형, 가속화 등으로 전개·표출된다. 그러므로 M·C·T 적 생명, 물질, 여섭의 복합적이고 다양한 순차대상을 다원적으로 포괄하는 요소범위에서 중가·빈가 요소를 선별·배치하고 이를 C·A·P 로 분별하여 집약화할 수 있도록 경영이 그 방향과 체제를 선도할 것이 요청되고 있다.

세계적 단일 사회로 변모되어 가는 계기 하에 있는 전환기의 혼돈 상황은 절대 소득을 두고 국제 단위의 대·중·소를 가름하는 새로운 개방 준위準位가 형성되어가는 과도기라 볼 수 있으므로 그에 따르는 시간적 유예가 존재한다.

그러므로 경영은 그가 처하고 있는 역사, 문화, 지역적 사회 환경의 차이에 따라 개방화에의 도정道程에 고유의 입장과 가치 기준 및 요소 기능의 배치 구조에 차이가 있을 수는 있으나 이러한 준위를 도월跳越할 수 있는 장기적인 전망에 새로운 조건의 부여가 요구된다.

더욱이 현재顯在에 치우친 물질의존적 폐쇄경영의 한계 상황에서 현존 체제의 유지·존속을 고집하면서 퇴축해 가는 선진비만경제의 압력 하에 있는 아시아·아프리카 나라들과 더불어 우리나라는 낙후경제의 이탈과 함께 생존生存과 의의意義의 극한에서 새로운 개방 준위에의 적응이 긴박하게 되었고 그 가능성 있는 시한이 주어져 있다.

그러므로 그 지역민의 장구한 역사를 통해 잠재해 온 본유本攸적 전통을 실實의 장場을 통해 개발하고, 저성低性 기능을 회복하면서 현존의 공학적 다양한 정밀기법을 요용함으로써 조속히 본유적 전위 체제前衛體制를 형성해 가야 할 것이며 생활의 불안과 도착倒錯은 이의 태동을 촉구하고 있다.

그럼으로써 전반적 문제의 핵심을 포착하여 그를 촉발할 때에 많은 요소의 흡정된 배열과 집약으로 가능성 있는 준법準法을 발견하게 되고 실준實準에 근거한 자아의 품성을 재구성함으로써 정성과 예지의 발현이 가능하게 된다.

본유의 구조와 기능시스템을 터득하여 유통성有通性 Syntality과 그 집약 요소를 질성화質性化한 기발자起發者 Detonator는 실의 장에 침적되어 계기와 과도기적 혼돈상황을 체감하여 실존에 이른 본유 지향의 품성이 짙고 자발적 결화성結和性을 소지한 사람을 중심으로 개방화의 선구라고 할 수 있는 정예멤버Principle member를 형성해 갈 수 있다.

이러한 정예는 정성과 예지로써 새로운 기업을 창업하거나 기존 경영에 참여하여 본유에 흡정되게 다양한 요소를 편성, 정립하므로써 개방적 경영체제를 전개하고 한정된 범위내의 각 사회그룹과의 원활한 소통과 촉발을 통해 선발멤버Select member를 형성하게 된다.

나아가서 정예와 선발멤버의 협화로서 경영이 소지하게 되는 유통성과 경영요소의 적절한 집약에 따라 발현되는 높은 수익성의 전망, 신뢰성과 가치(뜻)를 내포하는 개방화에의 짙은 가능성은 대중과 공명되고, 참여 의욕(보람)을 유발하면서 연쇄적으로 사회전반에 파급되고, 이때 유통성의 질성화도質性化度에 따라 공중公衆멤버public member가 자연스럽게 형성된다.

그리하여 정예·선발, 공중멤버가 유익有益·유의有誼·유의有義를 매개로 하여 긴밀하게 소통될 때 노동Labor, 자본Capital, 수요Consumption의 협화를 증진시켜 경영내부의 제조Manufacturing, 재무Finance, 판매Sales의 각 탄력성과 기능간의 조화를 촉진함으로써 폭넓은 자유도를 소지하게 된다.

또한 제조에 있어 품위, 효율, 성의Morale있는 노동과 기술의 시의적절한 대체Replacement와 순환의 개선 범위 확대를 가능의하게끔 함으로써 조업도를 높일 수 있는 시초施礎 Foundation, 고정Fixed, 변동Variable 등의 비용절감이 가능하게 된다.

특히 선발멤버는 정예를 성원Support하여 창업의 기초구축이나 신제품의 개발 및 판매에 대해 유망성 여부를 가름하는 지표의 역할을 하게 되고 노동, 자본, 수요의 측면에서 시초비Foundation cost나 고정비 Fixed cost의 성격을 띠는 비용들의 저감에 기여하게 된다.

또한 공중멤버는 정예에 의해 창출되는 가능성이 선발멤버에 의해 유망성을 부가·소지하게 될 때 그에 공명·성원하여 기업의 안정성을 뒷받침하고 계획의 정도를 높여주며, 변동비Variable cost 성격의 비용 저감에 기여된다.

이제 현존 경영체제를 개방화해 가는데 있어 정예가 중점적으로 다루어 가야 할 요소 기능을 분별하고 그 역할을 검토해 보기로 하자.

크게 보아 정예는 경영 내에 있어 제조부문의 작동관리作動管理 Operation control, 경영의 원활한 기능발휘를 위하여 총체적으로 다양한 부문 직능간의 수평적 소통과 조화를 촉발하고 수직적으로 의사 및 정보의 민속한 전달과 흐름을 자극하는 기능관리Functional control, 장기적이고 광범한 안목으로 외부 환경의 변화를 예측하여 위험에 대비하고 기회를 포착할 수 있는 자체의 조건을 조정·조성해 가는 예비관리Reserve control의 3부문으로 대별되는 관리업무를 수행하게 된다고 볼 수 있다.

기존의 조직구조와 대비하여 개방적 경영체제에서 중요시해야 할 착안점을 명확히 하기 위하여 전통적 관리원칙의 용어를 원용한다면 예비관리는 예외의 원칙the exception principle에서 말하는 예외exception적 업무의 관리 기능이라고 볼 수 있고, 기능관리란 관리의 범위(폭)Span of control를 결정하는 요소인 각성원의 재량Span 및 협화協和 Co-operation의 도度에 관계되는 업무기능이라 볼 수 있겠으며, 작동관리란 현존 경영이 보편적으로 수행해 가는 규정Regulation의 업무 기능이라고 할 수 있다.

이와 같이 예외Exception, 재량Span, 규정Regulation의 업무 기능은 기존 경영의 조직구조에 비추어보면 개념상으로 각각 최고경영자Top Manager, 참모Staff, 라인Line의 기능에 근사한 업무라고 볼 수 있다.

교통·통신 기술의 급진적 발전과 개선에 의해 정치·경제·사회·문화·기술 등 다양한 분야의 국제적 교류 및 소통이 원활화해 짐에 따라 대중의 고조되는 자유화 의식에 아울러 노동·자본·수요가 국제 단위의 개방·자유화 방향으로 가속화해가고 있다.

또한 생산자에 의해 주도되었던 초기산업사회의 시장구조가 소비자 우위의 시장구조로 전환되고 나아가서 기업 간의 경쟁이 국제적 규모로 확대·격화되고 있을 뿐 아니라 소비대중의 욕구와 필요는 복잡화, 다양화의 방향을 재촉하고 있다.

그러므로 경영이 국제 규모의 개방적 경쟁 하에서 존속·성장해 가기 위해서는 자국의 물적·인적 여건과 장기적이고 광범한 시야에 입각하여 이종 산업간 및 동일 산업 간의 제품을 유기적으로 다각화하면서 국내 시장을 근거로 해외시장에로의 지역적 판로 확대를 꾀할 수 있어야 하므로 국제적 개방준위開放準位에 낙후되지 않는 경영체제의 확립과 가능성 있는 요소의 집약이 필연적으로 요청된다.

그러나 단위 지역 내 소비 동향이 다변성과 끊임없는 변화, 역사, 정치, 경제, 지리적 특수성에 따른 판로의 지역적 다양성 등 시장 구조 및 환경이 다원적이고, 격렬한 경쟁에 자극된 부단한 신기술 개발은 생산 방법, 원료 및 제품을 가속도적으로 혁신Innovation해 감에 따라 연구개발, 시장 개척, 설비 대체에 필요한 자본의 신축성 있는 조달 등 다기다양한 동태動態 요소의 복합적 기능과정에서 중점Point 요소의 구별과 배열 및 그 집중에 의해 최적 대응해 가기 위해서는 확률적으로 적중률이 높은 예측성과 계획성 및 고도의 기동성이 동시에 따라야 한다.

그러므로 이러한 전반적 경영 환경에 신축자재伸縮自在의 적응력을 소지하기 위해서는 기존의 관리기능을 분해하여 종합적 견지에서 업무를 평가·선별하고 재구성함으로써 상황의 변화를 민속히 분석·예측·정리할 수 있는 관리시스템의 개편이 필요하다.

또한 대상 소재의 다양성과 동태적 복합연관 때문에 직무의 세분화 및 전문화가 불가피하지만 한편 다양한 직능의 종합적인 파악과 유기적인 통일성을 유지하지 않고서는 경영 전체로서의 효율성을 기할 수가 없다.

그러면 이러한 전반 상황과 요청 하에서 여섭與攝과 생명과 물질에서 순차된 시간과 생기Vitality와 조업의 차원이라고 볼 수 있는 예외Exception, 재량Span, 규정Regulation의 업무는 구체적으로 어떻게 수행되어 가는 것인가?

기존의 경영 관리에 있어서 예외적 업무란 최고경영자Top manager에게 요구되었던 전통적 관리 원칙의 하나로서, 공장의 세부적 관리나 유지 같은 지엽적 업무는 하급자에게 위임하고 경영 내부 전체의 자금계획이나 통제에 대한 사항을 중점적으로 관리할 것을 지적한 원칙69)이다.

그러나 세이Jean-Babtiste Say의 판로법칙이 적용될 수 있었던 초기 산업사회의 생산자 우위 시대나 기업의 독자성이 허용되었던 폐쇄 상태 하에서는 전체적 자금 계획이나 통제에 중점을 둔 예외적 업무가 중요시 될 수도 있었겠지만, 오늘날과 같은 기업의 외부 환경이 시·공

---

69) Harold Koontz and Cyril O'Donnel, Principle of Management, New York, 1968, pp.734-735.

으로 확대되고 개방화되는 소비자 우위의 시장경제하에서는 경영의 내부 기능 요소인 제조·재무·판매가 외부의 노동·자본시장 및 소비대중과의 긴밀한 관련을 가질 때에 비로소 각각이 제 기능을 발휘하게 되고, 그 존속과 성장이 가능하므로 개방 체제에 있어서 예외적 업무는 이들을 포괄하고 종합하는 견지에서 기업의 방향과 정책을 수립하고 장기長期에 대비할 수 있도록 자체 내 다양한 요소를 정비해 가는 일이 될 것이다.

소비자의 연령·성별·소득·지역 등에 따라 또 구매자의 태도, 동기, 습관, 가치관, 미적 선호, 변화에의 감수성 등으로 제품 및 서비스에 대한 요구가 다양화되고 기업 간의 경쟁이 격화되어 가므로 생산 방식, 원료, 제품의 종류와 성능의 혁신Innovation이 가속화되고 있어 이러한 여건에 능동적인 리더쉽을 유지해 가지 못할 때에 경영은 퇴축을 면할 수가 없다.

제품과 기업 성장의 관계는 생물의 탄생·성숙·출산·사멸에 이르는 일련의 생활사生活史에 비유될 수 있을 것이다. 즉 어떤 제품의 개발 도입에서 퇴축에 이르는 과정은 생물과 같은 유기체적 적응 과정을 밟아 간다고 볼 수 있다.

쇠퇴기에 있어서는 수요의 신장률 둔화, 시장 규모를 상회하는 생산 규모의 급격한 확대, 기업간 경쟁의 격화로 자율적인 가격결정의 자유폭이 축소되고 출혈적 가격 경쟁 등으로 수익의 급격한 감소를 나타내는 것이 일반적 특징이다.

그러나 새로운 성장적 산업 및 제품을 개발하는 데에는 연구 개발비, 시장 개척비, 설비의 대체, 신기술의 도입·습득 등에 막대한 비용과 시간, 그리고 위험이 따른다. 그러므로 이러한 상황에 신축성 있는 적응력을 소지하기 위해서는 내적으로 참여자의 최대 성의 Morale와 재량Span의 부활·확대로 제조·재무·판매 등 기능들의 통일적 조화·발현이 요구되고 외부 상황에 대한 정도 높은 판단과 예측이 긴요하게 된다.

그러므로 개방체제하에 있어서 예외적 업무는 복합적인 외전반外全般 상황의 정확한 장기적 예측에 따라 중점요소重點要素 Point의 민속한 분별·집약에 의해 경영의 방법과 정책을 설정하고 자체의 시스템을 재편해 가는 일이 될 것이다.

기업 내에 있어서 예외적 업무를 수행해 가는 정예는 외부 여건이 변화에 따른 그때그때의 계기契機 Epoch, 혹은 적기適機를 인식시키면서 최대의 정성이 발휘될 수 있는 여건과 환경Environment을 부여하고 또 높은 품위와 기량과 각성이 유발될 수 있도록 본유지향本攸志向을 촉발할 수 있는 수습Learning을 주도해야 할 것이다.

이는 앞 장에서 언급한 자율Self-control과 부활賦活 Activation, 그리고 제동Restriction의 조화적 조합을 조건으로 자율적 비형식조직Informal Organization의 자발성과 외제外制적 형식조직Formal Organization의 통제성을 신축성 있게 조정해 가야 할 것이며 이는 재량업무의 정예가 수행해 간다.

정예의 예외적 업무는 경영에 있어 투입인 비용의 측면에서 볼 때 시초비施礎費 Foundation cost와 주로 연관되는 활동이라고 할 수 있을 것이다.

이제 독일의 경영경제학자들에 의해서 주로 체계화되어 왔던 즉 슈말렌바하E.Schmalenbach나 멜렐로비츠K.Mellerowicz의 전통적 비용이론[70]이나 구텐베르그E.Gutenberg[71]의 근대적 비용이론과 같은 현존의 비용이론 구조를 검토하면서 개방체제에 있어서 최적 적응을 효율화할 수 있는 비용 구조를 고찰해 보기로 하자.

비용 구조란 비용의 발생과 비용 결정 요소 사이의 일정한 규제 관계로서 파악되어 왔고 비용 결정 요소로서 조업도, 요소가격, 생산방식, 생산능률, 로트의 크기, 규모 등이 고려되고 있다.

경영의 비용구조에 대한 단기적 고찰을 행할 때는 보통 조업도와 비용의 규칙적인 관계가 주목되었고, 장기적인 고찰을 행할 때에 규모와 비용의 관계가 주목되어 왔다.

전통적 비용이론은 슈말렌바하 이후 조업도의 변동이 비용 형성에 미치는 영향을 그 중심이론으로 하여 조업도의 변동을 유일한 독립변수로 하여 경영의 비용구조를 고찰하는 경향을 취했고 토지의 수확체감법칙收穫遞減法則 the law of decreasing returns이라는 생산력 이론에 근거하여 이를 조업도와 관련지워 비용체감의 법칙으로 투영시켜 왔다고 볼 수 있다.72)

따라서 이러한 생산력 이론은 다분히 농업경영에 있어서 토지라는 생산요소의 고유적 물리법칙에 뿌리를 두고 있다.

그리하여 조업도의 비용의 관련 하에서 조업도의 변동에 대해서 전적으로 적응성을 갖지 않는 비용 즉 조업도의 변동에 관계없이 발생하는 건물·기계설비의 감가상각비, 지대, 보험료, 고정적 수선비, 일반관리비 등 비용을 고정비固定費라고 하고 조업도의 변동에 대해서 증감하는 재료비, 직접노무비와 같은 비용을 변동비 혹은 비례비

---

70) 山形休司, 原價理論硏究, 東京, 昭和 43, pp.103~112.

71) 각주 70)과 동일.

72) 古部都美, 經營學の基礎理論, 東京 昭和 44, pp.213~214.

比例費로 구분하여 파악해 왔다.

그러나 생산기술상의 질적 변화나 요소가격의 변화는 조업도의 변동에 관계없이 다른 요인에 의해 발생되는 경우가 많다. 이를 구텐베르그는 「조업도의 변동과 질적인 여건의 변화란 상호 독립적으로 변화하는 함수로서 파악·구별해서 취급하지 않으면 안 된다. 그것은 즉 조업도와 생산원가와의 관계는 일정의 질적인 생산여건을 전제로 할 때에 비로소 가능하다.」[73]고 지적한다.

그리하여 비용결정요소로서 조업도의 변동 뿐 아니라 요소가격, 생산기술, 규모, 생산계획의 변동 등을 별개의 요소로서 고찰하고 이들 비용결정요소는 상호 독립적인 독립변수로서 비용에 영향을 미친다고 보아 비용 구조에 대한 다원적인 고찰을 시도한 근대적 비용이론을 전개하고 있다.

따라서 구텐베르그는 A형의 생산함수와 B형의 생산함수라고 하는 두 가지의 생산함수를 구별하여 전자는 농업 경영에 일반적으로 타당한 수확체감의 법칙을 의미하고 후자는 공업경영에 일반적으로 타당한 생산력生産力의 법칙Ertragsgesrtz이라 하고 있다.[74]

그리하여 구텐베르그의 전통적 비용이론에 대한 비판의 기초는 결국 전통적 이론의 배후에 있는 생산력 이론이 공업경영에 있어 생산설비의 기술적 특성에 대해서 타당성을 결여하고 있는 점에 귀착되고 있다.

즉 수확체감의 법칙 하에서는 첫째로 고정적인 생산 설비의 분할

---

73) E.Guenberg Offene Fragen der Productions und Kostentheorie, Zeitschrift für handelswissen schaftliche Forschung, 1956, 8/9 S, 443.

74) E.Gutenberg, Grundlagen der Betriebswirtschaftslehre I Band, Die Produktion, 1955, ss.118-225.

이 불가능하므로 전체로서 운영되든지 그렇지 않으면 전체로서 휴지休止되지 않으면 안 된다는 점과, 둘째 생산 설비가 생산량의 변동에 대해서 전적으로 탄력성Flexibility을 갖지 못하는 점을 전제로 하고 있다는 것이다.

그리하여 공업경영에 있어서 생산량의 증가에 경영이 적응하는 방법으로서 다음 3가지를 들고 있다. 즉

첫째, 설비 이용도나 조업시간을 일정하게 하더라도 기계 설비의 시간당 회전수나 노동의 시간당 산출량을 증감시킴으로써 생산량을 조절하는 강도에 의한 적응 방법,

둘째, 생산의 강도나 설비 이용도를 일정하게 하더라도 조업 시간을 증감함으로써 생산량을 조절하는 조업 대책인 시간적 적응,

셋째, 생산 설비가 다수의 동종 설비단위로 이루어지고 있는 경영에 있어서 생산단위의 부가 혹은 휴지에 의한 조업 대책인 양적 적응의 방법이 그것이다.75)

그러나 전통적 비용이론이나 근대적 비용이론은 공통적으로 비용의 결정 요소를 생산(제조)적 측면에 수렴시켜 설정하고 그에 근거하여 경영의 전반적 활동과정 및 많은 요소와 여건은 평면적이고 폐쇄적인 방법으로 관찰하고 있다 생각된다.

개방화하는 현대 경영에 있어서 비용구조에 대한 올바른 인식이야 말로 경영의 방법과 정책 및 경영계획의 결정에 기초를 제공함으로써 급변하는 환경에의 기동성 있는 적응력을 부여 강화할 수 있는 중요한 분석 도구가 된다.

그러므로 앞에서도 언급한 바와 같이 본유本收 경영의 전체성 속

---

75) E.Gutenberg, a,a,O., s.251.

에서 경영의 관리과정Process이나 기업가치의 산출Output을 수반하는 투입Input으로서 비용을 전체성의 중심重心 Gravity center에서 관찰하는 입체적 비용 구조의 설정이 긴요하다.

오늘날 노동·자본·수요를 형성 제공하는 대중의 영향력의 확대와 생산방식의 고도한 기계화에 따라 조업도와 비용과의 관계에서 파악되어 온 고정비와 변동비의 개념만으로써는 비용 구조의 분석 방법에 그 적합성이 미흡하게 되었다.

즉 노동조합의 발달은 조업 단축을 행하는 경우에도 과잉 노동자의 해고나 임금의 인하가 어렵게 되었고, 복지후생비나 상해보험료의 비율이 증대되고, 생산의 기계화에 따라 직접노무자의 수가 감소하고 대신 기계 설비의 감독이나 유지를 위해 필수적인 기술노동자의 수가 점증되므로 생산량이 증감에 따라 비례적으로 조정될 수 있는 노무비의 변환폭이 줄어지고 있다. 즉, 변동비의 고정비화 현상이 심화되고 있다.

또한 생산 설비·제품의 진부화陳腐化 Obsolescence 속도가 빠르기 때문에 설비의 단기 상각, 이자, 수선비의 증대 등 자본비가 상승되고, 격화하는 경쟁으로 시장의 환경변화가 심하므로 고정비의 범위가 확대화 되어 간다.

따라서 이와 같은 고정비의 범위 확대와 변동비에 대한 상대적 비율의 상승은 시황市況의 변화에 대한 기업의 적응력을 약체화 한다.

본 연구의 생산(제조) 측면에 고착되어 파악되어 왔던 기존의 고정비, 변동비 개념을 노동(제조), 자본(재무), 수요(판매)의 기능적 협화協和로서 이루어지는 전반적 경영관리에로 확장하여 고정비Fixed cost, 변동비Variable cost 외에 시초비施礎費 Foundation cost라는 개념을 추가하여 비용을 파악해보고자 한다.

즉 개방 하에 있어 비용은 시초, 고정, 변동비의 각각의 노동, 자본, 수요와 행렬적 관계의 종합적이고 입체적인 관점에서 파악될 수 있는 것이라 할 수 있다.

기업의 유지·성장을 위해서는 성장적 산업 및 제품 분야의 부단한 개발, 시장의 개척 및 자본의 적기동원이 요청된다. 그러므로 외계의 여건 변화에 대한 정도精度 높은 예측과 판단이 요구됨과 동시에 신제품이나 설비의 대체시 파생되는 위험에 대한 기업의 잠재력 비축과 장기적 대비가 긴요하게 된다.

그러므로 시초비Foundation cost로써 신제품 및 서비스의 도입·성장 단계에 이르기까지 소요되는 연구개발비, 시장개척비, 설비 대체에 따른 기술 도입·습득, 가동 등에 소요되는 비용들과 숙련공, 기술자, 경영자의 개체改替 및 훈련에 따른 비용, 시설의 감각상각비 등을 별도로 독립시켜 파악해 보려는 것이다.

특히 우리나라와 같은 개발도상국의 경우는 자본, 자원, 기술, 판로 등 여러 여건이 불리한 상태에서 기업을 창업해 가야하는 입장에 있기 때문에 내적으로 구성원의 자발성, 정성, 성의에 바탕한 인간 의존도의 강화가 중요시되고 따라서 유통성有通性 Syntality의 여러 요소들 질성화質性化하고 재량이 높은 정예의 확보 또는 수습Learning이 긴요하므로 이에 따른 시초비의 투입이 요청된다.

그러므로 시초비는 고정비의 범위 확대와 변동비에 대한 상대적 비율의 상승 또 변동비의 고정비화 경향 등을 노동, 자본, 수요의 측면에서 파악하고 장기적인 안목으로 조정하면서 환경 변화에 대비하기 위하여 투입되는 기초비용으로 생각될 수 있다.

따라서 경영이 안정과 균형을 유지하면서 외계의 여건의 변동에 따라 야기되는 위험에 민속하게 대처하고, 성장기회를 적기에 포착하기 위해서는 무형적이고 비가시적인 성격을 다분히 띠고 있기 때문에 등한시되기 쉬우나 실제상 경영의 중가重價적 요소로서 고정비, 변동비의 구성에 결정적 영향을 미치는 경우가 많은 시초비의 성격의 비용투입에 대해 신중한 고려가 필요할 것이다.

비용적 측면에서 볼 때에 경영 전반의 활동은 시초, 고정, 변동비의 투입과정으로 파악되고 경영의 총경비는 그를 종합함으로써 산출된다고 볼 수 있다. 또 경영이 신축자재伸縮自在의 자유도를 최유효最有效하게 소지하기 위해서는 비용 구성비에 있어, 변동비의 비율을 높이고, 고정비, 시초비의 순으로 비율을 낮춰가는 경영구조의 확립이 중요하다.

이와 같은 비용에 관련하여 정예의 업무를 분별해 보면 예외적 업무는 시초비를 중심으로 고정비, 변동비에 관련되고 재량의 업무는 고정비를 중점적으로 다루면서 시초, 변동비에 관련되며, 규정의 업무는 변동비에 주로 관련되어 고정·시초비에 영향하는 업무라고 생각할 수 있다.

이제 예외적 업무의 구체적 내용을 개괄해 보면

① 성장가능성 있는 제품 및 산업 분야의 예측
② 기술 및 기능의 자질 향상과 성의(誠意) 노동의 순환(Ventilation) 촉진을 위한 업무
③ 경영내부의 후생, 교육, 문화에 관한 업무
④ 재량, 정규 업무의 평가와 외부환경에 대비한 조정
⑤ 주식배당, 공과(公課), 상여에 관한 업무

등으로 세분할 수 있으나, 주된 업무는 외부와의 유대강화, 경영의 정책·방향 설정, 이윤의 관리 등이라 할 수 있다.

이와 같이 예외적 업무가 주로 노동, 자본, 수요의 기술, 경제, 사회적 변화에 대한 경영의 예외적 적응과 혁신을 위한 방향 설정에 중점을 두고 있다면 재량의 업무는 그에 부응하여 대내적으로 각 기능 및 요소간 협화 체제의 조성, 각 구성원의 재량 신장과 그의 최대 발현을 촉발함으로써 최소의 비용으로 탄력성 있는 대응력을 유지하게끔 하는 데에 있다.

다시 말해서 예외 업무가 거시적Macro으로 상황을 분석·분별하여 개괄적 중점 요소의 배열·집약으로 방향을 설정, 경영내부에 수렴된다면 재량적 업무는 미시적Micro으로 경영내부의 전반적 요소직능을 통일화하여 정규업무를 성장, 발전적 방향으로 외부에 확산시켜 가는 기능을 수행해 간다고 볼 수 있다.

이제 정예의 재량적 업무 기능을 <그림 9>와 같은 유기시스템의 모델을 사용하여 검토해 보고자 한다.

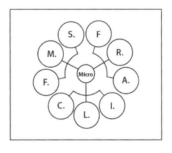

{ S : Sales
M : Manufacturing
F : Finance }
{ F : Foundation
R : Regulation
A : Acceleration }
{ C : Consumer
L : Laborer
I : Investor }

그림 9

경영외부에 분산, 유리되어 있는 노동자, 자본가, 수요자는 경영 내부에 수렴, 집약될 때 각각 취업자Laborer, 투자자Invester, 소비자Consumer로서 구상화되어 수용된다.

그리고 그 때에 경영은 제조, 재무, 판매라는 구체적 활동으로 외부환경과 관련을 갖게 되며 재량의 정예는 양 요소의 통일적 기능발현을 주관하여 경영의 시초施礎를 구축Foundation하고, 외부여건의 변화에 따라 조정Regulation하면서 기업의 성장을 촉진Acceleration해 가게 되는 것이다.

경영의 내부적 효율은 이와 같은 다양한 요소기능의 통일적 협화와 균형에 의해 달성될 수 있고, 이는 수직적으로 정책의 결정, 일반관리, 계획·준비의 관리, 작업관리 등 많은 단계가 효율적으로 형성·유지되고 또 수평적으로 제조, 재무, 판매 부문과 기타 보조 부문이 경영의 전체적 정책 방향에 조화있게 통합화 될 때 가능한 것이다.

그러나 기존의 경영체제가 수직적인 업무의 연결과 의사의 소통Communication에 있어서 관리자의 일방적 관리폭Span of Control이나 권한, 책임에 치중하여 계층적 관료제에 의존해 왔기 때문에 경영 규모의 확대에 다른 관리능력의 한계성은 관리계층을 증대시켜 취업자 총수總數에 대한 관리자수 비율을 상승하게 되므로 관리자의 급여비, 사무비 등 간접경비를 증가시킬 뿐 아니라 형식적 규제나 통제와 아울러 관리단계의 다층화는 의사소통의 신속성을 둔화시키고 개개인의 창의력을 상실케 하기가 쉽다.

또 경영의 업무가 섬세화되고 다양성을 더해가기 때문에 직능의 세분화와 전문화가 불가피하게 되었지만 전반적인 시야에 입각한 부문직능간의 통일적 의사 결정 및 행동의 집약이 동시에 따르지 못할 때는 경영활동의 효율성을 기할 수가 없다.

이와 같이 경영이 신축성 있는 자유도의 폭을 갖기 위해서는 상하 직능간 및 수평적인 전문직능 부문간의 원활한 의사의 소통과 행동의 통일성이 긴요하고 이를 위해서는 개개 구성원의 재량Span과 능력Ability의 최대발현 유통성有通性과 그 요소의 질성화質性化에 의한 전인적인 인간관계의 확보, 경영의 전체성과 그 방향에 대한 올바른 인식이 필수적으로 요청된다.

이러한 조건을 충실시킬 때에 관리자의 관리폭이 확대될 수 있고 전문부분간의 협화적 소통 및 개개 성원의 자기 직분에 대한 창의력과 예측성이 강화되어 경영전체의 방향에 구성원의 노력을 환원, 집약할 수 있게 됨으로써 직능간의 협화와 관리 계층 간의 원활한 소통을 촉진할 수 있게 된다.

그러므로 재량의 업무는 구성원의 저성低性을 일깨워 본유本攸의 생기生氣 Vitality가 소생될 수 있도록 개개인의 개별성과 독자성을 수용하고 창의력과 성의와 유통성의 발현을 촉발함으로써 개개인의 자발력을 고양하는 일이다.

이와 같이 예외적 업무가 외부의 노동, 자본, 수요와 긴밀한 유대를 유지하여 기술, 경제, 사회적 변화에 대한 장기적인 안목과 계획을 확립하고 자본의존적 현존 체제에서 탈피하여 구성원의 본유적 정성에 근거한 인간 의존적 시스템을 개시開示해 가고, 개개인의 성의와 창의력을 바탕으로 경영 내 다양한 직능요소간의 자발적인 협화와 통일성이 재량 업무에 의하여 형성될 때에 시초비와 고정비의 확대가 억제될 수 있고, 총비용 중 변동비의 상대적 비율이 높은 경영시스템이 이루어져 탄력성을 소지할 수 있게 된다.

그리하여 정규업무Regulation를 수행하는 정예는 예외·재량의 업무와 긴밀한 관련 하에서 환경의 변화에 따라 재료비, 노무비, 경비를 폭 넓게 조정하면서 요구되는 품질과 수량의 제품을 민속敏速 Swifty하게 제조할 수 있게 된다.

이상으로써 우리는 본유경영本攸經營의 구현을 위한 개방적 경영시스템의 구조와 기능 및 관리부문을 개략적으로 분별하여 검토해 보았거니와 이제 국제적 개방화를 재촉하고 있는 시대 상황 하에서 우리나라는 어떻게 이를 대처해 가야 할 것인가에 대하여 고찰해 보고자 한다.

획일적 전체성과 규칙, 그리고 조직에 의존하여 현재顯在 편중의 지엽적 기법을 강조하면서 종교성, 인간성, 성실성 등 본유의 인간의식 차원을 경시해 온 현존의 폐쇄 체제는 본유를 회복하려는 대중의 팽대된 자유의지 하에서 퇴축되어 가고 있다.

그러나 현존 체제하의 높은 경제준위經濟準位를 계속 유지·지속하기 위하여 선진 기업은 비축된 자본력과 오랜 전통을 지닌 현재顯在적 기법의 개선을 통해 감각적 소비성 생산에로 전도顚倒되면서 보호주의적 폐쇄경제체제를 재현시키고 있다.

그러므로 자원의 결핍, 현실을 이탈한 의식구조와 변동 의식, 가중되어 가는 국방비의 부담, 이색적 적성敵性 경제의 위협에 아울러 이러한 퇴축해 가는 선진기업의 폐쇄화에 따른 정치, 경제, 사회의 국제적 급변은 형성 단계에 있는 우리나라의 기업 기반을 교란하고 있다.

그리하여 기업의 부도율과 도산율의 격증은 실업과 저임금으로 유포되고 현실에 대한 혐오와 좌절, 생활의 불안과 도착倒錯으로 개인의 생존 나아가서 민족의 자존에 암영暗影되며, 따라서 이러한 착잡한 현실을 타개할 촉발적 정예의 태동이 어느 때 보다도 갈구되고 있다.

개방화를 촉구하는 계기적 시대조류는 인간 본유를 회복하려는 대중의 도착된 창조의지의 표현이므로 겨레가 처한 역경은 적극적으로 볼 때에 해륙으로 교차되는 강대 세력의 통로에 위치하여 고금古今으로 와력渦力, 격랑 속에서 살아오는 동안 형성된 강인한 의지와 짙은 저성低性 지향의 향수를 재정비하고 창조적으로 개방화해 감으로써 조국의 자립 지반을 구축할 수 있는 계기가 될 수도 있다.

그러므로 우리나라와 겨레의 생업生業은 역사적 경험과 현재적 상황으로 보아 교차되는 열강문물의 와중에서 비권조직非權組織과 비자본체제非資本體制와 비위이념非威理念의 가치를 지향하는 본유의 태동에 의한 경영의 탄력성을 강화해 가야 할 것이며, 또한 새로이 형성될 국제적 개방 경제체제의 준위準位를 초극超克해야 할 강박한 수압하需壓下에 있다.

그러므로 실實의 장場에서 발굴된 정예는 시대상황의 결과 분석에서 한 걸음 나아가서 예견적 분석을 통해서 겨레의 산만된 의식 구조와 가치 체계를 본유 지향적으로 촉발하고 예외업무에 의한 장기적 전망에 대비하면서 단기적으로 재량·정규 업무를 강화해 가야 할 것이다.

이제 정예가 우리의 현실에서 경영외부를 거시적으로 파악할 경우 고려할 환경 요소를 <그림 10>과 같은 모델을 이용하여 고찰해 보기로 하자.

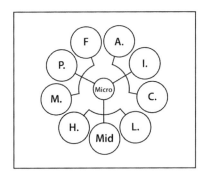

```
┌─ F : Food      ┌─ A : Agriculture   ┌─ H : High class
│  P : Plastics  │  I : Industry      │  Mid : Middle class
└─ M : Minerals  └─ C : Commerce      └─ L : Low class
```

정예는 물질·생명·여섭터적 순차요소의 조화적 발현과 성장을
촉발하고 이에 근거하여 예외·재량·정규의 업무를 통해 노동·자
본·수요와 연결되면서 정예·선발·공중 멤버로 확대해감으로써 본
유의 가치체계가 사회전체에 파급되어 간다.

앞에서 우리는 사회를 대산층High class, 중산층Middle class, 소산층Low
class의 3그룹으로 분류하여 각각의 속성적 성향을 안정Stability, 조정
Regulation, 성장Growth으로 파악했었다.

단위 사회로 볼 때 이들 대·중·소의 각 그룹은 자본·노동·수
요를 기업에 제공함으로써 경영과 관련되어 가지만 국제사회의 도
래로 국내적인 것보다 국제적 기준에 비중이 커지고 있기 때문에 국
내적인 것과 동시에 국제단위의 대·중·소 개념을 도입하여 우리
의 위치를 파악함으로써 국제적 개방 준위準位에 접근해 갈 수 있는
안목과 대비능력의 배양이 요청되고 있다.

이와 같이 국제적 견지에서 볼 때 우리의 경우는 중·소의 양면적

성향을 동시에 지니고 있다 할 수 있다. 그러므로 성장적 욕구가 강렬하고 또한 국제사회의 방향에 조정적 역할을 수행해 갈 수 있는 지식과 기술의 확보 가능성을 충분히 잠재하고 있다.

그러므로 국내 산업이 지역적 기반을 구축하면서 국제사회에 진출하여 성공적으로 그 준위를 초극超克하려면 국내 중소기업의 육성과 개척에서 그 진로를 찾아 가야 할 것이다.

이와 같이 중·소기업의 육성이 중요시되는 이유는

① 자본력이 미약한 반면 전체적으로 보아 지식 및 기술이 비교적 높은 수준에 있으므로 이를 최대로 활용할 수 있다는 점.
② 잠재되어 있는 미소(微少)능력과 아이디어의 폭넓은 개발이 가능하다는 점.
③ 개별화하려는 인간의 본유성향에 순응될 수 있고 따라서 자발적인 창의와 성의노동의 발현이 가능하다는 점.

등을 들 수 있다.

이와 같은 중소기업의 성장적 기반형성과정 중에서 국제 준위에 흡적洽適한 대기업이 구축될 때 기술, 성의, 아이디어의 선택 범위가 확대되어 기업의 안정성이 확보되고 외국자본의 유치가 용이하며 결과적으로 개방준위에의 접근에 있어 시초비施礎費를 절약하는 효과를 얻게 된다.

또한 산업 분야별로 볼 때에 농업, 공업, 상업은 각각 안정·성장·조정을 속성적 성격으로 하고 있으나 단위사회가 처한 시대적 상황이나 그 사회가 갖는 다양한 여건에 따라 강조되는 분야에 차이가 있을 수는 있으나 고정적으로 특정분야가 강조될 수 있는 것은 아니다.

우리의 경우는 안정된 국내 시장을 바탕으로 국제 시장에로 지역
적 판로를 확대해 가야 하고 동시에 산업간 및 산업 내의 제품을 다
각화해 가야하므로 여러 요소의 집약도가 높은 공업에 중심을 두면
서 산업전체로 보아 신축성을 최대로 가질 수 있도록 농업・상업을
폭넓게 포괄할 수 있는 공업분야의 개발이 중요하다.

이와 같은 의미에서 우리나라의 경우 개발 대상 품목으로서 식품
Foods 및 유지공업油脂工業, 수지樹脂 Plastic 및 고무공업, 특화광물特化鑛物
Mineral 및 전기・전자공업분야를 선택하는 것이 유리할 것이다.

6. 결론

현대의 계기契機 상황 하에서 경영이 당면하고 있는 기회의 원인 분석과 그에 대처할 수 있는 현실적인 방법을 모색하기 위하여 실實의 장場에서 실험을 통해 연구한 결과의 제 2부인 본 논문은

첫째, 대상으로서의 피관체被觀體 차원에 능동적·역동적으로 작용·적응해 가는 관찰자 혹은 작용자Operator 차원으로서 인간이 어떻게 이를 인식·포용하면서 기능·작동해가는 가를 종합적으로 부연·고찰하면서 그 전반적 시스템을 모델화해 보고자 했다.

객체의 M·C·T 적 순차요소循次要素에서 현성顯性·잠성潛性·기성基性의 복합심리작용의 주체인 인간은 소재Materials를 취택取擇, 중가重價 Weight 요소와 빈가頻價 Frequency 요소를 선별·배열하여 조건체Conditioner, 양Active, 음Passive으로 분별, 인식하고 여섭與攝터Provision field, 생명터Vitals field, 물질터Substance field의 3터(M·C·T)가 얼터Vitality source(Veo)와 공명·간섭되어 가는 조화상調和狀, 즉 객체의 본질이라

할 수 있는 질서를 지향志向할 때 인간은 본유本攸에 도달, 그의 본유 기능本攸機能을 수행하게 됨을 양자장量子場의 여러 현상이나 태양계의 고전역학적 모델을 모사하여 징상徵象 Symbol feature으로 표현했다.

둘째, 실의 현상의 본유 구조와 그 기능을 바탕으로 현존의 논리 성을 검토·분석하고 그에서 파생되는 시대의 전반 상황을 개괄해 봄으로써 현존 경영의 위기 상황을 이해해 보았다.

현존 논리는 대상에 대한 인식 및 작용의 주체로서 인간의 복합 적인 의식차원과 현상계의 중첩重疊적으로 현시顯示되어 대상의 다양 한 요소기능에 공명·간섭되는 얼터 차원을 결여·등한시하고 가시 可視·구상具象의 빈가요소를 Cis, Trans의 상호대립·모순의 관계로 구성·파악한다.

그리하여 폐쇄 범위 내에 고착되어 단편적인 부분의 가산적 종합 에 의해 전체를 파악하려고 한다.

또 역동적인 많은 요소대상을 관념적 지성知性에 의존, 정지적으로 관찰하게 됨으로써 계층·우열 등의 관계로서 대상을 파악하고, 목 적, 수단 등을 중요시하게 된다.

이러한 논리는 물질과 현성顯性에 편중되고 이념이나 조직에 의존 하여 인간의 개별성과 독자성을 경시, 전체주의적이고 획일적인 금 金, 권權, 위威의 관료체제로 흐르게 된다.

그리하여 인간의 본유기능本攸機能을 은폐하게 됨으로 유통성有通性 Syntality의 요소집약이 어렵게 되고 내면적인 자기분열과 도착倒錯, 조 직과 사회로부터의 소외, 인간간의 갈등과 불신현상 등이 심화되어 간다. 그러나 교통·통신의 급속한 발전에 따라 세계적으로 많은 영 역이 개방화되어 가는 계기상황契機狀況 하에서 상실된 본유를 회복하려는 개방화 의식과 폐쇄체제의 간극에서 대중은 요동하고 있다.

그 결과 경영 내부적으로는 성의誠意 Morale가 저하되고 외부적으로 대중의 성원Support체제가 약화되어 경직현상이 점차 심해지고 생산성Productivity의 위축으로 수익률을 저하시켜 사회 전반의 도의성道義性 Morality이 동시에 피폐하게 된다.

셋째, 오늘날 대중의 개방적 자유의식이 내포하고 있는 인간의 본유 성향의 내용과 기능시스템을 검토·분석하고 또 그의 발현을 촉발·신장할 수 잇는 윤리 체계의 방향을 모색하면서 그러한 인간 본유의 기능과 성향에 흡정洽正되는 경영체제에 대하여 고찰해 보았다.

인간은 독자의 전인성과 개별성을 본능적으로 희구하고 또 그러한 여건 하에서 현성顯性·잠성潛性·기성基性의 복합적 심리기능이 조화될 때에 유용성有用性과 당위성當爲性 그리고 계율戒律의 중첩重疊적 발현을 터득함으로써 개방적 윤리체계를 개시開示하게 된다.

또 그 때에 유통성과 생기生氣 Vitality가 현시되어 인간내면의 도착倒錯이 해소되고 인간간의 전인적 소통이 이루어져 경영은 안으로 성의Morale를 집약하고 밖으로 성원Support을 유발함으로써 신축伸縮 자재自在의 자유도를 넓힐 수 있고 생산성을 향상시킬 수 있다.

그러므로 경영은 인간의 본유지향本攸志向적 본능의 발현을 최대로 촉발할 수 있도록 내·외의 다양한 요소를 분별하여 그 관리의 구조와 시스템을 재형성해 가야 할 것이다

넷째, 개방적 윤리체계와 경영체제에의 방향에 근거하여 개방화의 경영기능과 체제를 검토하면서, 실제적인 경영의 관리부분을 분석·분류하고 그 구현을 위한 구체적인 방법을 유기有機시스템의 모델을 이용하여 모색함과 동시에 세계적 개방시조에의 시한적 적응

이 강요되는 우리나라가 나아가야 할 방향을 實의 장場에서의 실험적 연구 결과를 근거로 분석·개략화하여 제시해 보았다.

지면 관계로 5장에서 다루어져야 했을 내용의 미흡 부분은 차회 논문에서 다룰 수밖에 없었으며 본 연속 논문의 종합에 의해 완결된 전체논문의 개괄적인 내용 정리에 그칠 수밖에 없었음을 유감스럽게 생각한다.

誠 (言→成:創造) : **信 ・ 義 ・ 業**

(廣深久의 焦核)　　(敬天)　　(愛人)　　(實地)

윤리경영수압과 개방체제실험(Ⅲ)

1. 서론
2. 동서사유의 특성과 본유질서本攸秩序에의 「어프로우치」
3. 한국의 전통적 가치관에 대한 재음미와 그 방향
4. 결론

1. 서론

세계는 본유本攸를 지향志向하려는 대중적 의식과 현상의 다양한
동소動素가 부활賦活됨에 따라 와동이 격화되고 있다.

그리하여 현존 인류의 물질에 대한 유의성誘意性의 표현인 경영은
경직성을 더해 가고 목적하는 바 결과는 기대와는 격차를 심화해 가
고 있다.

이는 물질과 관료에 탐닉, 인간을 소외해 온 근세래 산업의 기
계론적 구조가 필연적으로 겪지 않을 수 없는 시대적 과정이기도
하다.

따라서 현존 경영은 근대적 관념과 유물唯物, 자본과 조직에의 지
엽적 편중에서 탈피, 새로운 질서와 가치를 찾아 재정립을 모색하지
않을 수 없는 것이다.

그러므로 우리는 세계적 단일화가 지향되는 시대조류와 대중적
자유의식을 통찰, 인류가 유진遺眞으로서 내재해 온 광심廣深의 유정

溜晶을 재음미, 역동·실상力動實象의 인소因素를 취택取擇, 생산과 윤리가 상보·조화되는 생동적인 메타볼리즘Metabolism을 회복해야 될 것이다.

그리하여 인간의 생동적 유기기능有機機能과 생기生氣 Vitality를 부활, 인간탄력성 계발啓發을 조건으로 한 경영체제가 모색될 때 경영은 신축성과 탄력성을 회복하여 생산성이 고양될 수 있을 것이다.

특히 우리나라는 개방사조開放思潮 하에서 폐쇄화되어 가는 국제경제를 감안할 때 민족고유정신을 생산적으로 승화시킴으로써만이 번영의 전망을 가져올 수 있을 것이며, 또 강력한 자존력도 부산副産될 수 있을 것이다.

그러므로 본 논문은 현존 문명을 주도해 온 근세래의 서구적 사유와 그 전개과정을 검토하고, 또 이를 동양적 사유특성과 대비하여 본유本攸적 인소因素를 파악, 현대 대중으로 하여금 그 본유성향을 생산성과 윤리성의 조화적 발양發揚에도 정립하게 할 수 있는 개방적 가치체계를 모색해 보고자 한다.

또 겨레의 전통적 고유가치의식을 재음미하여 고유얼에 근거하여 생산과 윤리가 조화, 고양될 수 있는 가치인소價値因素나 그 시스템화를 모색하고자 한다.

2. 동서사유의 특성과
본유질서本攸秩序에의 「어프로우치」

본 장에서는 현존 인류문명을 주도하고 있는 서구적 사유형식과 물질주의적 특성 및 경향을 그의 전개과정 속에서 고찰하고 동양적 사유특성과 비교·검토하기로 한다. 그리하여 팽배된 외면지향적 가치의식의 극한에서 와동, 잠재·구상具象의 도전을 격렬화해 가고 있는 현대 대중으로 하여금 그 본유성향本攸性向을 생산성과 윤리성의 조화적 발양發揚에도 정립하게 할 수 있는 개방적 가치체계의 인소를 통찰·채택하므로서 본유화本攸化 Properation[1]에의 흡정도洽正度를 고양할 수 있는 방향을 구명, 모색해 보고자 한다.

산업사회와 대중사회의 표리관계로 특질지어 지는, 현대 문명의 주축을 형성해 온 근세이래 서구적 문물은 오늘날 여타의 많은 문화권에 대하여 거의 절대적인 영향력을 미치고 있다.

그리하여 비서구적 문화권의 대부분의 인종은 「근대화」라는 완곡

---

1) 본연구논문(Ⅱ), 건대학술지, 14집, 1972, p.289.

한 표현을 빌리고는 있지만 정치, 경제, 사회, 문화, 심지어 생활양식
에 이르기까지의 모든 면에서 실질상 서구화를 지향하여 총력을 집
주集注하고 있으며 나아가 그의 실현도를 당해지역 발전의 척도로까
지 생각하는 경향이 짙다.

　이러한 상황은 영국의 역사학자 토인비Arnold J. Toynbee교수가 지적
하고 있는 바

　　"즉 현대에 있어서 모든 나라, 모든 인간이 한결같이 「근대적」이라
　　든가 「과학적」이라든가 「민주주의적」이라는 것을 주장하지 않을
　　수 없는 상황에 빠져 있다. 이 세 가지의 신성한 단어의 전부를 부정하
　　는 것은 물론 그 중의 단 하나라도 부정하는 것은 스스로를 고의로 문
　　명의 권외(圈外)에 두어 암담한 속에서 살아가기를 택하는 것과 같다는
　　식이다."2)

라는 말 속에도 잘 표현되고 있다.

　그러면 한 때 여러 강력한 문화권의 영향 하에 있던 서구적 문명
이 장구한 인류사로 보아 불과 3~4세기라는 기간에 여타의 문화권
에 대하여 사상 그 유례를 찾아볼 수 없는 정도의 영향력을 구사하
면서 팽배하게 된 요인은 무엇이며, 그 특질은 어떻게 파악될 수 있
을 것인가? 또 오늘날 인류 유의성誘意性의 최대 초점이 되어 있는 현
존 경영과의 관계와 이것이 직면하고 있는 다양한 위기적 상황과는
어떠한 맥락을 갖고 있는 것인가?

　우선 서구문명이 중국인에게 미친 영향에 대한 토인비 교수의 견
해를 개괄·인용하여 그 추이를 살펴보면서 그 역사적 전개과정에

---

2) A.J.Toynbee ; The Present - day Experiment in Western Civilization tran. into Japan
　 by Eijikurosawa(東京, 昭和 40), p.40.

대한 검토의 실마리로 삼고자 한다.

"19C에 있어서 서양과의 접촉이 중국에 준 충격은 사상 그 예가 없을 정도의 것이었다. … 남방해양만인(南方海洋蠻人), 즉 영·불인에게 심하게 학대받고 결국에는 이 만인들을 모방한 만인, 즉 러시아인과 일본인에게 차례로 고통을 받았기 때문에 견딜 수 없게 되었다. 중국사상 거의 1세기의 긴 세월에 걸쳐 연달아 당한 이 침략행위에 의해 도발당한 중국인의 감정은 얼마나 강렬한 것인가? 그것은 상상만 해도 나는 송연해지지 않을 수 없을 정도이다. 19C의 서양이 중국에 대해서 범한 죄악에 대해서 20C의 서양은 복리계산의 배상금을 지불하기에 이르지는 않을 것인가? 나는 그러한 예감이 든다. 서양인종이 근대적 과학기술을 병기로 이용하지 않았더라면 19C의 서양도 중국을 고통스럽게 할 수는 없었을 것이다. 중국은 서양에 의해 얼마나 중대한 굴욕을 받았던 것인가? 이에 대해 러시아는 그런 굴욕을 거의 받지 않았다는 점, 이 두 가지 사실이 서양 이외의 전세계에 있어서 오늘날 서구문명중의 기술면이 특히 중요시되고 있는 이유인 것이다. … 각종의 서구식 과학적 발명이 속속 군사면에 적용된 것은 분명히 근세에 있어서 서구제국이 세계에 군림할 수 있었던 이유이기도 하다. … 비서양인종의 다수가 서양의 지배하에 빠질 운명에서 피하기 위해서는, 또 일단 서양의 지배하에 굴종한 그들이 그 고경(苦境)에서 벗어나기 위해서는 서양의 무기를 가지고 서양에 대항할 수 밖에는 수단이 없는 것은 명백하다. 그러기 때문에 그것은 당연했던 것이다. … 과학이란 말이 오늘날 신성화(神聖化)된 이유가 거기에 있는 것이다. 공업기술과 결합한 과학은 물질적 힘을 생출(生出)했다. 이 물질력이 강력한 무기로 화한 것이다. 그 위에 이 무기를 손에 넣고 싶다는 원망(願望)이 그 무기를 생성한 과학, 그것을 배우고자 하는 원망을 자극한 것이다"[3]

이상 인용문을 통하여 단편적이나마 서구문명이 근대 중국 및 세

---

3) Ibid pp.47-52.

계사에 끼친 영향의 일단을 엿볼 수 있겠으나 서구문명이 현대를 주도하게 된 요인을 파악해 보기 위하여 우선 서양 중세 말 이후의 역사전개과정을 개관해 봄이 좋을 것 같다.

일반적으로 서양 중세사회는 농노제를 기반으로 하는 봉건적 자급자족 경제의 지방분권적 봉건장원제와 인간의 이성 및 감성적 측면이 부정 또는 등한시되고 내면위주의 영적인 세계가 강조되는 교권중심의 그리스도교적 가치관이 지배하는 정태적 시대라 볼 수 있을 것이다.

그리하여 자연현상에 대한 지식이나 정서적 흥미가 경시되어, 인간성이 속박·왜곡되고 물질적 욕망이 죄악시되는 일반적 경향이 지배적이었다.

그러나 봉건사회의 생산력의 점차적 발달과 해양성의 자연·전통적 조건은 교환 목적의 수공업 생산을 유기誘起하게 되고 그에 따른 중세도시의 발흥은 점차 이태리를 중심으로 한 원격지 상업, 화폐경제의 보급을 수반하게 되었다.

또 한편 11세기 말 경부터 거의 200년에 걸친 십자군활동을 계기로 이질적인 이슬람 및 비잔틴 문화권과의 활발한 교섭은 상인에 의한 상품과 물질적 문화재의 수입과 더불어 상공업의 발전을 촉진하면서 선진 아라비아Arabia의 과학, 철학 및 그리스적 문화와의 교류를 통해 정신적, 추상적 문화를 도입·자극되면서 점차 왜곡된 인간성의 회복과 자연현상에 대한 과학적 추구에의 길을 모색하는 복고적 움직임이 싹트고 봉건주의적 가치관과 체제에 변화를 요구하는 기운이 전유럽 세계에 파급되어 갔다.

특히 이는 장기간에 걸친 십자군 원정에 따른 재정적 궁핍을 만회

하기 위해 취해진 방법으로 인한 교회의 세속화 경향과 교권의 타락을 자초·불신풍조를 조성, 중세사회를 정신적으로 지배해 온 교황권의 실추로 연결되었고, 또 중세계급사회의 주축인 봉건제후 및 기사계급이 신흥 상공인과 제휴한 왕권의 상대적 신장과 더불어 점차 몰락되고, 중앙집권적 국가형성에의 계기가 촉진되면서 더욱 강렬한 움직임으로 새로운 가치체계와 체제에 대한 요구가 활기를 띄게 되었다.

이와 같이 중세말기 서구역사의 추이를 개관해 볼 때 서구의 근대화 과정은 영원성永遠性이나 신성神性 Divinity을 추구하는 인간의 내면지향적 성향이 지나치게 강조되는 신앙편중의 가치관 및 그에서 부산되는 중세적 여러 제도의 극한에서 탈피하여 인간성을 회복함으로서 인간본연의 이성과 감성이 발현될 수 있는 새로운 가치관을 희구하는 당대 서구인의 내면의식에서 연원된다 볼 수 있을 것이다.

그리하여 신의 존재를 설정하면서도 인간의 본래적 가치와 권위를 전면적으로 강조하고 자연의 미나 이치에 대한 이성적 추구 등이 활발해져 르네상스Renaissance의 문예를 낳고, 과학에 대한 관심이 점차 고조되었으며, 상역商易 및 수공업의 발흥은 지리상의 발견을 촉진하여 활동의 범위를 확대해 가게 된 것도 그러한 의식의 소산이라고 생각된다.

그러나 중세말기이래 점차 세력과 부를 축척해 온 신흥 상공인층과 중세체제의 와해와 더불어 중앙집권적 왕권의 확립을 꾀하는 절대군주의 결탁은 당대 서구인의 대중적 의식을 여기勵起, 이에 편승하여 구질서를 고수하려는 보수세력의 붕괴를 촉진하면서 마침내는 그들의 이윤추구의지와 권력추구의지의 목적달성을 위해 대중적 성향과 그 소산을 그에로 추종 수렴시켜 왔다고 생각된다.

그리하여 서양근세사는 봉건적 폐쇄사회의 개방화와 더불어 물질, 권력, 권위를 표적한 계급간, 민족간, 지역간, 종파간의 투쟁으로 점철된 대립과 반목이 두드러지게 되었으며 특히 르네상스를 계기로 한 근세래 서구인의 의식을 지배해 온 흐름은 크게 보아 ① 상업산업자본가의 투쟁적이고 강렬한 물질추구적 의지, ② 절대왕권의 확립에서 시작되어 마침내 국민·민족국가의 형성에로 연결되는 전체주의적 의식경향, ③ 공리성, 객관성, 보편성에 탐닉된 과학과 기계론적 획일주의에로 일탈되어 온 기술에의 편집된 이성중시의 의식경향으로 요약되는 역사의 전개과정이라고 볼 수 있을 것이다.

그 중 특히 근세 서구문명의 형성에 주역을 담당해 온 것은 무엇보다 과학과 기술이었지만 이의 발전과 응용을 주도한 것은 인간의 자연(물질)에 대한 지적 추구라는 본유본능本收本能을 훨씬 능가하여 이성이나 오성悟性을 강조·절대시하여 모든 면에 적용하면서 물질편중적 의식과 권력의지의 배타적 자기실현이라는 투쟁·대립적 의지를 강화·자극해 온 데 힘입은 바 크다고 생각된다.

이는 근대서양의 과학사나 많은 학문의 논리구조 속에서도 적지 않게 그 흔적을 간취看取할 수 있을 것이다(이 점은 실(實)의 현상(現象)에의 수리적 「어프로우치」를 다루는 차기 논문에서 다룰 예정임).

일반적으로 과학 및 기술적 지성은 수단이나 도구에는 예민한 안식眼識을 갖고 있지만 포괄적인 가치기준에 대해서는 맹목인 경향이 농후하므로 자연 그를 위요한 외부적 의지에 추종하기가 쉽고4) 이와 같은 특성이 과학과 기술문명으로 특징지워지는 현대 서구의 물

---

4) I.L.カンデル ; ヒューマニズムと國際的 理解, 東京 ; 1952, p.34.

질문명을 구축하려는 데 중요한 기반을 이루게 된 경위經緯인 동시에 또한 강한 영향력을 소지하게 된 원인도 될 것이다.

그리하여 현대과학은 그 과시하는 바 즉 이성의 정화精華라 할 수 있는 철저한 분석력과 조직력에 의해, 인간의 내면적 다양한 심리요소와 외전반요소와의 다기다양한 연관 하에서 전개되는 복합사상으로서의 실實의 현상現象을, 지성이나 이성의 단면에 탐닉된 관찰, 분석, 조직에 의해 일정의 종합적 지식체계로 정리整理하여 현상의 인식을 간결화하고 그러한 정밀거대한 조직력에 근거한 기계론적 획일주의 가치관 및 사실적 논리를 구사한 의제擬制 logical fiction나 의념擬念 illusion으로서 강요·자극하게 되면서 그러한 체계를 절대시하게 되었다고 생각된다.

그리고 그러한 편협·폐쇄의 논리는 현성顯性, 잠성潛性, 기성基性의 복합적 심리작용에 의해 외계대상에 적응해 가는 인간의 개별성과 독자성을 획일화, 왜곡하여 거대 기구의 수단이나 도구로 귀일시키는 결과를 낳게 되었다고 할 수 있다.

그러면 이러한 전반적인 가치의식의 팽배가 현존 경영에 어떻게 표출되고 있으며 또 이것이 오늘날 직면하고 있는 위기적 여러 요인과는 어떠한 관련을 갖고 있는 것인가?

근세 이래 집요한 물질, 권력에의 편중된 추구의지는 경영이란 구상적 표현으로 인류의 의식과 활동이 집약, 수렴되면서 오늘날의 고도산업사회의 형성에로 유도되었다고 볼 수 있다. 그러므로 현존 인류가 극복해야 할 가시可視·비가시非可視의 다기다양한 문제들도 바로 경영이란 구상체具象體를 통찰함으로써 그 면모를 잘 파악할 수 있을 것이며 그 해결의 실마리도 보다 명확하게 부각될 수 있을 것이다.

오늘날 전지구상의 인류가 위기로 느끼고 있는 여러 문제, 즉 자원의 고갈, 만연되는 공해현상, 만성적 인플레이션 등의 상황이 이러한 경영문제와 직접·간접적으로 결부되어 있다는 사실은 바로 이를 잘 표현해 주고 있다.

그러므로 현대 문명의 집약적 구상체로서의 경영이 내포하고 있는 가치체계와 그 제도, 그리고 나아가 근세 이래 형성 강화되어 온 서구적 사유특성으로부터의 일반적 의식에서 파생되는 문제점을 본원적으로 통찰하여 그를 분석·검토함으로써 본유적本攸적 가치체계 價値體系를 도출할 때 오늘날 경영이 당면하고 있는 위기의 극복방법이 찾아질 수 있을 것이다.

현대 경영이 당면하고 있는 가장 심각한 내부적 문제는 세계적 현상으로 만연되어 있는 생산성Productivity의 위축과 경영의 경직성 Rigidity이라는 두 가지 점으로 요약될 수 있을 것이며, 이러한 경영위기의 소인素因은 크게 보아 ① 자발적 노동사기勞動士氣의 침체, ② 생산Production과 윤리Moral의 괴리, ③ 전문화의 확대와 현상파악의 편집 偏執·폐쇄성 등으로 나누어 생각해 볼 수 있을 것이다.

물론 이들의 사상事象은 인간성, 신앙성, 생산성의 조화 삼중점三重點 Triple point5)을 지향, 얼터적 요소와 끊임없이 공명·간섭되어 가는 인간의 본능적 본유성향本攸性向이 좌절, 왜곡되는 누열Breakage 상황에서 파생되는 표상적 현상에 불과하고 또 상호밀접한 관련 하에 있기 때문에 명백한 구분이란 사실상 불가능한 것이지만 서술의 편의를 위해 분류해 보는 것이다.

그러면 앞에서 지적한 바와 같이 근세 서양사를 이끌어 온 편중된

---

5) 井上敏外 ; 理化學辭典(東京, 1967), p.535.

물질추구적 의지와 권력의지 및 이성중시의 현상인식경향이 오늘날 경영의 위기 소인素因과 어떠한 맥락을 갖고 있는가를 하나씩 검토해 보기로 하자.

오늘날 경영은 기업참여자의 근로의욕 저상沮喪, 경영사기의 침체, 자발적 창의성의 결여 등과 관련된 노동생산성의 위축 및 이에 경유한 경영의 경직화 현상 등으로 부심하고 있다.

그리하여 경영층은 노동자의 동기부여Motivation, 일의 효율화 등을 강조하면서 갖가지 수법 내지는 기법을 안출, 적용하기 위하여 현존 학문 및 기술의 성과들을 다양하게 구사하려 한다. 그럼에도 불구하고 이러한 방법들이 동기부여 또는 사기의 고양에 지속적인 효과를 발휘하지 못하고 또 다른 반발, 저항 등에 의해 와해되어 온 것이 과거의 통례였다.[6]

그러면 최근 400명의 서구 최고경영자층에 대한 조사의 분석결과 보고문을 인용하면서 이런 원인의 근거를 알아보기로 하자.

"그들은 직위에 따른 권한을 더 이상 구사할 수 없게 되었고, 오히려 하급자와의 경쟁 속에서 그들의 직위를 견지해야 되고 모든 일에 있어 그 직위를 방어해야 하게 되었다. 상담에 응한 최고경영자 중 61% 이상 이 그들의 주된 과제가 인사관리에 있음을 실토하고 있다. 거의 모든 경영자가 리더쉽의 문제를 안고 있다. 많은 경영자들은 경영체의 의사결정에 종사자들이 참여하여 자유롭게 그들의 의견을 진술하도록 할 필요가 있을 때도 위협을 느낀다. 경영자가 관리의 직위를 얻기 위하여 전 인생을 끈덕지게 노력해 왔다고 할 때, 관리와 동기부여의 낡은 수법이 점점 그 효과를 상실해 가면서 자신의 권한이 침식되어감을 의식하게 될 때

---

6) Thomas H. Fitzerald , Why Motivation Theory doesn't work, H.B.R. (Vol. 49. No.4) p.38.

그의 대한 위협감은 절실해지는 것이다.

경영권의 상실에 대한 공포와 아울러 다수의 경영자들은 특징적으로 정의(情意)에 둔감한 것도 사실이다. 예를 들면 어떤 경영자는 알게 모르게 개인적 무능에 대한 보상수단이나 무의식적 무력감에 대한 반응으로서 다른 사람에 대한 권한 행사를 추구하여 관리직을 노리게 된다.

관리직을 획득하기 위한 집요하고도 부단한 충동으로 말미암아 그들은 그들 자신이나 다른 사람들의 복잡미묘한 감정에 대해서는 맹목이 된다. 더욱이 경영자들은 기술, 과학, 법률 또는 재무와 같은 지식을 배경으로 가진 사람들이 대부분이다. 이 분야의 사람들은 대개 이성적 합리적이나 가측검증(可測檢證)이 가능한 사상에 대해서만 지나치게 강조하는 경향이 짙다. 또 대개 그런류의 사람들은 어린 시절부터 그들의 감정을 억압하고 경쟁적이고 호전적이며 비감정적 측면이 강조되는 훈련을 받게 된다. 따라서 그들은 고도의 논리성이 강화되는 교육을 받게 되며 이러한 합리성을 조직에까지 적용하려 하게 된다.[7]

이상의 인용문을 통하여 우리는 오늘날 경영을 위요圍繞한 인간의식의 일반적 흐름을 엿볼 수 있거니와 이는 비단 경영 집단 뿐 아니라 거의 모든 대소 조직집단 내에서 보편화된 특성이라고 보여진다.

이는 특히 경영을 이루는 각부문간의 전문화, 기능화에 의해 전체적 최적의사의 결정이 절실해짐으로써 이의 타개를 위해 크게 채용되고 있는 O.ROperations Research팀에 있어서도 전체를 통관通觀하여 최적해를 추구한다는 본래적 요청에 철저하기보다는 진급에 대한 열망이 더 강렬하여 다양한 수학적 모델 구성도 형식에 흐르는 경향이 자주 지적되고 있는 것[8]도 그 좋은 예가 될 수 있다.

---

7) Frederic Harmon ; European Top Manager's Struggle for Survival, European Business, Winter, 1971, p.14.

8) Harvey M. Wagner ; The ABC's of Operations Research Published by Operations Research Society of America, 1971, p.1263.

이와 같이 현대사회의 결정적 제도Decisive institution[9]로서의 경영체 내에 있어 구성원의 강렬한 권력의지에의 집착은 대개의 경우 물질 추구의지와 불가분의 결부 속에서 파악되며 이는 필연적으로 본유 질서本攸秩序를 형성해 가는 중가重價적 흡정洽正요소 까지도 자기탐욕 적 목적달성을 위한 부차적 수단으로 종속시켜 배타적 자기실현을 위한 경쟁을 격화시킴으로서 인간간의 유의성有誼性과 유의성有義性을 파괴하여 불실과 갈등, 분열을 조장한다.

이는 근대 이래 형성되어 온 목적론 및 전체주의적 관념이나 유물 론적 가치체계 속에서 조건반사적 자극을 받아 오는 동안 마침내 이 를 당연시하게 됨으로써 고정화되어 왔다고 생각된다.

이는 기업참여자에의 동기부여를 위한 지배적 원칙으로「당나귀 조종식」,「포상과 응징」의 원리를 생각하고 있는 경영자의 통념화된 사고방식[10]에서도 잘 나타나고 있다.

즉 경영참여자 개개인의 독자적인 개성이나 자발성에 근거한 직접적인 정성 및 본유적 생기Vitality가 터나도록 여건과 환경을 부 여·수용한다는 입장보다는 당나귀를 몰 듯 당근Carrot과 같은 금 전이나 직위의 미끼를 이용하여 폐쇄적 자기 목적달성을 위한 방 향으로 인간을 유인한다는 식의 수단적 동기부여관을 거의 당연 시하고 있다는 것이다.

그리고 이러한「당나귀 조종식」경영관리 개념은 엄격한 계층성 과 직계식(군대식) 관리체계를 특징으로 하는 관료조직과 결부되어

---

9) P.F.Drucker ; The new Society - The Anatomy of the Industrial Order, N.Y.1950, pp.32-33.

10) Harry Levinson ; Asinine Attitude toward Motivation, HBR (Vol. 50, No.1) 1973, p.73.

경영참여자로 하여금 획일적 규범과 조직의 보편적 도구로서 전체성에 추종내지는 종속될 것이 강요되고 일방적 고용, 해고, 승진, 이동 등의 압력 하에 놓이게 된다. 다시 말해서 개개인의 운명은 그들의 영향력 및 조정의 권외圈外에 있는 즉, 도저히 손이 닿지 않는 제3자의 생각여하에 따라 좌우될 수밖에 없게 된다.

그러나 원래 인간의 생기Vitality, 사기士氣 Morale, 창의성Creativity 등은 이러한 환경 하에서는 피어날 수 없는 것이고, 더욱이 오늘날 과학과 기술 등 지식의 보편화, 정보와 의식의 개방화는 참여집단 스스로가 강력한 조직력을 구사할 수 있게 되어 노동조합이라는 집단력을 행사하여 금·권·위적 관료조직의 억압에 대하여 스스로를 보호할 수 있는 실질적 능력을 소지하게 되었을 뿐 아니라 적극적으로 경영정책에도 중대한 영향력을 미치게 되었다.

그러므로 전세前世적 경영관리개념에 고착되어서는 기술, 시장, 설비 등 시시각각으로 변모해 가는 경영외적 상황에 기민하게 대응해 갈 수 있는 참여자의 사기나 창의력이 발휘될 수 없고, 또 외부로부터의 성원Support도 기대하기 어려울 뿐 아니라 오히려 다방면에서의 저항과 반발을 유발하여 기업존속에까지도 위협을 느끼지 않을 수 없게 되어 있다.

오늘날 경영의 효율성 및 생산성을 고양하기 위하여 인간측면에 있어 인간관계Human Relation, 인간공학Human Factors Engineering, 행동과학 Behavioral Science 등의 방법을 기업 활동에 적용하고 있으나 본래적으로 인간의 내면적 심리요소의 본유성향本攸性向을 바탕으로 한 가치체계와 제도의 재정립 없이 일방적 목적달성을 위한 수단적 도구로서 생각되는 한 아무리 정치精致한 기법이라 하더라도 기대에 부응하는 효과를 얻을 수 없을 것이다.

역사적으로 볼 때 동서를 불문하고 전체주의 제도하의 지배층은 일반적으로 비생산적인 자기의 입장을 합리화시키고, 또 그러한 장場에서 발생한 가치기준은 절대시하여 생산에 종사하는 대부분의 사람을 지배하기 위한 수단적 도구로서의 윤리관을 형성해 온 흔적이 농후하다.11)

즉 민족이나 국가 또는 계급 등 획일적 전체주의의 목적을 앞세운 지배층의 이념적 가치체계를 당위로 하는 강제성의 윤리관을 당연시하고, 이의 보편화를 꾀하려 해왔다.

그러나 오늘날 이러한 윤리관은 개별화와 개개인의 독자성을 요청하는 강렬한 대중적 자유의식自由意識을 수용할 수 없게 되었고 과거의 민족 또는 국가단위의 전체의식이 그 사회의 경제성장에 주었던 영향에 대신해서 개인행동 및 개별기업의 차원이 확대되어 가고 있다.

엄밀한 의미에 있어 국민국가의 탄생이후에 있어서의 경제가 대체적으로 국가단위의 체제를 취했던 이유는 생산에 종사하는 사람들이 인간의 본유적 윤리바탕에 서 있지 못했기 때문이라고 생각될 수 있을 것이다. 그러나 개방화가 가속화되어 가는 오늘날에 있어서 이러한 인간의 본유적 윤리를 수용할 수 있는 가치체계의 바탕에 서지 않고는 현존 인류가 당면하고 있는 위기상황 극복을 위한 에너지를 생성할 수는 없을 것이다.

경영에 참여하고 있는 거의 모든 사람이 원願·불원不願을 막론하고 이윤추구라는 입장에 고착된 것은 각 개인의 심리내면에 잠재되

---

11) 中村 元 ; 東洋人の思惟方法(二部)(東京, 昭和 30) p.161.

어 있는 본능적 윤리가 등한시 또는 망각되고 근세래 권력이나 물질 추구적 현성顯性 측면이 조건반사적 자극을 통하여 강화되어 오는 동안 굳어진 가치의식의 당연한 귀결이라고 생각된다.

그 결과 근시·폐쇄의 지엽적 기교에 탐닉된 이윤추구에 급급하게 되고, 그럴수록 경영참여자 간의 갈등과 불신, 반목과 경계가 조장되어 각 개인 간, 집단 간의 유의성有誼性 ; 協和이 와해·분열되어 생산적 창의력의 둔화 및 위축을 가져올 뿐 아니라 소중한 시간과 물자와 노력을 상실시키면서 목적한 바 이윤추구가 결과적으로 목적과 배치되고, 본유지향의 인간의식은 자기분열증상을 띠면서 조직으로부터 유리되어 간다.

선진국 기업에 있어 노동력의 전직율轉職率이 커지는 현상은 노동 생산성과 관련, 심각한 문제를 제기하고 있으며 최근 벤처 비즈니스12)가 성행되는 이유도 이와 관련된 현상이라 생각될 수 있을 것이다.

"경영관리직에 있는 많은 사람들이 보수가 적더라도 개인적 자유와 독자성이 보장되는 새로운 일자리를 찾아 사직하고 있다."13)

현대문명 형성의 주축을 이뤄 온 과학과 기술은 서로를 보족補足 하면서 근세래 인류의 유의성誘意性이 집약되어 온 산업 및 전쟁에 거의 절대적인 영향을 주고 받으면서 인류역사상 어떠한 시대보다

---

12) Louis L, Allen; Starting and succeeding in your own Small Business. Arnold C.Cooper; The Founding of Technologically-based Firms. 中村秀一郎·淸成忠男譯 「ベンチヤ-マネジメント」(東京 1973).

13) Harry Levinson; Ibid, p. 71.

도 훨씬 빠른 속도로 막대한 지식을 집적해 왔다.

그리하여 무한소無限小, 무한대無限大라는 무한계열의 광대한 영역을 포괄하는 지식세계의 확대는 오랜 경험의 과정, 사변적 관념 그리고 수리적 또는 추상적인 추리 등의 요소에 힘입은 바[14] 크지만 이는 특히 근세래의 경험주의, 실증주의적 사유양식의 팽대와 관련하여 오감五感을 통하여 검증내지 실증될 수 있는 표상적 현상을 중요시하고 그러한 오감의 연장이라 볼 수 있는 각종 도구나 기기의 안출과 구사로서 가능했던 것이다.

그리고 이러한 과학과 기술의 공헌에 의해 성취되어 온 근래의 눈부신 물질적 축적과 그 성과에 대한 집착과 추구의지는 그 결과의 생성에 주도적 역할을 한다는 확신 하에서 인간의 현성顯性 Manifest적 측면을 지나치게 강조하고 본유本攸적 윤리체계의 파악에 있어 불가결한 요소인 잠성潛性 Latent이나 기성基性 Found의 저성底性적 인간심리 요소를 무시내지는 등한시해 왔다.

그리하여 현성적 측면에 편집되어 광심廣深이 부족한 요소의 시스템화에 의해 형성해 온 기계론Mecahnism 및 결정론Determinism적 세계관을 과신·보편화하면서 자연과의 유기적 관련 하에서 인간의 물질측 적응 활동이라는 경영개념은 마침내 물질주의의 인간욕망이 자연을 정복해 가는 과정으로 파악되는 투쟁적 경영관으로 대치되어 왔다.

　"전체시스템(Total system)에 대한 이해 없이 어떻게 대규모시스템의 개선을 위한 설계를 할 수 있으며 또 설계할 수 없다는 결론일 때 그러면 어떻게 전체 시스템을 이해할 수 있을 것인가. 이런 문제는 이때까지 철학자들의 생각 속에는 없었다. 그러므로 전체 시스템의 특성에 대한

---

14) James B. Conant; Modern Science and Modern Man (N.Y. 1952) p.24.

깊은 사려없이도 부분 시스템에서 개선이 이루어질 수 있다고 기대하게
되는 것은 오히려 당연하기도 했다. 전체 시스템의 부분은 여타 시스템
에서 분리하여 연구하고 개선될 수 있다는 것이 서구적 사유의 전통이었
다. 이러한 사회개선에 대한 개념에 서구적 사유가 깊이 뿌리박고 있었
기 때문에 우리들의 사회를 기계적 요소로 분리하는 것이 당연하다고 생
각하게 되었다.

　각 요소는 자신의 개선기준을 발전시키고 요소들은 사회구조의 다른 부
분으로부터의 간섭에서 가능한 한 자유로운 것이 당연하다고 생각했다."15)

라고 지적하는 현대적 사고에 대한 회의적 견해는 이러한 상황을 잘
대변해 주고 있다.

　그리하여 근세래 서구인들은 무제한의 자연착취에 박차를 가하고
있으며 전 세계가 그 뒤를 따라가기에 급급한 것이 사실이다. 인간
에 의한 환경파괴가 빚은 이른바 생태학적 위기Ecological crisis16)나 자
연자원의 고갈 등은 이러한 의식의 결과로서 초래되는 현상으로 파
악될 수 있을 것이다.

　그리고 시간의 흐름에 따라서 지식은 고도로 전문화되어 가고, 더
욱이 그 여러 부문이 급속도로 증식되어 가기 때문에 전문지식인들
은 극히 좁은 분야에만 열중한 나머지 지식의 전반에 관한 포괄적 견
해를 갖기가 어렵게 되었으며, 또한 폐쇄적 인식체계에의 편협한 고
착은 지식상호간의 횡적인 연결까지도 어렵게 되는 것이 보통이다.

　또한 과학과 기술이 현존 인류에게 힘力에 대한 환영을 부여·자
극했지만 저성低性적 인간심리기능의 부활에 의해 파악될 본유本攸적
의미나 가치를 박탈해 왔기 때문에 그 힘이 쓰여져야 할 정신적 및

---

15) C. West Churchman; Challenge to Reason (N.Y. 1968) p.2.
16) 李 敏載外 3人 ; 宇宙·物質·生命(서울, 1973) pp.244-261.

문화적 용도를 확립하지 못했다.[17] 따라서 개인적 금金·권權·위威의 욕망추구를 위한 도구로서 전락하는 경향이 농후했으며 여기에 전문화 또는 구획화의 위험이 더욱 문제시되는 것이다. 이는

> "현대과학의 발전이 빚어낸 매우 의미심장하고도 위험한 결과중의 하나는 전문적인 과학자들이 지금 기이하게도 고답적이고 고립된 지위를 차지하고 있다는 사실입니다 … 전문가들의 의견이 가장 중요한 결정을 내릴 때일수록 그들의 편견을 바로 잡을 방법을 강구하는 것이 필요합니다. 무엇보다도 먼저 전문가 특히 열렬한 전문가가 하는 말에 귀를 기울일 때는 회의적인 태도를 갖는 것이 건전합니다."[18]

라고 설파하고 있는 코난트James B. Conant 교수의 말 속에서도 잘 표현되고 있다.

엄밀한 의미에 있어서 자원의 유용성 여부를 결정짓는 요소는 인간이 갖고 있는 의식, 지식, 기술의 함수관계로서 생각될 수 있고 오늘날 인류가 직면하고 있는 특이한 성격의 경제공황도 근세래 형성되어 온 인간의 의식구조상의 문제가 크게 작용되고 있으므로 원시적 자연채취가 경쟁적 자연착취의 폐쇄의식의 곽에서 벗어나 본유적 윤리의 개시開示와 창의력 부활에 의해 이제까지 축적되어 온 지식과 기술이 요용要用될 때 그 타개책이 찾아질 수 있을 것이다.

다시 말하면 오늘날 인류가 고심하고 있는 자연자원의 고갈상황이나 경제공황문제도 인간의 저성低性적 심리기능의 부활과 더불어 현재의 전문화된 지식과 기술이 재통일 조화될 때 그 해결 방법이

---

17) I.L. ガンデル ; Ibid p.76.
18) James B. Conant ; Ibid pp. 70-71.

모색될 수 있을 것이다.

우리는 이상에서 주로 서구적 사유양식思惟樣式이 현존 경영이 직면하고 있는 위기적 요인과 어떻게 연관 작용되고 있는가에 중점을 두면서 현상을 개관해 보려고 했거니와 이제 서구적 사유양식 및 가치관을 동양의 그것과 대비해 봄으로써 그 특성을 좀 더 명확히 함과 동시에 현대위기의 극복을 위한 새로운 방향에 대하여 그 실마리를 모색해 보고자 한다.

동양東洋이란 지리적 구획은 견해에 따라 여러 가지로 생각될 수도 있겠지만 여기서 동양이라고 함은 사상적으로 불교, 유교, 도교적 영향권 하에서 오랫동안 살아 왔고 풍토적으로 계절풍지대에 속하는 지역을 주대상으로 생각하고자 한다.

물론 구미 및 동양의 구분에 있어서도 그를 구성하고 있는 여러 민족에 따라 각각 민족성이나 사유방법 또는 가치관에 차이가 있고 때로는 동일 지역 내에도 상호 모순, 갈등되는 점도 있을 수 있어 확연하게 구별되는 구획적 동일성을 인정하기 어려운 경우도 있겠으나 여기서는 주로 일반적인 경향성을 검토, 분석함으로서 구미적 사유양식을 절대시하는 편견에서 벗어나 본유本攸적 가치요소를 모색하는 데 그 의의가 있는 것이다.

최근대에 있어서 서양민족에 의한 세계지배의 현실과 함께 세계의 서구적 단일화가 성립한 것인 양 상식적으로 생각되어질 수도 있다.

물론 정치, 경제, 군사적으로나 또 학문, 예술 등의 영역에서도 서양으로부터 고립된 민족 혹은 국가는 존재할 수 없을 정도로 서양문화의 영향은 결정적이다. 이것이 세계의 단일화는 곧 동시에 서양화라고 생각되어지는 소이所以이기도 하다.

그러나 세계적 단일화로의 발전단계에 있어 서양화가 곧 인류전반의 역사를 이끈다는 정당성의 증명으로 삼을 수는 없는 것이다.

"서양사상에만 그 보편적 우월성을 인정하려고 하는 것은 근대서양의 자연지배적인 힘을 과시하려고 해서 또는 그것만에 현혹되어 있기 때문일 것이다."[19]

현대의 세계가 서양의 정치, 군사적 압력에 근거하여 전일적 세계로 통일되어 가는 것은 의심할 수 없는 사실이지만 그것은 서양이외의 다양한 민족문화의 무의의성無意義性을 증명하는 것은 아니다.

고대서양에 있어 그리스Greece 문화가 로마Rome의 정치, 군사적 지배하에 있으면서도 더욱 지도적 의의를 지니고 있었으며, 중국에 있어서도 변방민족의 무력적 정복 하에서도 오히려 이를 흡수·동화해 온 한민족漢民族의 문화를 볼 수 있는 것이다.

현존 문화가 정치, 군사적 압력에 지배되는 현성顯性 편중의 문화라는 엄연한 사실을 무시할 수는 없지만 또한 동시에 인간의 저성低性적 측면이 억압 또는 등한시되는 문화가 무한정 지속될 수 없는 상황에 이르렀음을 자각하지 않으면 안 될 것이다. 토인비A.Toynbee 교수는

"우리들의 역사적 지평선의 확대와 우리들의 역사적 시력의 축소 사이의 대조 및 갈등이 현대를 특징지우는 하나의 현상임에는 의심할 여지가 없다."[20]

고 보면서 역사적 시야가 축소일로를 더듬어 왔음을 지적하고 있다.

---

19) 中村 元 ; 前揭書 p.458.

20) A.J.Toynbee; Civilization on Trial(Oxford Univ, Press), 深瀨基寬澤(東京, 昭和 39) pp.6-7.

이는 근세래 구미의 사유방법이 봉건적 폐쇄사회를 허물어 가속적으로 도시중심의 대중사회를 개시하면서, 또 통신교통수단의 보편화에 따라 세계적으로 그 확산력을 과시하여 정보 및 지식이 개방화, 대중화됨으로써 다양한 인류의 문화 및 사유방식을, 또 그러한 전개과정에서 세력을 형성한 본유本攸의 대중적 자유의식을 포용할 수 있는 코페르니쿠스적 가치변환과 그를 주도할 수 있는 리더십이 불가결하게 된 역사적 상황을 말해 주는 것이라 할 수 있을 것이다.

인간의 사유방법을 결정하는 실제근거는 풍토적 환경, 생리적 소질, 생산양식 등의 다양한 요인이 시간적 공간적 차원에서 복잡하게 얽히면서 여러 가지 특성을 갖는 각 문화집단을 형성해 간다고 볼 수 있을 것이다.

그러나 호모사피엔스Homo Sapiens로서의 현존 인류가 태초에 집단을 형성하게 될 때 그 사유방법을 결정적으로 좌우한 것은 무엇보다 풍토적 환경이었으리라 짐작되며 이가 생산양식이나 생리적 소질에도 깊은 영향을 미쳤을 것이다.

그리고 그러한 원시시대로부터 선조先祖가 생각하고 느끼고 하던 것을 이어받고 상징Symbol으로서 표현한 것, 융C. Jung의 이른바 태고형太古型 Archetype[21] 이 집단무의식集團無意識 Collective unconsciousness이란 형태로 유전된다[22] 고 생각된다.

이는 개체발생이 계통발생Phylogeny을 반복하는 우리의 육체적 발육과정처럼 정신면의 진화·유전기구로 파악해 볼 수 있을 것이다.

그러므로 오늘날 인류의 각 문화집단이 갖는 가치체계나 사유양

---

21) Munroe R ; Schools of Psychoanalytic Thought, (N. Y.) pp.552-554.

22) C.Jung ; Psyche and Symbol, A Selection from the Writings of C.G.Jung, Anchor, 1958. pp.40-43.

식은 의식적인 것이지만 그것은 무의식속에 뿌리깊이 자리 잡고 있는 모든 요소의 총합체[23]라고 보는 견해는 이러한 내용을 말해 주는 것이라 볼 수 있겠다.

이러한 견해에서 현존 인류의 문화권을 풍토적 환경에 따라 기원적으로 고찰할 때 대개 세 가지 유형으로 볼 수 있을 것이다.

첫째는 동아시아의 계절풍지대로서 여름에는 태평양, 인도양으로부터 다양의 우기를 가져와 고온·다우의 기후가, 겨울에는 북방대륙으로부터의 한랭한 기류로 한랭·건조한 기후가 주기적으로 교대되어 식물의 생장을 왕성케 함으로서 농경이 그 생활기반이 되고 있다.

그리하여 비교적 자연의 혜택을 많이 받고 있는 관계로 일반적으로 볼 때 자연순응적이며, 따라서 자연의 이법理法을 깨닫고 자연의 법칙에 순응함으로써 생활안정의 방법을 찾으려 한다. 그러므로 모든 현상을 자연을 중심으로 하여 해석하고 자연과 인간과 사회와의 관계에 일관되는 원리를 생각하여 아무런 간격을 두지 않으려 한다. 따라서 종교적인 경향도 일반적으로 범신론적 입장을 취하며 또 이와 같은 자연주의적 사고경향은 경천敬天, 평화平和, 호국護國의 사상을 형성하게 되었으며 이는 동아민족의 공통적인 특성이라 생각된다.

둘째는 서아시아 및 동구의 대륙성 기후풍토를 배경으로 하는 지대로서 해양에서 원격遠隔된 관계로 우량雨量이 적고 사막과 초원이 연결되는 풍토유형으로 건조성이 특징인 바, 유목적 목축업이 생활의 기반을 형성하고 있다.

따라서 자연의 혜택을 받지 못하는 각박한 생활조건으로 말미암

---

23) A.Kardiner ; The Psychological Frontiers of Society (N.Y. Columbia Univ. Press) p.235.

아 대체로 자연에의 반항적인 생활태도 및 투쟁적 의지가 짙고, 또 자연의 극복 또는 그에의 투쟁적 저항을 위한 사회적 결속이 특히 긴요하게 되므로 사회중심적 사유경향이 강화되게 된다. 그리하여 사회(집단)를 중심으로 자연과 인간을 해석하게 되며 또한 사회는 현실적 존재이므로 자연히 물질을 그 기반으로 생각하게 된다.

그리고 사회성의 강조는 강력한 리더쉽이 절실히 요청되는 관계도 대체로 그들의 종교적 특성도 자연 유일신(일신론)적 경향을 짙게 갖는다.

셋째는 지중해와 대서양에 연해 해안선이 복잡한 서구의 온화한 해양성적 풍토지대로서 상역商易이 그 생활기반이 되어 온 곳이다.

이 지역의 사람들은 자연으로부터의 뚜렷한 혜택이 없으므로 자연이나 사회에 대한 관심보다는 인간에의 관심이 집중되어 인간중심으로 자연과 사회를 관찰·적응하는 인간주의적 경향을 띠며 인간의 특징인 정신적인 면 특히 인간이성을 강조하게 된다. 그러므로 이들의 종교적 특성도 그리스, 로마에서 보는 바와 같은 다신론적 입장을 취하게 되는 것이 보통이었다.

이와 같은 풍토적 환경의 차이는 그 원시상태에 있어 당해지역민으로 하여금 일반적으로 서구인은 관념론觀念論, 서아·동구인은 유물론唯物論, 동아인은 현상론現象論적 세계구성의 사고경향을 각각 소지하게 하였으리라 생각된다.

그러나 역사의 전개과정에 따라 민족의 이동, 생산형태의 변화, 시대를 주도한 지도세력의 교체와 사상의 교류 등으로 그러한 태고형太古型이 복잡하게 혼효되어 다양한 문화가 생멸되는 과정을 거쳐 현재에 이르렀다고 생각된다.

그 중 특히 서구의 인간주의적 문화와 서아·동구의 사회중심적 문화는 그 지리적 여건으로 말미암아 유사 이래 끊임없이 갈등·융합되는 교류를 가져왔다.

오늘날 서구문화가 그 각각의 특성을 특징적으로 대표하는 그리스적 문화와 히브리Hebrew적 문화의 양 조류를 포함함도 근원적으로 이러한 역사과정을 웅변해 주는 것이라 볼 수 있다.[24]

앞에서 고찰한 서구문화의 특징적 요소들은 자연과 인간과 사회를 각각 분리시켜, 그 특정측면에 편집되어 현상을 구성·파악해온 관념론적 입장과 유물론적 입장의 사유양식이 상호작용하여 온 서아·동구의 자연반항적 투쟁의지와 유일신적 신학[25]이 그와 결부되면서 형성된 산물이라고 볼 수 있을 것이다.

또 한편 동아의 현상론적 사유양식은 자연과 사회와 인간에 일관되는 원리를 추구해 왔다고 볼 수 있으나 그것은 어디까지나 관념론 및 유물론적 사유경향이 본유本攸적 현상구성에로 결합·통일됨으로써 형성된 것은 아니고 그의 독특한 풍토적 환경 하에서 원천적으로 형성된 태고형의 하나이며, 여타의 문화권으로 부터 비교적 폐쇄된 상태에서 지속되어 왔다는 특징을 갖는다.

근세에 이르러 서구문물이 동양사회와 교류되면서, 또 통신·교통수단의 발달로 정치, 경제사회, 문화의 다양한 면에서 동서의 교

---

24) 中村 元; 前揭書 p.452.

25) James B.Conant ; Scientific Principles and Moral Conduct.(Cambridge Univ, Press 1967) p.17.
"서구문화권의 현대인들은 물질이나 동식물을 다루는데서 생기는 그의 경험은 조직화함에 있어서 초자연적 존재의 가설은 그의 노력에 장애물이 된다는 생각을 점차 발전시켰다. … 철학적 사변과 유일신을 주장하는 신학은 현대과학이라는 천을 짜는 데 필요한 선험적 존재들이었다"고 적고 있다.

류가 활발·긴밀해지고 의식과 문물의 개방화가 가속화되고 있다.

경영면에 있어서도 소위 다국적 기업형태가 광범하게 취해지면서 점차 다양한 문화 및 사유의 특성이 긴밀하게 연관·조화되지 않을 수 없게 되므로서 각 민족의 전통적 가치관이나 사유특성에 대한 본질적인 이해와 그 조화실상調和實相의 추구가 긴박한 현실적인 문제로 부상하고 있으며, 이는 현대의 인류문화와 경영이 본유에의 새로운 가치관 정립을 위해서도 불가피한 상황인 것이다.

그러므로 이제 서양과 동양의 현상파악에 대한 체계와 방법을 비교·검토함으로써 본유本攸적 가치체계價値體系의 인소因素를 모색해 보기로 하자.

인간의 정신작용에는 크게 보아 인식認識과 직관直觀의 두 가지 능력이 있다고 볼 수 있다. 인식능력은 사상事象을 인식계로 끌어들여 그것을 추상개념화 함으로써 존재하는 사물의 순수형상을 파악하게 되며, 직관능력은 오히려 정신력을 현상계의 사물 속으로 투입하여 사상을 사형취상화捨形取象化함으로써 사물의 순수작동을 파악한다.

그러므로 전자가 주로 사물의 형상, 성질 등 공간적 속성을 중요시한다면 후자는 생성·변화하는 동작 즉 시간적 속성을 중요시 한다고 볼 수 있다.

인식작용은 관찰대상의 형상을 추출하여 정적인 것을 의식계로 끌어들인 뒤에 이것을 개념화하므로 일단 개념화된 것은 실재와는 상관없이 독립되어 불변인데 대해, 직관작용은 주체의 정신력이 관찰대상에 투입되어 그 속성인 형상, 성질, 색채 등을 버리고 순수 동작인 상象을 취하므로 일단 취상화取象化된 대상은 그것이 비록 정지되어 있더라도 그 실상이 영구히 마음속에 인상되어 남게 된다. 그러므로 인식되어진 것은 이미 죽은 사건 또는 사물의 그림자라고 본다면 직관되어진 것은 그대로 산 물건 또는 사물의 실상實相이라고 생각할 수 있을 것이다.

생각하는 것을 주로 하는 사유는 그 방법으로 자연히 인식작용이 요구되고 느낌을 주로 하는 사유는 그 방법으로 직관작용이 요구된다.

일반적으로 보아 서양적 사유는 인간의 인식능력에 중점을 둔 존재론存在論적 철학으로 전개되어 왔다면 동양적 사유는 직관력을 중시하는 생성론生成論적 철학을 전개해 왔다고 볼 수 있을 것이다.

예를 들어 적연부동寂然不動의 이데아Idea를 생각하는 플라톤Platon적 사고26)나, 현상을 초월한 것으로 움직이지 않는 물자체Ding-an-sich를 도입하는 칸트Kant적 사고27)는 우주의 본체를 고정적 존재로 파악하는 서양의 전통적 존재론 철학이라면, 노자의 「도생일道生一」28)이라든가 역전번사易傳繫辭의 「태극생 양의太極生 兩儀」29) 라고 할 때의 도道나 태극 등은 우주의 본질을 유동적 생성으로 보는 동양의 생성론적 철학이라 보아진다.

과학을 "실험과 관찰에서 비롯하여 더욱 실험과 관찰을 나으며 서로 연결되어 있는 개념 및 개념적 도식이라는 망을 짜내는 과정"30)이라고 정의하는 코난트James, B. Conant 교수의 견해도 그와 같은 서구적 특성을 잘 표현해 주고 있는 것이다.

동·서 사유의 특성을 비교할 때 일반적으로 서양의 그것이 분석

---

26) 金桂淑 ; 西洋哲學史(서울, 1968) pp.91-94.
27) 前揭書 pp.321-328.
28) 河出書房 ; 世界の大思想 Ⅱ-1, 老子四十二章(東京, 昭和 43) p.262.
29) 李 民樹 ; 周易, 易傳, 繫辭上傳(서울, 1974).
30) James B. Conant ; Modern Science and Modern Man, p.66.

적, 물질적, 외면적, 객체적, 합리주의적인 데 대해 동양의 그것은 종교적, 정신적, 내면적, 주체적, 비합리주의적이라고 구별하게 되는 것[31]은 위와 같은 현상파악에 있어서 관점의 차이에서 파생되는 결과들이라고 생각된다.

그리하여 서구적 사유는 감각이나 지성을 통하여 제공되는 편협한 공간에 탐닉된 분석·종합으로부터 얻어지는 개념을 도식화하는, 다분히 형식주의의 기계론적 세계관을 확대하게 됨으로써 생성과 변화의 본유本攸적 의의意義나 그로부터 짐작(유추)·도출될 수 있는 본유적 가치체계의 창조에로 지금까지 쌓아 온 방대한 지식을 유도하지 못하고 오히려 그를 외면 또는 등한시해 왔다고 생각된다.

그리하여 생명현상까지도 기계론적 입장에서 파악함으로써 물질차원에서 생명을 도출하는 즉 기계론적 생명관[32]에 경도傾倒되어 마침내는 인간의식차원이 소외된 탐욕의 기계로 전락되어 온 것이 엄연한 역사적 현상이다. 이와 같은 현상은

"자연과학자의 과학자로서의 활동은 그 종류에 있어서 현대인의 다른 활동과 구별된다"고 보면서 그 근본적인 이유로서 "지난 수 세기동안 상식의 확장인 개념적 도식을 만들려고 시도한 사람들에 의해서는 생생한 경험의 한 가지 유형만이 고려됐기 때문이다."[33]

라고 코난트 교수가 지적하고 있는 바와 같이 인간의 현성顯性적 측

31) 中村 元 ; 前揭書 pp.433-450.
32) 川喜田愛郎 외 7人 ; 生物學總論(東京, 昭和 39) pp.177-196.
33) James B. Conant ; Scientific Principle and Moral Conduct, pp.28-29
코난트는 모든 경험을 세 부분으로 구분하고 있다. 즉 자연의 영역, 인간의 영역, 종교적 경험의 영역으로 나누고 여기서 경험의 한 가지 유형만을 고려했다고 함은 자연의 영역을 말하고 있다.

면이 강조되는 현상의 인식과 그로부터 도출된 가치체계가 절대시되어 온 필연적인 귀결이라고 생각된다.

그러므로 이제 감각이 제공하는 소료素料 Materials를 분석·종합하는 서양의 전통적 인식능력과 지성, 감성을 초월한 직관력을 강조해 온 동양적 전통이 상호 보완되는 즉 다시 말하여 현성顯性, 잠성潛性, 기성基性적 기능이 부활되어 복합·혼연되는 속에서 또 실實의 생활장生活場에 피투被役되어 생명, 물질, 여섭與攝적 많은 순차요소循次要素를 집약하고 그들 상호간의 끊임없는 공명·간섭의 관계를 통찰, 또 그러한 3터와 연관되는 얼터적 차원을 짐작·터득, 본유적 실상을 파지把知하고 그들을 시스템화함으로써 새로운 가치관을 정립하지 않을 수 없는 것이다.

오늘의 고도산업사회에 있어서는 인구의 증대 및 집중, 생산수단의 거대화, 관리 및 소비규모의 확대 등 수량적 팽창, 경쟁의 격화에 따른 변화의 가속화 및 요소간의 상호 간섭이 심화됨에 따라 경영을 위시한 각 분야에서 시스템적 사고방법이 활발히 전개되고 있는 것은 그러한 시대적 요청을 더욱 재촉하는 것이다. 그러나 그와 같은 사고법도 과거의 타성을 버리지 못하고 일반적으로 자본(물질)이나 기계에 인간의식차원을 한정 또는 종속시키는 경향이 농후하다. 그러한 점은

"시스템의 평가에 있어서, 과학자는 기업체의 경우에서 자주 보는 바와 같이 만족감이나 일반의 복지보다는 재무관계를 중요시하여 과학적「어프로우치」는 금전으로서 개선의 척도로 삼게 된다. 이와 같이 서구의 자유경쟁사회에 있어서는 사회의 많은 부문이 주주에의 배당금이나 순이익에 따라 평가된다."[34]

고 말하는 처치맨C. West Churchman의 견해에서도 잘 표현되고 있는 것이다.

제품이나 서비스의 코스트 저감을 가치의 개선으로 파악하는 가치공학Value engineering35), 공업의 기계화에 따라 인간요소의 문제가 제기됨으로써 인간-기계계Man-Machine System의 효율향상을 위한 방법으로 안출된 인간공학Human Factors Engineering36), 거대 시스템의 전체적 최적 효율을 목적으로 하는 체제공학System Engineering37) 혹은 O.ROperations Research, 기타 I.EIndustrial Engineering, 사이버네틱스 Cybernetics 등 쉴 사이 없이 많은 기법을 개발·활용하고 있으나 기존의 지엽·폐쇄의 곽 속에 고착되어서는 어떠한 정치精緻의 기법도 그에 기우리는 노력에 보상되는 효율을 기대하기 어려운 것이 현존 경영이 당면하고 있는 위기의 특징이기도 하다.

그러므로 최대의 외전반外全般 요소, 최심最深의 인간 내 심리요소, 그리고 그 매개요소의 정규분포기능의 파악과 그 시스템화를 꾀하는 시스템공학System Engineering, V(얼터) : M·C·T 의 상호관련과 공명·간섭하의 역동적 실상實相에서 윤리성Morality과 생산성Productivity이 본유지향적으로 통일되는 가치요소의 정립을 꾀하는 가치공학, 그리고 그러한 개방체제Open System하에서의 인간 본유성향 및 그 활동방법 등을 파악하는 인간공학 등으로 그 시야가 개방되면서 그리고 현존의 정치精緻한 공학적 방법을 요용하여 재조정될 때 인간본유人間本攸의 창조가 재전개될 수 있을 것이다.

---

34) C.West Churchman ; Ibid p.7.
35) 鳴澤曉 外 2人 ; 原價工學入門(東京, 昭和 45) p.138.
36) 倉田正一 ; 人間工學(東京, 昭和 43) pp.1-12.
37) 近藤次郎 ; システム 工學(東京, 昭和 45) pp.1-11.

그리하여 근세 이래 축소화되어 온 근시적 시야에서의 소산에 편집된 무모한 바벨Babel탑[38]의 축조에서 탈피하여, 장구한 시공時空적 인류사의 과정을 통해 유정溜晶되어 온 요소들을 투관透貫한 예지로서 본유화本侑化에의 신질서 획득에 정진, 에덴Eden 복귀에의 신차원新次元 정립을 지향하여 현존 인류의 유산이 요용되고 본연本然의 창의력이 발휘될 때 오늘날 인류가 당면하고 있는 위기는 오히려 새로운 인류사의 전개를 위한 시금석이 될 수도 있을 것이다.

---

38) 聖書(舊約)創世記 第十一章 1-9節.

3. 한국의 전통적 가치관에 대한 재음미와 그 방향

시·공으로 현상의 다양한 동소動素가 부활, 조밀화되고 세계적으로 인간의 의식이 개방화되는 시대상황에 창조적으로 그리고 보다 효율있게 적응해 갈 수 있는 방향을 찾기 위하여 겨레의 전통적 고유가치의식을 재음미, 억압·퇴장退藏되어 온 본유本攸 기능의 내면적 심리요소를 추구·통찰함으로써 겨레의 고유 얼에 근거하여 생산과 윤리가 조화적으로 고양되는 가치요소와 그 시스템화를 모색해 보고자 한다.

현대의 과학과 기술에 힘입은 교통 및 통신수단의 급진적인 발전은 세계를 단일 생활장으로 긴밀화시켜 감에 따라 인간의 의식, 정보, 지식의 상호교류가 가속화되고, 상호연관성이 복잡, 다양화를 더해 가고 있다.

그리하여 지구일각에서 일어난 어떠한 문제도 바로 세계의 문제로 파급되어 구석구석에 까지 영향을 미치는 강한 전파력을 갖게 되었다.

그러므로 오늘날 인류가 당면하고 있는 문제들, 즉 환경오염(공해), 자원의 고갈, 만성 인플레이션 등은 어떤 특정지역의 것으로 국한될 수 없는 인류전체의 문제로 부각되지 않을 수 없는 현실이다.

그러나 한편 심각성을 더해 가고 있는 이러한 많은 문제의 근저에는 이미 앞장에서도 서술한 바와 같이 짧지 않은 기간을 통해 형성·강화되어 온 인간의 외면지향적 물질추구의지의 집요성과 그 논리구조가 경영이라는 구상체具象體를 통하여 강하게 작용하고 있기 때문에 그 조직규모가 확대되면 될수록 그러한 의식은 강화된 조직력과 전력을 동원하여 상호대립과 갈등을 더해 가게 되므로 위기극복을 향한 인간의 협화체제와 창조성이 오히려 차단·억압되고, 또한 그 시한時限을 지연시키는 모순된 결과를 초래하게 된다.

이러한 상황은 근세 이래 서구문명을 주축으로 하여 형성되어 온 물질편중적 가치관에서 탈피하여 인간의 본유를 회복하려는 대중의 개방적 자유의지가 팽배해 감에 따라 새로운 가치전환이 불가결하게 된 과도기적 이력履歷현상이라 볼 수 있을 것이며 또는 기존질서를 고수하려는 보수력이 퇴축하는 과정에서의 교란현상이라고 생각될 수 있을 것이다.

오늘날 선진국들은 격동하는 국제경제상황의 난관을 극복하기 위하여 시대조류에 거슬려 전근대적 폐쇄체제로 복귀하는 경향을 재현하여 보호무역주의, 환換조정정책, 자원의 폐쇄화 등으로 대처하려 하고 있다.

물론 이는 전근대적 공황탈출구로서의 전쟁이 핵무기의 고도개발로 차단된 상황 하에서 또 기존가치관의 급격한 변환이 어려운 상태에서 기존의 거대시설과 대량생산체제를 유지해 나가지 않을 수 없는 입장에서는 불가결한 현상일 수 있겠다.

그러나 이러한 국제적 와동은 빈약한 자원, 미약한 자본력, 일천한 산업의 역사, 산만된 의식구조, 정치적 긴장 등 많은 악조건惡條件 하에 있는 우리나라와 같은 개발도상국군群에 대해서는 격심한 교란과 정체로서 파급되지 않을 수 없게 된다.

그러면 이중, 삼중으로 압박해 오는 긴박한 상황 하에서 우리는 어떻게 이를 극복해 가야 할 것인가?

단일민족으로서의 우리 겨레는 오랜 역사과정을 통하여 끊임없이 외세의 위협과 압박으로 시달려 오면서도 아름다운 생生을 믿고 버티며 살아 온 눈물겨운 전통을 이어 왔다.

그리고 오늘날 겨레가 당면하고 있는 위기적 상황은 직핍直逼된 당장의 생존과 그 의의를 재확인해야 되는 절실한 우리 자신의 문제인 동시에 그것은 또한 관념과 유물적 의념擬念의 세계관이 각축하는 세계사조의 최일선에서 인류사의 누적되어 온 갈등을 승화, 창조의 역사를 개시하지 않을 수 없는 이중의 고통을 내포하는 특징을 지니고 있다고 생각된다.

그러나 오늘날 시대적 특성은 금력, 권력, 권위에 탐닉된 현재顯在적 가치의식의 팽대로, 물질에로 인간의 유의성誘意性을 집약시켜 옴으로써 자연착취에 경쟁적으로 몰두해 온 점일 것이며 그러한 근시적 차원에서의 경직화된 의식은 인간의 저성본능低性本能과 물리현상을 통해서 반영되는 자연의 본유적 질서를 획득·시스템화함으로써 얻어질 인간의 무한한 생산성과 탄력성Elasticity을 억압, 은폐하고 미증유의 부작용을 초래함으로써 노동과 자본과 유통으로써 성원誠援될 대중을 경영으로 부터 괴리시켜 경영은 경직성을 더해 가고 있다.

그러나 본질로서 인간의 저성본능은 자연 질서의 일환으로서 다양적이고 복잡다기한 면을 갖고 있을 뿐 아니라 현대적 조류에 따라, 또 그 핍박한 경제적 여건으로 말미암아 겨레의 의식은 물질에 대한 유의성이 강하고 또 그러한 차원에 경직되어 있으므로 단기적인 생산성 고양(물질 생성)을 조건으로 한 가치향상의 지향체계를 추구해 가지 않을 수 없는 현상이기도 하다.

그러나 그러한 체계나 방법론을 찾지 못하거나 그대로 신속히 천위遷位되지 못하는 과도기에 있어 우리는 선진제국처럼 정치나 자본 등에 의존할 수 있는 그나마의 미봉적 또는 잠정적인 대책마저도 기대하기 어려운 실정이므로 조속한 시한 내에 그러한 체계나 방법을 안출, 구체화하지 않을 수 없는 한계상황에 놓여 있는 것이다.

또 시대는 지하자연자원의 소진과 인간 시스템의 경직현상이 특징이므로 정성, 효율, 지식의 우수인간계발과 탄력적 노무와 성원誠援적 국내수요의 개발 등 잠재노동의 개발에 바탕한 신축자재伸縮自在한 생산성이 바람직한 것으로 요구되며, 앞으로의 경제성장은 자연자원보다 인간자원에 의거하는 경향이 커질 것이다.

또한 개별화와 직접성 그리고 과학화가 강요되는 개방시대에 있어서 경영은 전체경제를 위한 수단이나 목적이 아니고 전체경제가 개별경영의 결과가 되어가는 과도기에 있으므로 시설의 노후화, 고급노동의 압박, 자연자원의 고갈, 공해문제 등은 새로운 기업의 태동을 요청하게 된다.

그러므로 이러한 상황 하에서 우리에게 절실히 요청되는 것은 경영의 탄력성 개발이고 이는 곧 겨레의 저성低性을 계발啓發하여 다양한 요소의 유통성有通性 Syntality을 통찰함으로써 인간탄력성人間彈力性을 고양하는 것이 그 첩경일 것이다.

물론 오랜 역사과정을 통하여 외부적으로 끊임없이 외세의 압박과 간섭 때문에 겨레의 주체적 자존의식이 위축되어 왔고, 또 내부적으로는 비생산성非生產性 도의道義와 중앙집권적 관료체제의 환경 하에서 생산과 다중多衆이 배제되고 당위와 통제의 측면에서 자신이 왜곡되는 생활이 연속되어 왔기 때문에 본능에 내재한 본유本收의 현시가 억압, 퇴장되어 인간적 공장工匠본능, 유의有誼본능, 영원성永遠性 본능이 마비되어 명분이 목적하는 바, 또 수단을 구사하는 바와는 배치되는 결과를 자초해 온 경우가 많았다.

그리하여 생산적 다중을 지배하기 위한 다분히 수단으로서의 당위적 비생산성 도의가 강하게 작용하여 겨레의 고유얼을 퇴축시키면서 본유적 생산기반을 약체화해 왔으며, 또 중앙집권적 관료는 다중의 판단력과 행동력을 억압, 겨레 고유 품성과 개성을 퇴장시켜 온 것이 사실이었다.[39] 그리하여 생산을 고로苦勞로서 인식하고, 자유를 그에서의 해방으로 착각하는 비현실적 타성을 갖게 되었다.

그러나 우리는 피압被壓의 뼈저린 역사를 회고하고, 지금도 신질서의 정립을 향하여 재정돈, 성숙되어 가는 환경을 통찰하고, 인류의 자유조류自由潮流에 순응하여 개방될 국제경제를 예견할 때 우리에게는 새로운 가치관의 정립과 그 시스템화를 위해 일각의 유예도 허용될 수 없는 한계적 시점에 직면하고 있는 것이다.

그러므로 겨레가 겪어 온 고난극복의 중첩重疊된 파란과 곡절의 역사 속에서 광廣·심深을 더해 온 체험과 감각과 추상推想으로부터 더 넓은 소재를 바탕으로 주지적 측면에의 편협을 탈피하고 본성기

---

39) 尹泰林 ; 意識構造上으로 본 韓國人(서울 1973) pp.172-207.

능의 영역을 분류함으로써 인간본능기능에 의거 개별에 근거한 문화를 창조하는데 총력을 집주集注해야 될 것이다.

이는 겨레의 활로를 여는 불가피한 과정이며 동시에 또 인류의 개방적 자유의식을 수용할 새로운 가치체계를 갈망하는 시대적 요청에도 부응하는 길인 것이다.

전형적인 동아東亞의 계절풍적 풍토환경 하에서 살아온 우리의 선조는 지역 내 다른 민족들과 더불어 자연주의적 사유특성을 지녀왔으며 경천敬天, 평화平和, 호국護國적 사상이 의식의 저류低流에 강하게 흐르고 있다.[40] 그리고 그러한 사상의 측면적 강조로서 생각될 수도 있는 도교道敎, 불교, 유교 사상의 영향을 공통적으로 받아 오면서도 그러한 3대 요소를 고유의 주체성에 근거하여 소화함으로써 조화적 발전을 기해 왔던 전통과 또 그를 일본에 전수해 준 역사를 갖고 있는 것이다.

신라의 화랑도가 그 좋은 예로서 최치원崔致遠의 난랑비서鸞郎碑序에 「國有玄妙之道, 曰風流 設敎之源, 備詳仙史, 實乃包含三敎, 接化群生, 且如入則孝於家, 出則忠於國, 魯司寇之旨也, 處無爲之事, 行不言之敎, 周柱史之宗也, 諸惡莫作, 諸善奉行, 竺乾太子之化也」라는 기록을 보아 유·불·도교적 특성이 겨레 고유의 사상을 바탕으로 흡수됨을 알 수 있다.[41]

이외에도 원효元曉가 당시 중국의 불교가 경經·론論을 중심으로 종파화의 경향이 짙어갈 뿐 아니라 대소승大小乘의 알력이 극심한 것을 보고 이 같은 나쁜 영향이 신라에 도입될 것을 우려하여 대·소

---

40) 韓國思想硏究會 : 韓國思想叢書 I (古代人의 文化와 思想), 韓國의 風土(李恒寧), pp.64-70.
41) 上揭書 : 新羅文化와 風流精神(金凡父) pp.331-231.

승과 종파를 초월한 통불교通佛教를 제창했고 또 이러한 정신이 한국
불교를 이끌어온 사실을 들 수 있겠다.[42]

최근세에는 최수운崔水雲에 의해 창도된 동학東學이 또한 신라의 화
랑도와 같이 상실되어 가는 고유얼을, 당시의 착종한 사상들을 통합,
재현함으로써 산만된 민중의 고유의식을 부활賦活하고자 해왔다.

화랑도나 동학 등을 통하여 흐르고 있는 겨레 고유의 얼은 어떤
의미에 있어 동양적 사상의 본유적本攸적 정수精髓를 다분히 내포하
고 있다고 생각된다.

그러나 겨레의 고유얼이 본유적 주체를 상실하고 외세에 의존하
여 그 중심重心을 이탈할 때 민족은 고유의 활력을 잃고 침체에 빠져
온 것이 엄연한 사실이다. 불교적 경향에 편중되었던 고려가, 또 유
교적 경향에 편중되었던 이조역사李朝歷史가 이를 웅변해 주고 있는
것이다.

그리하여 오랜 비생산적非生産的인 안일과 관료적 의식의 역사과정
에서 고유얼은 망실되고 겨레의 원래적 기상氣象과 정기精氣가 비활
성의 저성低性으로 잠적되어 온 것이 현실인 것이다.

그러나 저성은「실實의 생활장生活場」에서 대중적 의식意識을 통하
여 면면히 표출되고 그러한 태고형太古型 Archetype은 집단무의식集團無意
識으로 우리 생활을 통해 유전되어 온 것이다. 그러므로 오늘날 겨레
가 당면하고 있는 막중한 시련을 극복함에 있어서는 실의 생활장 속
에 유진遺眞 Traditional genuineness으로서 유정溜晶 Residuum되어 있는 겨
레 고유얼 속에서 중가重價적 요소들을 통찰 이를 현대적 감각으로
재정리하고 질성화質性化, 체질화하여 고유가치를 시스템화하는 것이

---

42) 上揭書 : 元曉의 生涯와 思想(李鍾益) pp.264-275.

가장 긴요한 일이라고 생각된다.

그리고 고유얼의 다양한 인소因素를 통찰함에 있어서는 절대다수 대중의 생활장에 피투被投되어 민요, 습속(의식구조), 생활양식 등 유흔遺痕의 현재적 소재에서 인간성과 생산성 그리고 신앙성이 고유얼과 각각 연관되면서 조화되어 가는 실상實相을 확인하고 그를 질성화해 갈 때 고유얼은 현대에 되살아 날 수 있을 것이다.

또한 고대 겨레의 고유얼을 인식하고 인소를 통찰함에 있어서는 일본인의 의식구조와 신조信條 Creed[43] 등을 검토해 보는 것도 큰 도움이 되리라고 생각된다.

왜냐하면 현대 일본인의 의식의 저류低流를 이루고 있는 사상적 근원으로서 생각되는 대화혼大和魂의 형성에 있어 고대 우리 선인先人들이 절대적 주도세력을 이루고 있어, 어떤 의미에 있어서는 고대한국문화의 이식移植이라고 까지 생각되고 있기 때문이다.[44]

특히 일본은 동아대륙의 정치적 변동에서 비교적 초연한 위치에서 외세의 압박을 피하여, 독자적 생활권을 형성해 왔기 때문에 전통적 고유인소固有因素를 대체로 잘 유지·존속시켜 왔다고 볼 수 있겠다. 물론 그 도서島嶼적 지리특성에 따른 특이성격이 연관되고 있겠지만 그 주된 원류는 고대한국사상으로 보아진다.

이러한 고대 한·일 관계에 대한 역사적 사실들은 고대제국주의

---

43) 中村 元 : 前揭書 중 日本人の思惟方法, pp.3-376
44) a) 新東亞(1973.2. 第101號)
　　⑦ 彌生文化를 통해 본 韓國과 日本(韓炳三) pp.68-75.
　　⑭ 古墳을 통하여 본 古代 韓日關係(金基雄) PP.76-88.
　　⑭ 古代日本의 支配層과 三韓三國(文定昌) PP.84-95.
　b) 韓國日報(1973.6.19.)
　　松本淸張 ; 「古事記의 수수께기를 파고 든다」
　　上記 논문에서 필자는 일본의 「고사기」는 한국인이 썼다고 주장하고 있다.

세력이 한국통치 이후 많이 왜곡[45]시켜 왔었으나 최근 연구의 전진과 개방화에 따라 그 진면목이 점차 밝혀지고 있으며 특히 1972년 봄 일본고대문화의 중심지인 「나라」현 「아스까」촌에서 한국계 고분인 고송총高松塚의 발굴을 계기로 고대 한일관계사에 대한 폭넓은 재검토가 활발해지고 있다.

그러나 역사나 사실 및 그 원류에 지나치게 충복하는 태도, 즉 역사주의적 태도는 현실에의 성실을 이완하게 하기가 쉬우므로 미래를 창조하는 현실로서 규범적 이론을 구성하는 것이 아닌 요소의 집약이 요청되는 것이다.

그러므로 우리가 여기서 주목하고자 하는 점은 그러한 역사적 사실을 과시, 자랑하려는 것이 아니라 겨레 고유얼의 내용과 그 성격을 파악할 수 있는 더 광범하고 다양한 소재를 얻음으로서 또 그를 통찰함으로써 이지러진 겨레의 의식을 바로 세워 산만된 사고의 갈등에서 탈피하고 확고한 주체적 자아를 오늘에 확립하는 데 있는 것이다.

근래 서구학계는 동양학東洋學에 대한 연구열이 고조되고 있으며 경영면에 있어서는 동양에서도 특히 일본의 경영체제 및 그 신조 Creed[46] 등에 대한 연구에 관심이 집중되고 있다.

이는 일본이 서구문물을 받아들인 지 일세기 정도의 일천한 기간에, 또 이차대전에서 참패를 당하고서도 세계의 상위경제 수준국으

---

45) 韓國日報(1973.3.14.)
   上田正昭教授(東京大學)는 「日本 古代史」라는 연속 강연에서 「日本古代史는 부끄럽다」고 말하고 있다.
46) ⓐ James C. Abegglen : The Japanese Factory.(N.Y. 1958).
   ⓑ Erich Gutenberg : Über Japanese Unternehmungen.(1961)

로 급성장한 유일한 동양적 전통을 가진 나라라는 점과 그 경영체제나 신조에 있어 서양의 그것과 구별되는 동양적 특이점에서 현존 선진경영이 당면하고 있는 많은 문제에 대한 해답의 근거를 찾아보려는 의도의 표현일 것이다.

그 중 특히 미국의 경영학자로서 일본사상과 문물에 오래 연찬을 쌓아 온 드러커Peter F. Drucker교수의 일본경영에 대한 분석과 착안은 우리에게도 많은 점을 시사해 주고 있다.

드러커교수는 오늘날 서구경영이 가장 문제로 느끼는 ① 효율적인 의사결정의 체계, ② 고용인의 보장과 생산성, 노무비의 신축성, 변화의 수용을 조화시키는 문제, ③ 젊은 경영층을 양성하는 문제 등을 들고 일본경영이 보여주는 경영탄력성을 중요시하고 그 경영체제가 소지하는 바 ① 전원동의를 통한 의사결정과정, ② 종신고용적 노무체제, ③ 끊임없는 자기수련의 의식구조, ④ 조직경영자 양성을 위한 대부代父 Godfather 시스템 등을 높이 평가하고 있으며 특히 일생을 통한 자기수양Lifetime training과 전인적 능력의 중시(전문가적 견해가 아닌) 경향을 일본의 전통적 도道인 검도, 서도書道, 유도 등의 기본정신과 결부하면서 분석하고 있다.[47]

이와 같이 일본경영에 참여하는 대중의식 속에서 단순한 금전이나 지위등 표상적인 것을 추구하는 면보다 어떤 의미에 있어 구도求道적 자세가 일상생활로서 상당히 강하게 작용하고 있는 것이며 이것은 곧 기업을 이루는 생산, 기술, 노동, 자본, 유통 등 요소간의 유통성有通性 Syntality을 고양하여 경영의 자유도를 높여 주므로 드러커

---

47) Peter F. Drucker : What we can learn from Japanese Management, (HBR March April 1971) pp.110-122.

교수가 놀라듯 새로운 변화에 민속하게 적응될 수 있는 기반이 자연스럽게 형성되고 있는 것이다.

오늘날 우리는 상황의 변화가 가속화되고 자원의 결핍이 확대되는 현재적 악조건 하에서 예민한 예견 및 예지와 이때까지 소홀이 생각했던 잠재폐기 자연자원과 인간저성人間低性 속에서 막대한 신자원新資源을 창출하지 않을 수 없는 상황에 있는 것이다.

그러므로 본능에 내재한 겨레 저성 속의 창조성과 실實의 현상現象 파악에 있어 인식력과 직감력이 보이는 갭gap을 조화해 갈 수 있는 시스템의 정밀한 신수리개념新數理槪念을 안출해 내야 하는 것이다.

이는 동·서 사유의 특성으로서 각각 치중되어 왔던 바 인식認識과 직감直感이 상호의 미흡을 보완함으로써 파악될 본유本攸 시스템의 수리개념을 정리하는 문제이기도 하다.

이는 자연의 근본기능에 근거하여 인간과 물질 그리고 시간성에 일관되는 표준과 매개변수Parameter의 정립으로 현상에 대한 예측기능과 예지를 고양할 수 있도록 고대의 동양수리와 현대수리의 요소를 집약 신차원의 수개념數槪念을 정식화해야 할 것이다.

이러한 점에 있어서도 고대 우리 우리의 선조들이 남김 유물, 유적 또 오늘에 우리의 생활장에서 산견散見되는 흔적적 잠재의식 속에는 많은 점을 시사해 주고 있다.

전술한 고송총(高松塚)의 발굴 현장에서 책임자였던 일본인 綱干善敎 교수는 상기 고분 발굴 후 한국의 그것과 비교 연구하기 위하여 경주, 고령, 부여, 공주 등에서 발굴된 부장품 등을 답사한 후 귀국강연에서 한국의 예술품, 특히 신라의 연화보상화문전蓮花寶相華文塼의 무늬에 있어서의 유연한 예술미와 그를 표현한 8등분의 세부구조가 보이는 수리적 특성에 대하여 깊은 관심[48])을 보인 바 있거니와 또 고대 한국 수리數理는 직관력을 강조해 온 선도仙道, 유도儒道, 불도佛道 등을 탐구해온 은사隱士, 거사居士들이 깊이 연구하였으며 그 특성은 순수수학純粹數學의 완전한 학문화보다는 산예화算藝化를 시도하여 왔다[49])는 점 등 고대 한국인들은 기술과 예술, 그리고 수리를 통일적 관련 하에서 구성하고 탐구해 왔다는 특이성을 보여 주고 있다.

우리는 이러한 광廣·심深의 소재를 취택取擇 인간의 최심最深의 내심리요소와 그 매개요소 그리고 외계의 최대의 외전반요소와 그 기조요소基調要素가 갖는 상호 공명·간섭의 확률적 기능을 통찰 그 조화적 실상을 파악함으로써 윤리성과 생산성이 상보相補되는 생산과 수리의 시스템을 조속히 정립해야 할 것이다.

---

48) 韓國日報(1972.7.19.), 日本文化의 源流는 韓國.

49) 高麗大學校 民族文化硏究所 : 韓國文化史大系 Ⅲ(科學·技術史)(서울, 1968), 韓國 數學史(金東基), pp.1066.

4. 결론

본 논문은

① 현존 인류문명을 주도하고 있는 서구적 사유양식思惟樣式과 그 물질주도적 특성 및 경향을 그의 전개과정 속에서 고찰하고, 동양적 사유특성과 비교·검토해 보고자 했다. 그리하여 팽배된 외면지향적 가치의식의 극한에서 와동渦動·잠재潛在·구상具象의 도전을 격렬화해 가고 있는 현대 대중으로 하여금 그 본유성향本攸性向을 생산과 윤리의 조화적 발양發揚에로 정립케 할 수 있는 개방開放적 가치체계價値體系의 인소因素를 모색, 본유화本攸化 Properation에의 흡정도洽正度를 고양할 수 있는 방향을 구명究明해 보고자 했다.

② 시·공으로 현상의 다양한 동소動素가 부활賦活·조밀화되고, 세계적으로 인간의 의식이 개방되는 시대 상황에 창조적으로, 그리고 보다 효율있게 적응해 갈 수 있는 방향을 찾기 위하여 겨레의 전통적 고유가치의식을 재음미, 억압, 퇴장되어 온 본유적 본능의 내면

심리요소를 추적, 통찰함으로써 고유 얼에 근거하여 생산과 윤리가 조화되는 가치인소價値因素와 그 시스템화를 모색해 보고자 했다.

현존 많은 학문들이 그 기반으로써 수리적 개념을 활발하게 도입·적용해 왔고 또 그 적용범위를 확대해 가고 있다.

그러나 현상의 많은 인소因素가 동태적 상황을 가속화해감에 따라 기존 수리개념으로 그러한 복잡다기한 현상을 일관성 있게 포용하기에는 한계성을 노정露呈하게 되었다.

그리고 그러한 수리개념은 인간의식의 현상을 구성하는 도구로서 특히 근세 이래 그 개발을 가속화해 왔고, 또 고착화해 왔다고 보아진다.

따라서 그러한 수리개념은 다분히 그 발전과정의 시대상을 농축·수렴해 온 감이 짙으며, 또 역으로 그 수리개념은 현존 인류의 의식에 절대적인 영향력을 미치고 있다.

그러므로 현존 경영의 위기적 상황이나 그 극복의 방향을 모색함에 있어서는 「실實의 현상現象에의 수리數理적 '어프로우치'」가 요청되며, 또 그에 바탕한 「경영계량개념經營計量概念에 대한 재고찰」을 시도하지 않을 수 없는 것이다.

본 논문은 그를 위한 기초과정으로서 시도된 것이며 시간과 지면 관계로 그 연구결과를 차기로 미룰 수밖에 없었다.

誠 (言→成:創造) : 信 · 義 · 業

(廣深久의 焦核)　　(敬天)　　(愛人)　　(實地)

제4장

윤리경영수압과 개방체제실험(Ⅳ)
- 생산적 윤리의 구조와 기능 -

1. 서론

　현대 산업사회는 만성적인 경제의 악순환과 기업의 경직화 및 생산성 위축, 그리하여 파급되는 사회적 불안과 격동으로 전례없이 난관을 맞이하고 있다.

　아담 스미스, 케인즈, 사뮤엘슨 등 고전·근세·현대의 경제이론이 고도로 발달되고, 그와 더불어 생산이론·관리이론 및 그 기법도 크게 발달되어 왔음에도 불구하고, 이란 정변-석유파동이후, 국제시대 하의 많은 국가 및 각 기업은 침체에서 벗어나지 못한 채 10여년이 경과되고 있다.

　이와 같이 오늘날 국제적 경제순환이나 기업의 생산성은 고도의 다양한 경제정책이나 관리기법의 구사에도 불구하고, 말하자면 국부적인 이란 정변과 같은 단순한 변동에도 선후진국을 막론하고 치명적인 타격을 받게 되었다.

　이러한 국제경제 및 기업의 침체와 하향과정은 생산과 괴리되어 온 사회윤리의 침체화에 그 근본적인 원인을 찾아볼 수 있을 것이며, 아울러 근세이후 인간의 경제생활이 소진성消盡性의 지하자원에 한계적으로 의존되어 영위, 구축되어 왔다는 점이 이와 관련된다고 할 수 있을 것이다.

아담 스미스의 고전경제이론이 현실적으로 적용될 수 있었던 당시만 해도 생산은 윤리倫理와 직결되어 있었고, 그것이 산업사회의 전개를 가능하게도 했던 것이다.

그러나 초경제시대超經濟時代라 할 수 있는 오늘의 개방시조開放時潮 하에서 기업을 위요한 사회의 각 기능집단이나 개인은 물질편중의 폐쇄적 논리를 고수하든지, 부정하는 방황을 거듭할 따름이다.

그리하여 현대인류는 폐쇄와 개방, 현실과 지향志向의 모순과 간극에서 갈등하고 있다.

그러나 물질편중과 상대적 가치에 젖어온 현존인류가 소진성 자원의 고갈을 목전에 두고 방임적 소비와 폐쇄적 생산에 치우쳐 미래적 막연을 기대한다면, 이는 전쟁적 살육이나 공해, 음성적 기근을 더욱 가속시키는 결과를 낳게 될 것이다.

따라서 오늘의 현실은 새로운 시대에 부응되는 생산적인 새 윤리의 태동이 절실히 요청되며, 이는 국제적으로 역사진전의 필수조건으로 부상되어, 시대적 수압需壓으로 강요되고 있다.

그러므로 인류의 발상과 역사과정을 고려하여 인간저변심리의 구조와 기능 및 그 결과를 재검토·통찰하여 개방開放적 윤리倫理를 재정립하지 않으면 안 될 급박한 상황에 있다고 할 수 있다.

그러므로 오늘의 경제 및 생산이론이나 관리기법도 생산성 향상의 수용을 필수조건으로 하면서 개방적 윤리를 내포하여 새로이 전개되어야 할 것이다.

그러므로 본 연구는 이와 같은 관점에서 생산성 향상의 수용을 필수조건으로 하는 개방적 윤리의 구조와 기능을 구명究明하려는 것이며, 그 방법은 인류언어人類言語와 수리數理의 발상發祥 및 발달과정을 고려한 수리계산數理計算적 실험實驗과 기업행동의 행동과학적 추구를 바탕으로 하고자 한다.

2. 생산환경의 현대적 특질과 생산적 윤리

근세 이래 기업경영 및 그 제도는 생산-분배(혹은 유통)-소비로 연결되는 경제순환과정상 생산경제단위의 주체로서 재화 및 서비스를 생산·공급한다는 본래의 고유기능을 훨씬 능가하여 당해지역 및 국가의 전반영역에 역동성과 활력을 부여하는 결정적·대표적 제도로서 중추적 기능을 수행해 왔다.

그리하여 유형적으로는 국가의 과학기술 및 전력戰力에 활성을 부여하고 나아가서는 직접·간접적으로 인간의 정신문화나 신앙세계에까지도 막중한 영향력을 구사해 왔다. 따라서 "개발도상국이란 경제적 저개발이 아니라 저低메니지먼트undermanagement라는 것이 명백하다"[1]고 지적되는 바와 같이 현대의 기업은 가히 국가의 대명사가 되어 있고, 거의 모든 사람은 설사 직접적으로 기업에 관여하고 있

---

1) Peter F Drucker, Management, Tasks, Responsibilities, Practices, (N.Y.Harper & Row, 1974), p.13.

지 않다 하더라도 기업경영을 둘러싼 많은 문제에 고도로 관심이 집중되고 있다.

그리하여 경영력의 발현도發顯度와 산업화의 정도 여하가 일국의 발전도를 평가하는 척도가 되어 있고, 현실적으로 기업경영은 산업사회로 특질 지워지고 있는 현대사회에 있어서 당해국가 및 민족의 존망과 성쇠를 가늠하는 실질적 관건이 되어 있다.

따라서 국제사회로 개방화되어 있는 오늘날에 있어 기업은 생산성 향상과 탄력성 확보를 둘러싸고 국제간의 경쟁이 갈수록 격화되고 있다. 이와 같은 국제경쟁의 압박은 기업이 처해있는 당해지역의 역사, 지리적 여건이나 기타 제반 상황에 따라서 문제의 성격, 완급, 경중에 차이는 있을지 모르나 현대의 세계기업이 보편적으로 당면하고 있는 일반적 정황임에는 틀림없다.

오늘날 기업은 규모의 확대, 기술, 시장 등 생산환경의 급변, 노동생산성의 저하, 고정비의 상승압上昇壓 등에 따른 경영경직화 현상의 심화, 현대산업사회를 지탱해주고 있는 석유, 철강 등 중요 공업자원의 고갈화와 그 수급需給을 둘러싼 불안, 생태계의 질서를 파괴할 정도로 만연되고 있는 공해문제 등 극복할 많은 난제들을 안고 있다.

또 이러한 전반 상황 하에서 국제적으로는 이념체계를 달리하는 동서 양체제의 만성적 대치, 낙후경제의 이탈을 지향하는 다수의 자원보유국 및 신흥개발도상국과 비만경제肥滿經濟의 해소를 지향하는 선진공업국 사이의 소위 남북갈등문제 등은 국제경제의 소통을 더욱 어렵게 하는 요인이 되어 표면상으로는 자유무역주의와 개방화를 지향하면서도 전세前世적 보호무역과 관세장벽이 강화되고 있다.

그러나 한편 오늘날과 같이 교통·통신 수단의 급속한 발전에 힘입어 무역·자본·기술·정보의 교류를 통한 상호의존성이 커지고, 인류의 의식이 개방화되는 국제사회에 있어서는 정치·경제·사회·문화 등 거의 모든 영역의 국제간 교류는 그 범위나 밀도가 더욱 확대·강화되는 대세에 있다. 따라서 기업경영간의 경쟁은 국제적 수준에서 보아야 되고, 또 그 경쟁의 열도熱度와 파급력도 갈수록 가속화되어 국제산업은 전례 없는 격변기를 맞고 있다.

더욱이 우리나라와 같은 경우는 연약한 기술 및 생산기반, 자원의 빈곤, 주체성主體性의 산만, 대치하對峙下에 있는 동서 양체제의 접경에서 강대국들의 이해가 교차되는 초점焦點에 위치하여 민족적 비운을 감수하면서 이러한 격변기를 맞이하고 있다. 특히, 최근에는 폐쇄적 경제정책으로 선회하는 선진교역국의 자구책에 의한 압박 등으로 세계 어느 지역보다도 가장 민감하게 직접적인 영향과 고통을 받지 않을 수 없는 시련 하에 있다.

그러므로 세계적 기업경영이 당면하고 있는 위기의 최첨단에 서게 된 우리로서는 최대다수의 주체성과 자발력, 그리고 창의성을 계발啓發함으로써 자립과 자존의 활로를 개척해 가지 않을 수 없는 한계상황限界狀況에 있다.

그리고 현존 인류가 당면하고 있는 문제의 성격은 특히 다원적이고, 제도 및 가치관의 고질화를 특징으로 하고 있기 때문에 폐쇄적 윤리 및 사고양식이나 지엽·형식적인 기교로써는 지향하는 바 목적을 결실하기가 지극히 어렵다는 점이 특징이 되어 있다.

그러므로 자립과 자존의 한극限極에서는 항상 인간본능에로 환원되어, 인간저성人間低性 ; 潛在性과 基在性을 활성화하는 가치와 그 체제를 태동시켜 왔던 인류사의 교훈을 되살려야 할 것이다.

이는 오랜 역사를 통해 실實의 장場에서 체험體驗되고, 체감體感되고, 체득體得되어 온 본연本然의 질서를 통찰함으로써 서민양식庶民良識과 생산이 상보相補되는 경륜經綸의 요체를 구명하여 도의道義와 산업의 본연이 상보·회생되는 가치와 그 체제를 강인한 자세로 구축해 가는 것이 될 것이다.

이는 곧 민족의 자립과 주체적 생존의 첩경인 동시에 세계적 기업경영이 당면하고 있는 난관극복의 한 시금석이 될 수도 있을 것이다.

이제 이러한 관점에서 현대기업의 생산환경을 기업외적 환경, 즉 기업-산업-지역경제-국제경제로 연결되는 거시적 측면과 기업내적 환경 즉, 기업의 생산성 및 탄력성과 관련된 요인 및 그 기능의 미시적 측면을 고찰함으로써 문제의 성격을 명백히 하고자 한다.

현대 산업사회가 현실적으로 당면하고 있는 가장 긴박한 문제는 국제성을 띠는 전례 없는 악성 인플레이션 현상의 장기화와 그로부터 파급되는 정치·사회적 불안과 이해갈등이 기업의 탄력성과 생산성을 위축시켜 경제의 악순환을 갈수록 가속화시킴으로써 자유경제체제의 기반까지도 위태롭게 하고 있다는 점이다.

오늘의 국제적 개방경제사회에 있어서 인플레이션 요인은 크게 국외요인과 국내요인으로 구분해 볼 수 있다.

그 중 국외요인에 의한 인플레이션은 수입인플레이션이라고도 하는 것으로 오늘날과 같이 무역, 자본·자원의 이동, 기술·정보의 활발한 교류가 급진전되는 시대에 있어서는 국제간의 상호의존도가 크기 때문에 수입가격의 상승이라든지 무역흑자의 누적에 의한 통화량 증대가 곧 지역경제의 인플레이션을 유발하게 된다.

1973년 이후 두 차례의 유가폭등이 보인 세계적 인플레이션의 확산현상은 그 좋은 사례가 될 것이며, 특히 우리나라와 같이 공업원자재와 자본의 해외의존도가 큰 지역경제에 있어서는 수입인플레이션의 영향을 크게 받지 않을 수 없게 된다.

국내요인에 의한 인플레이션은 수요압력 인플레이션과 코스트 인플레이션으로 구분하여 생각할 수 있는 바, 수요압력 인플레이션은 노동생산성 향상율을 상회하는 임금인상에 따라, 증대되는 구매력을 공급이 따르지 못함으로써 발생하는 경우와 인플레이션 기대심리에 따른 가수요假需要의 증대로 인한 경우를 들 수 있을 것이다. 또 코스트 인플레이션은 기업의 제품생산원가상 노동생산성을 웃도는 임금율의 상승이나 원자재가격의 상승에 따른 코스트 증가분을 제품가격에 전가함으로써 발생하는 인플레이션이다.

이와 같은 복합적 요인에 의하여 발생되는 오늘날의 인플레이션 현상이 과거의 그것과 다른 특이성은 기업생산의 침체와 실업율의 증대로 이어져 구매력이 저하되는데도 물가등귀物價騰貴가 지속된다는 즉, 불황과 물가고物價高가 양립하는, 기존의 경제이론으로써는 설명하기 힘든 현상이라는 것이다.

따라서 인플레이션 해소를 위한 대책에 있어서도 이론과 실천의 괴리 속에서 다양한 방법이 시도, 강구되고 있다.

정부의 재정·금융정책에 의한 총수요 억제정책은 가장 보편적으로 실시되어 온 방법이지만, 제품시장 및 노동수급의 경직화로 물가와 임금의 하방경직성下方硬直性이 강해지고, 정책발동의 적절한 시기 포착도 쉬운 문제가 아니기 때문에 점차 그 실효성이 감퇴되고 있다.

또 하나의 대책은 임금억제를 주대상으로 하는 소득정책인 바 총수요 억제정책의 효과가 약화되고 노동조합의 임금교섭력과 대기업의 시장지배력 강화에 따른 가격형성력의 신장이 상호연관되어 임금과 가격의 인상이 순환되면서 물가등귀를 유발하는 크리핑인플레이션creeping inflation 현상이 1950년대 이후 주목되면서 시도된 정책이다.[2]

이러한 소득정책은 인플레이션적인 가격·임금형성의 행동을 시정하기 위해 물가와 임금, 이윤 등을 명목소득의 상승율에 따라 설정된 지침에 의해 통제하고자 하는 것이다.

그리고 또 다른 방법은 코스트인플레이션의 원인이 시장의 경직화에 있기 때문에 시장경직성을 제거하고 그 자유경쟁 기능을 강화함으로써 자원의 원활한 최적배분을 실현하고자 하는 구조정책[3]을 들 수 있다. 이 방법은 국내·국제적으로 기업간의 경쟁을 촉진하고, 경쟁조건의 정비를 꾀하여 국내적으로는 독점금지법을 강화하여 산업구조의 시정을 시도하고, 국제적으로는 무역과 자본유통의 자유화를 통하여 대기업의 시장지배력에 제동을 거는 대책이다.

이와 같이 인플레이션 해소를 위한 다양한 대책들이 시도되고 있지만 오늘의 산업사회에 있어서는 정책의 선택에 의한 사회계층간의 이해관계가 크게 대립·상충되고 있기 때문에 일관된 정책을 펴나가기가 용이하지 않고, 또 설사 그렇게 한다 하더라도 불황과 고물가라는 상호모순 되는 양면을 동시에 해소하기란 지극히 어렵게 되어 있다.

예를 들어 만일 물가안정을 총수요 억제정책만으로 실현하고자 하면, 과거보다 더 강력하고 장기적인 수요억제정책이 필요하지만,

2) 迂村江太郎 編, インフレ-ションの經濟學(東京, 有斐閣, 昭和 50), p.244.
3) 迂村江太郎, 前揭書, p.247.

그 결과는 도산과 실업을 증대시켜 불황의 장기화를 초래하게 되므로 기업측으로부터 강한 반발을 받게 된다. 또 소비자물가의 높은 상승율을 전제로 다시 높은 임금상승이 계속되면 정부는 불황 하에서도 경기부양정책을 채택할 수 없게 되고, 불황과 인플레이션이 공존하는 악성 인플레이션이 장기화하기 때문에 소득정책을 채택하겠지만, 이 경우는 임금만이 억제되면 노동분배율이 저하되고, 또 임금상승만이 물가상승의 주인主因이 아니라는 주장을 앞세운 노동자측의 반발이 대두된다.

또 수입인플레이션을 억제하기 위해 외환정책을 도입하면, 국내적으로는 수출업자들의 반발을 사게 되고, 국제적 경쟁을 자극하려는 구조정책의 실현이 어려워질 뿐 아니라 고정환율제Fixed exchange rates system에서 유동환율제Floating exchange rates system로 변모된 국제통화체제 하에 있어서 그것은 장기적 대응책이 될 수 없고, 곧 국제적 도전을 받지 않을 수 없게 된다.

이상으로서 우리는 거시적 차원에서 기업과 관련된 외부환경의 현상적 실상을 개관해 보았거니와 이러한 복합적 요인의 작용으로 인한 사회·경제적 위기를 기업차원에 환원, 수렴시켜 생산환경의 특질을 고찰하고자 한다.

현대사회에 있어서 기업행동의 특질과 기능은 다원적인 구조 속에서 그 위치를 파악해 볼 수 있다. 즉, 사회조직의 구조범위의 측면에서 본다면 가정-기업-산업-경제-정부-국제사회의 관계에서, 경제구조적 차원에서 본다면 생산경제단위로서 기업은 소비경제단위인 가계 및 재정을 매개하여 가계-기업-정부의 관계로서, 또 인간의 본능적 기능활동과 연관시켜보면 육肉 : 物質, 정신精神 : 心理, 영靈 :信仰적 기능의 사회적 표현인 경제(기업)-문화-종교와 관계되고 있다. 또 기업의 실천적 생산활동에 있어서는 수요자, 주주, 금융기관, 노동자, 정부 등과 수평적 상호관계를 갖게 된다.

그러므로 오늘의 기업 활동은 다원적이고 다양한 각 사회집단 또는 계층과의 유기적인 관련과 상호작용을 통해 물적 생산과 그 성과 배분이 원활하게 이루어질 때 기업은 유지·성장되어 가고 사회전반의 각 기능집단 및 조직도 유지·발전되어갈 수 있다.

그러나 현대기업의 생산 환경은 그 범위나 시야가 국제적 차원으로 확대되고, 또 환경변화의 폭과 속도도 가속화되고 있기 때문에 기업 활동과 성과에 기여되는 다양한 요소의 범위설정과 선택 및 집약과정도 국제적 개방차원에서 고려하지 않을 수 없게 되었다. 즉, 현대 산업사회의 발전과정에서 촉진되어 온 교통·통신수단의 고도한 기능과 인구의 도시집중화는 교역·자본·기술·정보 등 다양한 문물의 교류폭과 빈도를 확대·가속시켜 국내외적으로 사회가 개방화되어 왔다.

그리하여 오늘의 국제사회환경은 세계의 각 지역민이 오랜 역사를 통해 전개해 왔던 각양각색의 사상·문물, 그리고 갈등이 한꺼번에 현대라는 시점에 수렴·농축되어 밀어닥치는 듯하다.

따라서 이러한 다원적이고 급격한 환경변동은 불확실성不確實性의 시대4), 충격의 시대5), 단절斷絶의 시대6)로 불려지는 바와 같이 지난 날의 단편, 폐쇄적 정치·경제·사회·문화·종교 등의 개념과 행동

---

4) John Kenneth Galbraith,*The Age of Uncertainty*, (N.Y.Houghton, Mifflin(1977).
5) Albin Toffler, *Future Shock* (N.Y. 1970).
6) P.F.Drucker, *The Age of Discontinuity* (N.Y., 1969).

양식으로써는 그 미래를 예측하기가 힘들고, 기존의 단편·지엽적인 인식방법이나 논리, 또는 그 척도로써는 변화와 변모에 대응하기 힘든 시대적 특질을 내포하고 있다. 그러나 기존의 폐쇄적 가치개념과 행동양식 및 제도가 다양성과 급변성을 내포하여 개방화로 변모되어 가는 과정에서 모든 인간행동과 제도는 와동渦動하게 되며, 특히 현대사회를 주도하여 중추적 기능을 수행해 온 기업행동은 개방체제開放體制를 지향志向하는 다양한 집단과 대중으로부터 다원적多元的인 도전을 받게 된다.

그러나 또 한편 현실적으로 기업의 물적 생산과 성과, 그리고 기업의 유지와 성장을 통해 사회 각계각층의 집단과 조직기능이 유지되고 대중의 생계가 실질적으로 확보될 수 있기 때문에 변환과정의 와동기에 있어서는 기업행동에 대한 의존과 기대가 동시에 커지게 된다.

그러나 이와 같은 현실現實과 지향志向과의 모순과 간극 속에서 인간행동과 많은 제도의 와동은 대중의 방임적 소비와 기업의 폐쇄적 생산을 초래하여 경제순환에 있어 수요와 공급의 균형·조화가 와해되고, 화폐유통은 단기적 화폐소득에 치우쳐 장기성의 설비투자나 연구개발이 둔화되고 노동자의 노동사기勞動士氣와 창의력 발현이 저상沮喪되어 간다.

그리하여 경제측면에의 그 표출이 국제적 파급력을 갖게 된 오늘의 경제적 악순환이며, 기업의 경직화와 생산성 위축이라 할 수 있을 것이다. 특히 현대 인류의 경제생활을 지탱하는 물적 자원은 소진성의 유한有限지하자원을 주축으로 하고 있으며, 그 자원의 부존賦存도 지역적으로 편재되어 있을 뿐 아니라 자원 고갈화에 대한 인류의 불안과 초조가 고조되고 있기 때문에 국제간의 기업경쟁과 갈등은 더욱 격화되고, 각 국가 및 지역경제는 개방화를 지향하는 전반적 국제추세와는 반대로 자국의 기업보호를 위해 폐쇄적 경제정책이나 심지어 공격적 경제행동까지도 구사하게 된다.

따라서 폐쇄와 개방, 현실과 지향이 상충·모순되고 있는 오늘의 생산 환경에서 기업이 최대의 다양성과 급변성을 포용하여 당장의 높은 생산성과 탄력성을 회복·확보하여 경제의 악순환을 타개하고, 나아가 새로운 개방적 가치와 체제로 변환되려면 먼저 그 스스로의 행동양식과 체제를 개방화해가면서 대중의 방임적 소비를 창조적 방향으로 전환하는데 선도적 역할을 담당·수행해 가야 할 것이다.

그리고 기업행동이 국제적 차원에서 다양성과 급변성을 포용하여 개방화되어 간다는 것은 결국 인류의 본능 속에 내재되어 있는 개방적 의지와 그 특성을 통찰·발현시켜 역사적 최대다수와 공간적 최대다수에게 공명될 수 있는 가치나 행동의 요체를 파악·집약하여 구체화하는 것이라 볼 수 있다.

이는 곧 최대다수의 다양성 있는 창의력과 자발력을 보다 넓고, 깊고, 장구성 있게 집약할 수 있게 되어 최대의 연구개발력과 발명을 도출할 수 있게 되고, 인간·집단·사회 간의 높은 신뢰와 협화協和를 기할 수 있기 때문이다.

오늘의 국제시장에 있어서 소비자의 수요패턴은 고도로 다양화되고, 개성 있는 상품을 요구하고 있기 때문에 이러한 요구에 부응되려면 제품의 조립과 구성은 고도의 다양하고 복합적인 기술의 협력을 바탕으로 하지 않을 수 없고, 또 소진성 자원에 탐닉된 기존의 공업기술의존에서 탈피하여 미래지향의 창조적 기술과 발명을 근거로 새로운 자원과 공업원료를 개발하지 않고서는 장기성 있는 기업의 생산성과 성장을 기대할 수 없게 되어 있다.

따라서 이러한 복합기술제품과 새로운 자원 및 공업원료를 개발해가려면 신뢰와 협력을 바탕으로 절대다수의 서민대중庶民大衆이 실實의 장場에서 체감體感·체험體驗·체득體得으로 잠재시켜 온 다양한 기술과 창의력을 보다 폭넓고 깊이 있게 집약하지 않을 수 없다.

더욱이 국제적으로 격화되고 있는 기업 간의 기술경쟁에 있어서는 새로운 발명 및 지식 $\overset{①}{\longrightarrow}$ 새로운 기술 $\overset{②}{\longrightarrow}$ 새로운 제품 및 공정방법 $\overset{③}{\longrightarrow}$ 대중화의 과정에 있어서 ②③의 전개는 급속화되고 있기 때문에 부단한 창조적 발명과 지식의 창출이 절실하게 요청되고 있다.

그러나 이와 같은 현대기업의 절실한 현실적 요청과는 반대로 현대사회의 두드러진 두 가지 특질은 이러한 요청에 부응하기 어려운 폐쇄적 가치와 그 제도에 고착되어 있다는 점이다.

그 첫째는 인간의 다면多面적 행동기능行動機能이 고도로 분화되고 전문화되면서 기능적 집단조직이 강화되어 인간의 본능 속에 내재되어 있는 개방적 인간특성이 폐쇄적 이념이나 행동원리를 앞세운 집단의지에 의해 은폐·억압되어 왔다는 점이다. 이는 곧 집단 및 조직의지와 개방적 개인행동의 괴리를 의미하며, 이는 장기적으로 보아 조직의 기능과 효율에 기본적 원천이 되는 구성원의 자발력과 창의력 발현을 저해하고, 폭넓은 의사소통을 차단하게 되는 것이다.

현대사회의 또 한 가지 특질은 생산과 윤리가 괴리되어 있다는 점인 바, 물론 이는 현대에 제한된 특질이라기보다는 오랜 인류사의 특징이기도 했다.

윤리倫理란 당해 시대와 사회의 인간생활에 있어서 인간의 사고나 행동을 지배하고 소통하는 표준언어標準言語 혹은 표준의식標準意識의 종합체계라 할 수 있을 것이다.

그러나 인류사의 전개과정을 되돌아 볼 때, 대개의 윤리체계는 생산문제가 배제되거나 등한시되어 왔으며, 그것도 지배계층의 가치와 행동양식을 중심으로 규범화된 경우가 많았다.

그리고 근세 이후의 산업사회에 있어서는 영리주의원칙의 생산활동과 물질편중의 인간의식이 확대되어 오면서 현대의 윤리체계는 물질적 생산의 논리만이 강조되어 인간의 윤리적 측면이 등한시되어 왔다고 볼 수 있다.

그러나 본능에 내재되어 있는 인간의 개방적 특성은 생산과 윤리가 상호 필요충분조건으로서 상보될 때 자연스럽게 실實의 장場에서 표출될 수 있다. 다시 말해서 비가시非可視 개인 및 사회윤리가 고양되면 인간 및 집단 간의 신뢰와 협력관계가 증진되어 기술개발과 발명이 촉진되고 생산행동의 삼지주三支柱라 할 수 있는 제조와 판매 그리고 자본조달의 상호협력과 조화가 향상되어 가시可視의 생산성과가 고양된다.

또 한편 생산성과生産成果가 고양되면 인간의 물질, 정신, 신앙적 생활이 활성화되고 조화 있게 성장되어 개방적 품성과 인격형성을 가능하게 함으로써 윤리의 발현을 돕게 된다.

그럼으로써 생산적 윤리, 윤리적 생산이 상보되어 생산과 윤리는 개방적 윤리체계에로 개시되면 현대사회에 있어 폐쇄와 개방, 현실과 지향의 상호대립과 모순은 결국 가치 있는 모순의 관계로 각각 승화되어 현대기업과 인류의 와동은 새로운 진화에로 재정립될 수 있을 것이다.

우리는 이제 장을 바꾸어 생산적 윤리의 구조와 기능을 좀 더 구체적으로 이해하고 그 발현의 조건을 윤리적 논증이라는 입장에서 고찰하고자 한다.

3. 생산적 윤리의 구조와 기능 및 그 조건법

경제의 악순환으로 집약·표출되고 있는 현존 인류의 위기적 상황은 우선적으로 기업의 탄력성과 생산성 회복을 통해 그 극복의 실마리를 찾을 수 있을 것이다. 이는 결국 기업의 발명 및 개발력과 시스템 혁신이 발생發生 및 지향志向적 차원에서 동시에 활성화되고 증진됨으로써 시작된다.

그러려면 먼저 경영층과 노동자로 구성되는 기업내부의 각 성원이 지고의 자발력自發力과 창의력創意力을 발휘하고, 그를 바탕으로 폭넓고 깊이 있는 신뢰와 협화協和가 고양·상보相補되어야 하며, 또 기업외적으로는 기업 활동을 통해 기여, 보상되는 사회의 각 기능집단이나 계층의 다기다양한 기능과 속성을 최대한 창조적이고 생산적인 방향으로 포용·집약할 수 있는 가치 및 행동개념과 체제로 천이遷移transition되어야 할 것이다.

이는 곧 당해 지역대중의 불신과 반목, 경계와 긴장을 생산적으로 승화·해소하고 그를 바탕으로 고도의 탄력성과 생산성이 실현되면 우선 물질적 빈곤에 대한 우려가 해소될 것이고, 또 나아가 정신적 공포나 심령적 불안으로부터의 해방가능성을 제시하게 되고 최대다수의 최대공명과 최대다수의 최대소통을 촉발하여 점차 국제적 이해갈등과 극한적 대립은 창조적 경쟁으로 순화·상보되어 소진성 자원에의 한계적 의존에서 벗어나 새로운 자원의 개발을 촉진하게 될 것이다.

이는 나아가 근세 산업사회의 전개과정에서 극한적으로 괴리되어 왔던 양식良識과 산업, 도의道義와 생산이 본연本然의 위치로 환원되고, 근세래 방대하게 집적되어 온 지적 소산이 창조적으로 요용되면 새로운 인류적 진화의 계기가 마련될 것이다.

우리는 이러한 가치개념과 그 체제를 「생산적生産的 윤리倫理」로서 파악하여 구체적으로 그 구조와 기능을 추구하고 그 동태적 특질을 윤리적倫理的 논증論證이라는 입장에서 「조건법條件法」으로 이해하고자 한다.

이제 이러한 생산적 윤리의 구조와 기능, 그리고 그 조건법을 고찰하기에 앞서 우리 민족의 역사적·지역적 환경을 재조명해 보고자 한다.

이는 세계의 다른 어느 지역보다도 다양한 도전과 압박을 받아 왔고, 또 지금도 받고 있기 때문에 그러한 착잡한 역사·지역적 여건 혹은 환경을 보다 폭넓고 깊이 있게 재인식하여, 우리의 현실적 좌표와 지향해야 할 방향을 확립함으로써, 생산적 윤리의 구축에 보다 강인하게 정진할 수 있는 핵심적 과제와 그 요체를 통찰해야 하기 때문이다.

우리 민족이 당면하고 있는 당장의 다급한 경제적 현실이나 국제적 상황을 극복하고, 자존과 자립의 독자적 기틀을 형성하여 지속시키려면, 강인하고 개방적인 주체성을 확립하고, 올바른 판단력의 함양이 무엇보다도 절실히 요청되고 있다.

개방開放적 주체성主體性과 올바른 판단력判斷力이야말로 최대다수의 자발력과 창의력 발현, 그리고 보다 넓고, 깊고, 장구한 신뢰와 협화協和의 기반을 형성하는 필수적 조건이 되기 때문이다.

그러나 우리의 절실하고 절박한 실제적 요청과는 반대로 현실적 여건은 사실상 사대事大적 추종이나 자기도취적 주관에 흘러 온전한 주체성을 육성하지 못해 왔을 뿐 아니라 다수에 공명되어 객관타당성을 가질 수 있는 온전한 판단력이나 통찰력을 키워오지도 못했다.

이제 이러한 상황의 경위經緯와 그로부터 연쇄 파급되는 여러 현상의 상호관계를 우리의 역사적 환경 속에서 점묘點描해 보고자 한다.

우리 민족은 오랫동안 정태성靜態性이 강한 동양적 문화의 전통 속에서 사고방식이나 행동양식을 형성해 왔다. 동양사회는 일반적으로 구라파 여러 나라들의 형성과정에 비해 볼 때 민족 간·지역 간의 쟁투爭鬪나 교류가 완만했고, 또 자연적 생활여건도 비교적 윤택했기 때문에 안정된 정착생활이 가능했다. 따라서 전반적인 생활습성이나 태도도 고정성이 강하고, 주관적 판단이 허용되는 정태적 특성을 많이 내포하게 되었다. 그리하여 우리 민족의 성격도 이러한 동양적 특질을 다분히 내포하게 되어, 동양의 여타 다른 민족과 같이, 동태적 사상事象을 객관적으로 포착하고 대응해 가는 역동성이 일반적으로 미흡했다.

더욱이 우리는 해륙이 교차하는 반도에 위치하여 끊임없는 외침의 위협 하에 놓여 왔고, 또 실제상 피지배적 상황 속에서 오랫동안 살아왔기 때문에 지배세력의 압박을 극복하려는 의지가 쇠미衰微해지면 결국 사대적 추종에 흐르든지 자기도취적인, 일종의 도피적 주관주의에 흘러 그러한 심리저변의 갈등은 마침내 성격구조의 병폐로 나타나 건전한 주체성과 판단력의 형성을 저해하게 된다.

이러한 도피적 주관주의나 사대적 추종의 양극적 행동 및 태도는 개인 혹은 집단 간의 창조적 의사소통을 차단하게 되고, 자기중심적인 자위적 태도나 근시적 목적지향에 흘러 사상事象의 전개과정과 그 결과의 종합적 관계에 대한 객관적 인식능력을 상실하게 된다.

또 조선조 이후의 우리나라 역사는 사농공상士農工商의 계층적 사회구조가 강조되는 지배계급의 문치文治문화가 동양문화권의 정태성과 더불어 고착화의 타성이 강하다. 그리하여 절대다수 서민대중의 생활 속에서 체감·체험·체득되는 생동하는 활성活性 vitality과 양식良識이 소외되고, 그를 포용·집약하지 못하게 되어, 결과적으로 주체적 의지나 건전한 판단력의 근거가 은폐되어 왔다. 그리하여 실의 장實의 場 : real field에서 이탈된 편협하고, 주관적이며, 폐쇄적인 사고와 행동양식의 확산은 국민간의 반목과 불신, 경계와 긴장을 조장하여 지배층은 근시적 탐욕의 파쟁派爭으로, 서민대중의 의식은 상대주의적 가치에로 산만되어 민족의 자발력과 창의력이 약화·둔화됨으로써 새로운 변화에 대한 적응탄력성適應彈力性이 소진되어 왔다.

이와 같은 주체성과 자발력의 발현이 쇠진된 상황 하에서 최근 100 년간, 물질주의와 투쟁적 역동성을 특징으로 하는 서구문물이 급속히 유입되면서 일찍이 겪어보지 못했던 다양한 사조思潮 및 가치체계와 접하게 되고, 그를 능동적이고 자발적으로 수용하지 못함으로써 외민족의 침략적 지배를 자초한 셈이 되었다. 또 현재는 서구 및 동구적 전통과 그 투쟁과정에서 형성되어 온 가치체계나 그 제도라 볼 수 있는 민주주의·자본주의·공산주의·사회주의 등 착종錯綜된 외래사조의 갈등 속에서 민족분단의 비운을 맞고 있다. 그리하여 지금도 민족의 의식은 지극히 산만되어 지향성 있는 의식의 표준도 없이 방황하고 있는 것은 숨길 수 없는 현실이다.

그러나 오늘의 현실은 물질에 치우친 상대주의의 팽배된 환경 속에서 세계는 다기다양한 이념이나 가치체계, 민족주의적 행동양식의 갈등이 교차·혼효되어 극한적 경쟁으로 가속되면서 개방화되고 있기 때문에 오늘의 국제사회는 간접적이고 미시적인 차원에서 과거의 그것과 다른 보이지 않는 침략의 위협도 더욱 높아지고 있다.

그러나 개방화로 내닫고 있는 세계 인류의 의식 속에는 새로운 가치와 그 체계를 지향하는 의지를 강하게 내재하고 있으며, 또 그러지 않을 수 없는 수압需壓하에 있기 때문에 우리는 이러한 대세의 방향을 정확히 인식하고 그러한 시한적 요동의 과도기에서 신속하게 스스로의 의식을 쇄신해 가야 할 것이다.

그리하여 보다 넓고, 보다 깊고, 보다 장구성 있는 가치개념과 행동의 요체를 통찰·집약함으로써 개방적이고 건전한 주체성을 확립하고 올바른 판단력을 소생시키게 될 때 당면한 현실적 위기를 창조적으로 극복할 수 있을 뿐 아니라, 나아가 새로이 형성되어 가는 세계질서의 태동에 기여될 수 있을 것이다.

오랫동안 불운했던 민족의 역사를 이와 같은 창조적 현실로써 승화시켜 나간다면 오랜 고난의 역사와 끊임없는 역사 속에서 폭넓고 깊이 있게 축적해 온 민족의 다양성 있는 체감과 체험, 그리고 체득은 오히려 새로운 창조적 가치의 태동을 위해 다시없는 밑거름과 원천이 될 수도 있을 것이다.

인류사를 되돌아 볼 때, 동서고금을 막론하고 사회를 구성하는 각 기능집단(정치·경제·문화·종교 등)과 각 계층(대·중·소산층)간 의식의 소통을 지탱하는 가치 및 행동표준, 포괄적 의미에서의 윤리나 도덕은 일반적으로 그 시대를 주도, 지배하는 계층 혹은 집단의 가치개념이나 행동양식을 주축으로 형성되는 경우가 많았다.

그런데 역사적 환경의 변화에 따라 사회를 구성하는 집단 혹은 계층 간의 상호관계나 그 구조도 유동적으로 변모하는 것이기 때문에 시대의 변화에 따라 주도세력의 교체가 발생하고, 그에 따라 가치체계에도 변화를 입게 된다.

이러한 변혁기에는 새로운 변화를 탄력적으로 포용하지 못하여 경직화된 기존의 가치체계와 새로이 태동되는 가치개념 사이에 갈등과 투쟁이 심화되고, 활성화되어 많은 경우 사회적 혼란을, 심하면 혁명적 사태를 초래하게 된다. 서양의 중세적 가치체계와 제도가 와해되고 산업 사회로 전개되어온 서양근세사에서 생산 활동을 둘러싸고 벌어졌던 각 계층·집단·민족 간의 이합집산, 끊임없는 전쟁과 대치, 그리고 교통통신의 발전 및 국제화에 따른 세계에로의 파급과 세계대전 등도 이러한 관점에서 이해될 수 있을 것이다.

그러나 근세 이래 세계사가 겪어온 이해 및 가치체계의 갈등, 그에 따른 혼란과 변혁은 과거의 그것과 다른 특징을 띠고 있다. 즉, 그 첫째는 그러한 혼란이나 변혁 혹은 이해갈등의 파급범위가 특정 지역이나 민족단위에 한정되지 않고, 국제규모로 확산된다는 점이고, 따라서 둘째는 그 극복을 위한 가치 및 행동체계도 인류적·국제적 차원에서 보다 광범하고 보다 다양한 요인을 내포·집약하지 않고서는 모색되기가 극히 어렵다는 것이다.

다시 말해서 오늘의 시대에 흡정洽正된 가치체계는 민족 혹은 지역단위의 전통적 특성이나 개성을 내포하더라도 인류적 차원에 공명되고 수용될 수 있어야 되고, 그럼으로써만이 개방화된 국제사회의 구조와 기능에 적응되고, 시시각각으로 변모되는 상황에 탄력적으로 대응될 수 있는 여건이 조성된다는 것이다.

그러나 인류적 차원에서의 시공적 다원성과 다양성은 결국 인간 본능 속에 내포·내재되어 있는 인간의 개방적이고 자연스러운 각 특성이 여러 갈래로 표출된 외연이라고 할 수 있기 때문에 인간본능에 대한 보다 폭넓고, 보다 깊이 있는 통찰로부터 새로운 가치 및 행동의 체계나 양식이 모색되어야 할 것이다.

이러한 의미에서 앞에서 강조된 주체성主體性이란 개념도 자칫 고집성이나 배타성, 혹은 폐쇄성으로 오해되는 그러한 것이 아니고, 인간의 자연스러운 본능 속에 내재되어 있는 생명력의 본질적 특성을 말하려는 것이다.

그러므로 이제 최대의 폭과 최대의 깊이, 그리고 최대의 시간성을 전제로 한 인간의 자연스러운 본능의 구조와 그 기능의 요체要諦를 추구함으로써 최대의 다양성을 포용하고, 최대다수에게 공명·수용될 수 있는 가치 및 행동의 구조와 기능을 고찰해 보고자 한다.

생물로서의 개별인간은 본 논문 Ⅰ·Ⅱ 에서도 서술된 바와 같이 물질적으로 파악될 수 있는 육身體 : Substance적 측면, 생명현상의 특질로서 정신Spirit적 측면, 그리고 신비적 신성神性 Divinity에 감응되고 이

끌리는 영(魂) Soul적 측면을 내포하여 그 각각의 조화 있는 안정과 성장을 지향하는 본능을 갖고 있다(이하 이 3측면을 3S 로 약칭함).

그리고 인간은 삼라만상의 구성적 요소이면서 동시에 이 3측면, 즉 3S 의 각 측면은 삼라만상cosmos의 인간내부에의 투영이라고도 볼 수 있는 바, 3S 의 각 측면은 삼라만상森羅萬象의 구조의 변화를 포착하고 이에 반응되는 각 도구instrument라 볼 수 있으며, 그 기능이 상호 조화·상보되어 외전반요소와 교섭됨으로써 환경에 적응해간다고 볼 수 있다.

그리하여 정신적·영적 기능과 더불어 육적 기능이 주도적으로 환경에 작용될 때 그것은 물적 차원에의 적응 행동으로서, 이의 집합적·사회적 표현이 경제행동이라 할 수 있고, 정신적 도구의 기능이 여타의 두 기능을 조화·주도하여 나타날 때 예술이나 지적 행동으로 표출되고, 그 사회적 표출이 문화 활동이라 할 수 있다. 또 영적 도구의 기능이 육적·정신적 기능과 상보되어 주로 표출될 때 이를 신앙으로 파악할 수 있으며, 그 사회적 집단행위를 종교활동이라 볼 수 있다.

따라서 개인의 기능 속에 공액되어 있는 3S 적 구조와 그 기능이 집단적으로 표현될 때 각각 경제·문화·종교라는 사회적 기능집단이 형성되고, 그 각 활동의 효율적 지향성이 각각 생산성Productivity, 인간성Humanity, 신앙성Religiousity으로 이해될 수 있을 것이며 그 각 성과는 3측면의 상호 조화·보완을 통해 고양될 수 있다.

이제 이러한 각 측면의 기능을 주관하는 구체적 사회집단의 주체를 오늘의 사회구조에서 본다면, 영적·신앙적·종교적 측면에서는 성직자, 예술·학술 등 정신·문화적 측면에서 학자·예술가·교직자 등을, 그리고 물질적·경제적 측면에서는 경영자·기업가 등으로 생각될 수 있다.

그러므로 개별인간은 사회활동을 통하여 본능적으로 내재하고 있는 3S 적 각 측면의 조화있는 안정과 성장을 기대하게 되고, 또한 그를 지향하는 강한 의지를 내포하고 있다. 그러나 이러한 3측면의 기능이 어느 한 쪽으로 치우쳐 조화를 상실하게 되면 개인적 차원에서는 후술하게 될 「얼」의 기능이 은폐됨으로써 성격구조personality constitution의 교란이 생기고, 사회적 차원에서는 각 기능집단간의 갈등이나 소통의 경색으로 나타나, 변화에의 적응탄력성이 약화된다. 그리하여 개인-사회 차원의 악순환은 각 차원에서의 안정과 성장을 더욱 어렵게 한다.

서양 중세사회가 인간의 영적 기능측면을 지나치게 강조하고 육적·정신적 측면의 기능을 은폐·억압함으로써 퇴축되어 왔다고 한다면 현대 산업사회는 물적 측면, 즉 육적 기능측면에 치우쳐 인간의 영적·정신적 측면이 소진·쇠미衰微해짐으로써 마침내는 물적 차원에서의 생산성이 위축되어 왔다고 볼 수 있는 바 이는 모두 생산과 가치의 유리遊離를 뜻한다.

개별인간의 3S 적 측면 기능이 삼라만상의 물질·생명·섭리의 각 측면에 감응, 작용하는 본능의 폭幅적, 공간적인 차원이라고 본다면 그 강도, 깊이深, 또는 시간성 개념의 차원에서 인간의 본능적 특성을 현재성顯在性 Manifest, 잠재성潛在性 Latent, 기재성基在性 Found으로 구분해서 파악할 수 있다.

모든 생물의 가장 기본적이고 강력한 본능은 개체유지의 본능과 종족보전의 본능일 것이다. 이 두 본능은 상호 긴밀한 관계를 가지는 바, 전자는 경험을 통해 개체가 환경에 적응해 가는 개체학습ontogenetic learning[7])과정의 기본적 동인이 된다면, 후자는 개체학습이 세대를 따라 반복되면서 변이variation되고, 자연선택natural selection되는 진화과정에서 형성되어진 계통발생, 혹은 계통학습phylogenetic learning[8])적 과정의 기초적 동인이 된다고 볼 수 있다.

일반적으로 호모사피엔스Homo Sapiens와 같은 고등동물의 경우에는 환경에의 적응에 있어서 개체학습의 역할이 계통학습에 비해 큰 비중을 차지하고, 하등동물의 경우는 그와 반대로 계통학습, 즉 생래적生來的 능력의 비중이 크다고 한다.[9])

그러나 유전생물학 및 신경생리학의 발전에 따라, 개체의 발생과 성숙에 있어서는 유전자DNA와 중추신경계의 발달이 상호 유기적으로 연관되어, 계통발생적 과정을 재현한다는 증거가 확실시되고 있다.[10])

이러한 관점에서 현재성이란, 좁은 시공의 소재 속에서 비교적 짧은 개체학습과정을 통해 경험되고 형성된 심리적 성향이나 의식이라 할 수 있고, 따라서 현실성이 높은 인간의 지성적 의식이라 할 수 있는데 대뇌생리학적으로 본다면 대뇌의 피질에 형성된 논리적 정보회로에 해당된다고 볼 수 있다. 이에 대해 잠재성이나 기재성은 장구한 인류의 진화과정을 통해 변이變異되고 자연선택自然選擇되면서 형성된 계통발생과정의 정보가 DNA 의 유전암호와 중추신경계의 대뇌피질에 집약·내장되어 잠재되고 있는 무의식無意識, 또는 잠재의식潛在意識의 성격적 특성이라 할 수 있다.

---

7) Nobert Wiener, Cybernetics (or Control and Communication in the animal and the machine) (2nd, ed.) (N.Y., MIT Press, 1961), p.181.

8) Ibid.

9) Ibid.

10) Jacques Lucian Monod 著, 金容駿 譯, 偶然과 必然, (서울, 三省出版社, 1977), p.145.

그 중 특히 기재성은 인간의 내면에 내재되어 있으면서도 자기의 뜻대로 되지 않는, 또는 의지에 의한 제어가 곤란한 원시적 충동을 내포하고 있으며, 인간의 생리학적, 심리학적 모든 자질을 포함하여 실제상 인성personality의 정초가 된다고 볼 수도 있다. 이는 프로이드S. Freud의 정신분석에서 말하는바 이드Id[11])에 비교될 수 있는 측면이다.

그러므로 이 두 측면을 기저성基底性이라 부르기로 한다면, 이 기저성은 장구한 진화과정을 통해 가장 광범하고, 깊이 있는 소재를 집약·내포하여 현재란 시점에 재현될 수 있는 잠재력을 갖고 있으며, 현존 인류의 최대다수에 공명될 수 있는 소재와 아이디어idea의 보고, 혹은 원천이라 할 수 있을 것이다.

귀납적 관점에서 볼 때 이러한 기저성은 현재성과 상보되어 조화되는 개방적이고, 자연스러운 환경조건 하에서 그 발현의 높은 확률이 주어진다고 볼 수 있다. 상상Imagination, 섬감閃感 Illumination, 영감 Inspiration (이하 이 측면을 3I 라 약칭함)[12)]을 통해 발현되는 인간의 창의력도 자연스러운 환경조건, 즉 절대다수의 생활장인 실實의 장場에서 기저성이 발휘될 때 그 성과가 기대될 수도 있다.

이상으로써 우리는 인간의 본능은 대개 공간적 개념상에서 보아 육적·정신적·영적 도구, 즉 육체·정신·영혼을 포괄 내포하는 측면과 시간성의 감각을 도입하는 관점에서 현재성顯在性·잠재성潛在性·기재

---

11) 詫摩武俊, 性格の理論(東京, 誠信書房, 1967), pp.17-20.
12) Webster's third new International dictionary.
　　① Imagination : ability or gift of forming conscious ideas or mental Images, esp. for the purpose of artistic or intellectual creation (p.1128)
　　② Illumination : Spiritual or cultural or intellectual enlightenment (p.1127)
　　③ Inspiration : a divine influence or action upon the lives of certain persons that is believed to qualify them to receive and communicates sacred relation and is interpreted within Christianity as the direct action of the Holy Spirit (p.1170),

성基在性을 내포하는 측면으로 구분해서 파악해 보았다.

각 개인의 본능 속에 내재되어 있는 이러한 양측면의 각 특성적 기능은 상호 유기적 관련을 가지면서 다양한 양상으로 현실에 표출 조화됨으로써 주체성과 창의력이 발현될 수 있는 소지를 형성하게 된다.

그러나 각 개인의 행동은 가족·종족·민족·국가 등 집단 혹은 사회적 구조 속에서 그 기능이 실효성 있게 수행되기 때문에 각 개인의 본능은 개별적이고 자율적인 조건하에서만 발휘될 수는 없고, 사회적 제약을 받지 않을 수 없다.

그러므로 전체성과 타율적 제재의 방법이 불가피하게 요청되는 사회집단의 구조와 기능, 그리고 가치체계나 제도가 이러한 개인의 다양한 속성을 어떻게 조화·발현시키느냐 하는 문제는 곧 각 개인의 주체성 및 창의력 발휘와 관련되어 개인의 안정과 성장을 좌우할 뿐 아니라 사회집단의 탄력성과 적응력의 정도를 결정하게 된다.

어떠한 시대나 지역에 있어서도 그 사회집단 내부에는 지배와 피지배, 또는 주도와 추종의 인간관계가 존재해 왔고, 그 관계의 교체 순환交替循環 속에서 인류사가 전개되어 간다. 그리하여 각 시대의 사회집단 내부에는 그 시대와 사회를 주도하는 지배원리로서의 가치개념이나 행동원리에 따라 경제·문화·종교 등 사회기능집단의 특성이나 그 상호관계가 형성되고, 또 일반적으로 보아 지배관계에 따른 대·중·소의 계층적 분화가 이루어진다.

그러나 일반적으로 지배계층은 소수이고, 피지배계층은 절대다수이기 때문에 소수지배층이 편협한 폐쇄적 지배원리에 고착되어 전체성이나 타율적 강제를 강화·지속하게 되면 사회적 기능간의 조화가 파괴되고, 절대다수 피지배층의 개성적 본능의 조화적 발현이 은폐되어 조화 있는 사회의 성장과 발전이 저해되게 된다.

인간의 행동, 특히 사회적 행동에 있어서는 의식의 흐름이 가시적이고 유형적인 것에로 집중되기 쉽기 때문에 설사 지배계층의 가치나 행동원리가 비가시적이고 무형적인 인간의 작용측면, 즉 정신문화적 활동이나 종교적 활동영역, 또는 인간의 기저성基底性을 기점基點으로 한다 하더라도 시간의 흐름에 따라 물질적 경제측면이나 현재의식에 편왜偏歪되기 쉽다. 그러나 비가시적이고 무형적인 인간의 무의식이나 잠재의식적 기저성 속에는 불변성의 소재나 다양하고 강력한 활성과 잠재력을 내재하고 있기 때문에 다수인의 창조적 기저성 개발은 그 개인이나 사회의 안정적 성장에 원동력이 될 수 있다.

그러나 오늘의 국제적 산업사회 형성의 연원淵源이 되었던 서구의 산업화과정은 중세사회가 영적 신앙측면을 지나치게 강조하여 육적·정신적 측면이 억압되어 온 가치 및 사회체제에 대한 반발 또는 거부에서 시발되어 왔기 때문에 물질적 경제측면의 기능이 반대로 지나치게 강조·강화되어 왔다.

특히, 산업화에 역동적 활력을 부여해왔던 과학과 기술에의 과신과 경도傾倒는 영적 기능 측면을 바탕으로 한 절대가치의 개념을 배제·부정해 왔을 뿐 아니라 물질과 정신을 분리해서 각각 다른 원리로써 해석하고, 분석하려는 사고양식, 더 나아가서는 유물론적 사고가 팽배하게 전개되어 왔기 때문에 인간의식은 극한적으로 물질편중과 상대론적 가치개념에로 일탈되어 왔다.

특히, 경제시대·과학시대·지식시대로 일컬어지고 있는 오늘의 사회조류와 제도 하에서는 자연과학은 말할 것도 없거니와 사회과학에 있어서도 실증적이고, 가시적 구상具象만을 강조하고 있기 때문에 실증주의, 경험주의적 사고방식, 행동, 그리고 그 학문적 태도는 현상의 본질이나 잠재·기재의식에 내재되어 있는 보편적 진리의 가능성을 배격함으로써, 궁극적으로 가치의식을 배제하여 문제의식과 방향감각의 상실을 초래하게 했다.

그리하여 주지적인 인식의 상대성만이 강조되고, 주어진 구상적 사실에만 절대적 가치를 부여하는 태도는 사회적 현상의 질적 내용이 아닌 수량적 측면에 치우치고 본질적 문제보다는 지엽적 현상에 관심이 쏠려 이기적 방임으로 흐르든지 부분적 폐쇄 시스템에 고착되어 개방적이고 자연스러움 속에서 발현되는 개인-사회의 조화적 기능이 와해됨으로써 오히려 경제와 과학, 그리고 지식의 기대하는 바 온전한 개발과 발전이 둔화되어 간다. 그러므로 개인적 차원에서 영, 정신, 육적 기능의 조화, 나아가 사회적 차원에서 경제, 문화, 종교적 활동 간에 조화가 와해되면 결국 개인-사회차원에서의 각 개별 기능도 동시에 그 발현과 성장이 저해된다.

엄밀한 의미에서 각 측면의 조화·성장은 3측면의 자체적 상보기능을 의도하는 의지나 제도에 의해서도 기대될 수는 있겠지만, 그 조화를 지향하는 개방적 의지, 즉 영·정신·육적 측면 그리고 현재성, 잠재성, 기재성적 측면의 중심重心을 지향하는 심리성향의 작용이 필수적으로 요청된다. 그것은 영적 측면에서의 신앙·종교·정신적 측면에서 지·정·의, 육적 측면에서 물질이나 경제 등이 공액共軛되는 삼중점三重點 Triple point[13]에의 지향을 생각할 수 있고, 이는

---

13) 井上敏 外 3人編, 岩波理化學辭典, (東京, 岩波書店, 1958), p.535 固體·液體·氣體의 三相이 共存하여 平衡을 이루는 온도와 압력상태.

현재의식이 기저의식基底意識에 상보相補되어 중점重點을 지향하는 구심력이 발현될 때 촉발될 수 있다.

또 영·정신·육의 각 기능측면을 x, y, z 축으로 본다면, 삼차원공간에서 3축이 만나는 교점, 즉 원점으로 생각될 수도 있는 것인 바 이를 주관적으로 파악할 때 「얼」이라 표현할 수 있다.

이 「얼」은 훗설E. Husserl의 현상학에서 말하는 잔여殘餘 residuum[14]로서도, 또 중용中庸[15]에서 희노애락지喜怒哀樂之 미발未發은 위지중謂之中이라 할 때의 그 중中을 지향志向하는 태도로서 비유될 수 있을 것이다.

그러므로 이와 같은 「얼」이라는 차원을 중심으로 본다면 영·정신·육적 기능은 「얼」에서 파생되는 각 측면이라고도 볼 수 있다. 따라서 생산성·인간성·신앙성은 「얼」이라는 동근거同根據에서 파생되는 이형상異形相이라고도 할 수 있고, 「얼」을 지향하는 인간의 다양한 의식이 3측면 기능의 조화를 지탱한다고도 볼 수 있다. 이러한 「얼」의 기능을 지적 측면에서 볼 때 주체성이라 말할 수 있다.

그리고 그 「얼」 또는 주체성主體性이라는 원점原點 또는 중심重心의 좌표를 움직이는 것을 로고스Logos라 할 수 있다.

그러므로 로고스와 「얼」, 그리고 영·정신·육이라는 3측면의 상호관계를 빛이 프리즘을 통과하여 빨강·노랑·파랑이라는 각 파장에 따라 분광分光되는 물리적 현상에 비유한다면 로고스라는 빛이 「얼」이라는 프리즘을 통해 각각 영·정신·육의 삼색으로 분광되는 것이라고 볼 수 있다.

---

14) 新田義弘, 現象學 (東京, 岩波書店, 1980), p.63.
15) 李東觀 ; 新譯 大學·中庸(서울, 玄岩社, 1972), p.146.

따라서 「얼」 혹은 주체성은 로고스와 영·정신·육의 3측면을 매개하는 매개체라 할 수도 있고, 이러한 「얼」 또는 주체성을 지향하는 인간의 저성低性적 본능이 현재의식과 더불어 3측면의 조화를 지탱한다고 볼 수 있다.

그런데 빛으로 비유되는 로고스는 인간적 차원에서 그것을 수용하는 태도나 방향에 따라서, 또 로고스적 차원에서 볼 때는 입사각의 위상차位相差에 따라 표출되는 삼색, 즉 영·정신·육의 배열이 변이될 수도 있고, 따라서 결과적으로 매개체로서의 「얼」의 작용양식이 달라질 수도 있다. 이 로고스의 본질에 대한 인간의 관점 및 태도에 따라 인간의 의식·가치관·행동양식, 나아가 사회제도도 각각 다른 양상을 띠게 된다.

서양의 정신사精神史는 이 로고스에 대한 관점의 차이에 따른 두 가지의 사상체계가 끊임없이 교체되기도 하고, 교직交織되기도 하면서 다양한 가치 및 행동양식을 전개해 왔다고 볼 수 있는 바, 그리스 Greece적 문화전통을 이어받은 헬레니즘Hellenism적 체계와 히브리Hebrew적 정신세계를 기본으로 하는 헤브라이즘Hebraism적 체계가 그것이다.

헤브라이즘적 사고체계는 영원불변한 진리에 대한 사랑, 그 진리의 살아있는 주체인 여호와 하나님에 대한 아가페Agape적 사랑을 생각할 때의 그 절대신의 존재와 말씀을 로고스로써 받아들임으로써 유신론적 태도를 취한다. 그리하여 인간은 그러한 절대신의 의지에 따라 창조되고 예속되며, 조종되는 소재나 자료로서 생각하는 신본주의의 절대사고를 기반으로 하기 때문에 절대적 보편가치의 존재를 인정한다.

이에 대해 헬레니즘적 사고체계는 인간의 이성理性을 강조하고, 이 이성을 통해 인식된다고 보는 초현실超現實의 세계로서 이데아Idea를 추상하며, 이를 진리로써 이해하는 무신론적 태도를 취하는 바 추상의 이데아를 로고스로서 받아들인다.

그러므로 이러한 헬레니즘적 태도는 인간의 이성을 모든 행동과 사고의 중심적 기반으로 생각하는 인간본위의 사고체계이기 때문에, 인간 이외의 모든 것을 그 자신의 행동이나 사고의 소재나 재료로써 종속시킨다. 설사 신적 세계를 도입한다 하더라도, 그것은 어디까지나 인간의 필요와 요청에 의해서 존재하는 것이 되고, 따라서 이러한 인간본위의 사고체계는 절대적 보편가치가 부정되고 이성을 바탕으로 한 주관성과 개별성이 강조되는 상대주의적 자세를 취하게 된다.

그리하여 이 두 사상체계의 특질을 요약한다면 각각 아가페적 사랑과 이데아적 이성, 절대주의絶對主義적 사고와 상대주의相對主義적 사고, 또 철학적 개념으로는 절대적絶對的 보편성普遍性에 대한 상대적相對的 특수성特殊性, 또는 초월적超越的 본질本質에 대한 자연적自然的 사물事物의 관계로 상호 대응된다고 볼 수 있다.

이제 이를 「얼」의 기능과 관련시켜 본다면 「얼」은 절대성과 상대성, 또는 그 각 사고체계, 또는 절대적 보편성과 상대적 특수성의 각 측면이 상호 필요충분조건必要充分條件으로써 상보相補될 때 그 온전한 기능이 발현된다고 볼 수 있다.

이러한 관점에서 볼 때, 근대 이래의 산업문명에 있어서는 상대성과 상대적 특수성, 또는 개별성의 필요조건만을 강조하고 절대성과 절대적 보편성의 충분조건을 배제하여 온전한 「얼」의 조화적 기능이 마비됨으로써 인간의 다양한 행동은 목적하는 바 기대와 결과가 빗나가는 공간이 확대되었다고 생각된다.

그러므로 「얼」의 기능은 귀납적 관점에 있어서, 인간의 이성을 통해 포착되는 영·정신·육의 조화적 기능을 필요조건으로, 또 연역적 차원에 있어서 절대성의 로고스 기능이 충분조건으로 상보될 때 그 온전한 조화적 기능을 발현한다고 볼 수 있다.

따라서 「얼」의 기능은 이성적 측면에서 볼 때, 인간의 지향성志向性과 절대적 로고스 차원으로부터의 발생성發生性의 상호작용을 통해 지탱된다고 볼 수 있으며 인간의 지향성이 발생성의 원천으로서 절대적 로고스를 포용한다는 의미에서 절대적 로고스를 평절平絶 general absolute이라 한다면 이 평절平絶에 작용되는 상위의 절대기능을 가상할 수 있는 바 이러한 절대성을 우리는 초절超絶 transcendental absolute로서 이해하고자 한다. 이러한 측면의 구조와 기능에 대해서는 후술될 「조건법」의 설명에서 다루고자 한다.

그리고 「얼」의 온전한 발현기능을 지성적으로 또는 철학적으로 이해하고, 터득하는데 있어서는 절대적 보편성으로서의 초월적 본질과 상대적 특수성으로서의 자연적 사물의 관계를 선험적 순수의식의 지향성적 매개를 통해 추구해 들어가는 훗설E. Husserl의 현상학적 태도나 사고방법이 유익하리라 생각된다.

훗설의 현상학現象學에서 현상이란 개념은 절대적 보편성이 특수성에 내재하여 구체적 보편성으로 나타난 것을 말하는 것으로서 훗설은 절대적 보편성보다는 그것이 특수성에 내재하여 구체적 보편성으로 나타나는 것과 전前단계의 구체적 보편성을 기반으로 하여 후後단계의 구체적 보편성이 밝혀지고 따라서 무한히 절대적 보편성으로 접근해 가는 과정을 중시한다. 그리하여 현상학은 형상적 환원形相的

還元 eidetische Reduktion[16]에 의하여 자연적 사실을 배제하고 다시 선험적 환원先驗的 還元 transzendentale Reduktion[17]에 의하여 초월적인 본질을 배제한 뒤에 남는 소위 현상학적 잔여現象學的 殘餘 das phänomenologische Residuum로서 순수의식을 대상으로 하며 더 이상 환원시킬 수 없는 선험先驗적 순수의식純粹意識은 절대적·근원적 존재성을 가진다고 보며, 자연적 사물이나 초월적 본질은 이를 근거로 하여 성립된다고 보는 것이다.

이상으로서 우리는 생산적 윤리의 구조에 대해 개관해 보았거니와 이제 이를 <그림 1> 을 통해 종합·부연하면서 그 실천적 가치요소와 그 기능을 검토하고자 한다.

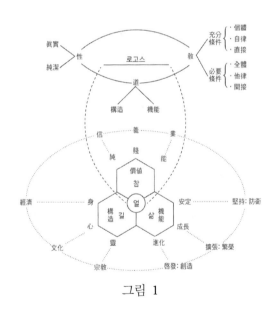

그림 1

16) 高坂正顯, 現代哲學 (東京, 弘文堂, 昭和 32), p.185

17) 同上, p.190

이제 로고스-얼-3S 적 기능의 관계를 동양적 사고체계 속에서 이해하면서 그 구조와 기능의 실천적 측면을 고찰해 보고자 한다.

동양문화는 중용문화권이라고 할 정도로 중용사상中庸思想은 동양인의 정신세계에 강한 영향을 미쳐 온 하나의 사상체계이다.

그 기본사상은 중용이라는 경전의 서두에 제시되고 있는 다음의 두 문장에 집약되어 있다고 볼 수 있다. 즉, "하늘이 명부命賦한 것이 성性이요, 성에 따르는 것이 도道요, 도를 마름 하는 것이 교敎다"[18]로 이어지는 장구章句와 "희노애락喜怒哀樂이 표출되지 않은 것을 중中이라 하고, 나타나서 다 절도節度에 맞는 것을 화和라고 이르는 것이니, 중이란 천하의 큰 근본이요, 화라는 것은 천하의 통달한 것이다"[19]로 이어지는 장구가 그것이다.

여기서 천명지위성天命之謂性이라 할 때 「천명」이나 「성」은 서양적 의미에서의 로고스에 대응되는 개념이라고 할 수 있는 것으로 서양의 사고체계에서처럼 아가페적 사랑을 전제로 한 절대적 사고나 이성적 이데아Idea를 생각하는 상대적 사고의 대립이나 갈등관계는 보이지 않으며 다만 3S적 측면의 다양한 본능을 내포하는 인간의 희노애락이 동태적으로 표출되지 않는 미발 상태 즉, 다양한 본능의 각 측면이 치우치거나 과불급이 없는 조화적 원점을 「중」으로 이해하고, 이것이 동태적으로 표현되면 치우침이나 과불급過不及이 예상되지만 그렇지 않고 절도에 맞을 때 이를 「화」로서 파악하는 것이다.

그러므로 천명, 즉 성에 따르고 「중」과 「화」를 이루는 구조와 기능이 「도」라 할 수 있겠으며 이는 「얼」의 기능으로서 파악될 수 있

---

18) 李東歡, 上揭書, p.126.

19) 同上, p.146.

는 측면이다. 그리고 희노애락으로 표출되는 다양한 인간의 성정性情, 즉 영·정·육의 각 측면 본능이 미발 상태에서 기발既發의 상태로 동태화動態化될 때 그들을 조화있게, 절도에 맞게 마름하는 것이 「교」라 할 수 있는 바 이는 「중화中和」와 「도」를 지향하는 인간의 태도와 자세, 즉 「얼」의 기능이 사회적 가치관이나 제도를 매개로 상호작용 됨으로써 현실화되고 구상화된 것을 말한다.

이제 <그림 1>의 아래 부분에 타원형으로 도시되어 있는 도표를 통해 동태적인 「얼」의 작용과 역할, 그리고 그 외연으로서 현실화·구상화되는 사회 현상적 각 측면을 고찰하고자 한다.

우리는 앞에서 인간의 기본적 본능으로서, 개체유지본능과 종족보전본능을 장구한 진화과정상의 시간적 단면에서, 즉 공간차원이라는 개념에서 인간본능을 정精 : 心·영靈·육肉 : 身적 측면의 기능을 통해 구조적으로 파악하고, 또 공간차원의 누적이라는 의미에서 시간적 개념을 내포한 인간의 본능을 현재성·잠재성·기재성로 구분하여 이해했다.

이를 종합해 본다면 공간차원에서 개체유지는 3S적 측면본능의 조화적 발현과 기능 속에서 또 시간차원에서의 종족보전은 개체유지의 계기繼起적 누적과정累積科程에서 현재성과 기재성이 조화적으로 이에 상보되어 발현·진화함으로써 가능하다고 볼 수 있다.

그러나 최대의 다양성과 역동성을 내재하여 발현되는 시공차원에서의 인간본능은 개체유지나 종족보존이라는 궁극적 인간욕구에 긍정적이고, 발전적으로만 작동되는 것이 아니기 때문에 이들 기능이 조화적으로 안정·성장·진화되려면 「얼」을 지향하는 인간본능요소가 진향眞向적으로 재배열·구성되어 3S 의 구조와 그 안정·성장·진화의 기능발현을 매개하고, 상보되어야 한다.

이러한 진향적 본능요소의 개인차원에의 투영을 순純·천賤·능能이라는 품성品性으로 파악한다면 이는 「참」을 지향志向하는 개인의 가치개념이라 할 수 있다. 그러므로 실實의 장場에서 「참」을 찾는 개인의 가치개념과 「길」을 따르는 본능의 구조와 「삶」을 찾는 본능의 자발적 기능이 상호 공액되어 그 조화적 중점인 「얼」을 지향하여 상호 공액 됨으로써 각 측면의 작용이 온전히 발현된다고 볼 수 있다. 그리고 「참」을 찾는 개인의 가치개념은 본능의 구조와 그 동적 기능을 조화있게 매개하는 중추적 역할을 하게 되는 바 이의 개인차원에서의 품성을 순·천·능이라 한다면 그의 사회적 차원에의 발현이 신信·의義·업業이라 할 수 있다.

순純이란 순수성, 순박성, 순수한 마음, 진실·순결 등으로 표현되는 인간의 품성으로 지극한 순성은 무의식의 구조를 내포하는 기저성基低性에 감응되고, 예술가는 신의 암호를 해독할 수 있다고 할 때의 암호해독의 능력에도 관계될 수 있는 품성이다.

천賤은 겸손, 겸허한 태도 및 자세, 자기헌신, 검박성儉朴性 등으로 표현되는 품성으로서 이의 건전한 발현은 인간내면의 다양성이 보다 넓게, 보다 깊게 인간 간에 유통될 수 있게 되어 사회집단, 계층 간의 협화協和와 신뢰를 증진하게 된다. 종교인의 자기신격화, 지식인의 자기오만, 기업인의 사리 사욕 등은 권위·권력·금력의 남용으로 흘러 결국 자신의 인성과 사회질서의 교란을 초래하는 결과를 낳게 된다.

능能은 인간의 기능·기술·기량·사고력·창의력의 발현과 관계되는 품성과 능력으로서, 주로 물적 측면에 대한 인간의 작용에 관련된다.

이들 각 품성은 실實의 장場에서 상호 보완·조화됨으로써 발현되고 건전한 인성구조personality constitution를 형성하게 되는 바 이는 곧 개방적 주체성, 온전한 자발력, 생산적 창의력 발현에 기반이 된다(참고로 창조적 인격의 구조와 순·천·능의 관계를 도시하면 주20)와 같다).

이와 같은 개인들의 건전한 인격구조가 사회의 기능집단 간, 대·중·소계층간 최대의 소통과 최대의 다양성을 포용하여 신뢰성을 고양하고 사회정의의 기풍氣風과 풍토를 조성하여 물적·경제적 차원에서 기업과 산업의 높은 탄력성과 생산성을 지탱하게 된다.

이러한 「참」을 지향하는 개인과 집단의 품성은 사회적으로는 신信·의義·업業으로 파악될 수 있다.

그러나 실제상 산업화 이후 현대사회는 고도의 기능분화와 전문화, 각 전문기능조직의 거대화와 복잡화, 그리고 창대한 영향력의 구사 때문에 기능집단의 성과를 노리는 전체성이 구성원의 개별성에 우선되어 강조되고 조직운영의 합리를 앞세운 형식규범의 타율적 강제가 개인의 자율성이나 자발성을 훨씬 능가하게 됨으로써 오늘의 나약한 개인은 조직을 통한 간접적 방법이 아니고서는 당장의

---

20) 思田彰, 創造性の硏究 (東京, 恒星社厚生閣, 昭和 46) p.16.

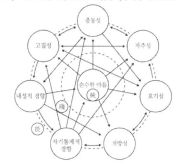

절박한 생계는 물론이고 생활까지도 영위될 수 없을 정도로, 다시 말해서 환경변화에의 간접적이고 능동적인 대응의 여지가 크게 위축되고 있다. 한마디로 말해서 조직이 일하는 사회라 할 수 있다.

더욱이 물질적 가치에 편중되어, 상대주의적 사고 및 행동체계가 보편화되고 있는 오늘의 사회풍토나 의식 하에서는 각 기능집단 및 계층 간의 이해갈등이 고조되고 반목과 불신이 만연되어 있기 때문에 개인차원에서 건전한 인격형성이나 자발력·창의력의 발현도가 저하되고 있다.

원래 인간의 다양한 심리적 본능과 그 발현은 폐쇄적 이념이나 조직력만으로써는 그 온전한 기능을 유도할 수 없고, 특히 오늘과 같이 개방화되는 대중의 의식 하에서는 더욱 그렇다. 그러므로 <그림 1> 의 상우단에 표시된 바와 같이 「중화中和」와 「도道」를 지향하여 그를 마름하는 「교敎」의 현실, 다시 말해서 건전한 사회가치나 그 제도를 정립하려면 편협하고 폐쇄적 목적의식에 편중된 전체全體, 타율他律, 간접성間接性의 강압·획일적 방법에서 탈피하여 개인차원에서의 개별個別, 자율自律, 직접성直接性의 최대포용을 가능하게 할 수 있는 방향으로의 가치와 체제의 변환이 요청된다.

이는 개별성과 사회성의 각 특성을 상호 필요충분조건로 하는 적정표준適正標準의 설정이 필요하게 되는 바 우리는 정태적으로 파악된 생산적 윤리의 구조와 기능이 동태적으로 전개되는 과정에 있어서 각 요소의 상호조건과 표준을, 윤리적倫理的 논증論證21) 또는 조건법條件法

---

21) 아리스토텔레스(Aristoteles)는 명증적(明證的) 진리(眞理)에 이르는 학문적 추론의 방법을 논증법(論證法)이라 하고, 플라톤(Platon)의 개연적이고 불안전한 추론법(推論法)을 변증법(辨證法)이라 하여 구별하였다. 여기서 논증이란 변증법에 대응되는 아리스토텔레스의 개념을 따르는 의미이다.

으로 이해하여, 고찰하고자 한다.

인간이 그의 환경에 적응하여 기대를 결실하려면, 첫째 최대의 깊이와 폭, 그리고 장구성을 전제한 최대의 다양한 요소가 고려되어야 하며, 둘째 다양한 각 요소는 사상구성상 각양의 가중加重 weight, 빈도頻度 frequency, 범위範圍 range를 갖고, 또 변화의 측면에서 정태, 속도, 가속도적으로 다기하게 변모되기 때문에 요소의 성격과 기능을 적절하게 분류하고 배열해야 하며, 셋째 인간 내면의 본능적 심리요소와 외부환경의 전반요소가 공액되고 공명되어야 한다.

다양한 성격과 기능요소로서 구성되고 전개되는 사상事象 혹은 현상을 능동적으로 파악할 때 그 안정과 성장, 그리고 진화의 과정에 대한 인간의 인식 및 논리적 방법은 인간의 관점과 입장에 따라서 다양한 양상을 띠게 된다.

인간은 삼라만상cosmos의 한 구성요소이고 소여所與 Datum인 동시에 그 자체는 공액된 육·정신·영적 도구instrument를 내포하여 그 각 기능이 조화적으로 삼라만상을 수용하고 또 그에 반응하는 능동적 주체이기도 하다.

그러므로 인간은 생물적·물질적·영적 측면이 내포하는 각 기능이 동시적으로 발현되고 또 반응한다고 볼 수 있다.

그러나 인간의 사고나 인식과정, 즉 어떤 사상이나 현상을 개념화하고, 판단하고, 추리해 가는 지적 활동은 주로 인간의 사고가 유형적인 가시·구상의 물질 측 기능만을 강조하든지, 절대성에 치우쳐 비가시의 영적 기능측면만 강조하는 등으로 다양한 관점을 가질 수 있게 된다. 그리하여 전자는 실증과 경험만을 강조하는 주지적 인식에 흘러 상대성의 가치개념에 고착되면 사상이나 현상의 본질적 내용보다 수량적 측면에 치우치게 되고, 후자는 이념의 세계를 강조하는 주관적 관념에 흘러 본질을 앞세운 인위나 당위만을 앞세우게 된다.

이와 같이 인간의 정신적 기능, 즉 지적 사고를 과신하고, 물적 측면이나 영적 측면의 어느 한쪽에 치우쳐 고착화되면 결국 사상이나 현상을 구성하는 소재나 요소의 파악범위가 근시적으로 좁아지고 천박해지기 때문에 그로부터 구성되는 개념이나 판단, 그리고 추리는 편협하고 폐쇄적인 이념이나 사고 및 행동체계를 낳게 되어 최대다수의 공명과 자발력을 저상沮喪시키게 된다. 이는 곧 인간내면의 심리요소와 외부환경의 전반요소가 공액, 공명되어 발현되는 자연스럽고 개방적인 총합 시스템의 기능에 미흡되어 인간행동의 효율이 저하되고 그 결과는 편협한 논리체계의 대립과 상충을 낳아 인간 내면의 자기분열과 사회적 갈등을 초래하는 결정적 요인이 되기도 한다.

어떤 일에 있어 효율성을 높이려고 할 때에 요소범위가 좁으면 좁을수록 그만큼 그 노력은 시스템적으로 보아 보다 큰 전체의 조화있는 행동과 부정합 될 위험성이 큰 것이다.[22]

다시 말해서 폐쇄체계 하에서 효율성의 강조는 전체성, 또는 개방성의 견지에서 볼 때 오히려 비효율적일 수 있다. 바꿔 말하면 하나의 국부적 최선의 방법이 전체시스템에 최적이라고는 볼 수 없는 것이다.[23]

그러므로 윤리적 논증에 있어서는 우선 정신적 측면에 있어서 인간의 이성작용이 유형·가시可視의 물적 측면기능과 무형·비가시의 영적 측면기능의 각 요소를 치우침 없이 개방적으로 포착하여 포용하고 이를 매개하는 매체로서의 조화적 역할을 충실화할 것이 요청된다.

---

22) John A. *Beckett, Management Dynamics,* (the New Synthesis) (N.Y., 1971), p.147.
23) C.West Churchman, *The Systems approach,* (N.Y., 1968), p.18.

나아가 로고스로서 이데아Idea를 추상하는 상대적 사고의 이성작용과 그 지향성이 아가페적 사랑으로써 절대성의 로고스를 포착하여 인간의 「얼」적 기능이 발현됨으로써 총합 시스템Total system을 구성하는 부분 시스템(정신・물질・영혼)의 광범한 각 요소기능과 그 성격이 파악되고 온전하게 분류・배열될 수 있게 된다.

이제 윤리적 논증의 일반적 과정에 관련되는 각 기능요소를 3S적 기능-「얼」-로고스의 관계를 예로 들어 도시하면 <그림 2> 와 같이 부호화하여 표현할 수 있다.

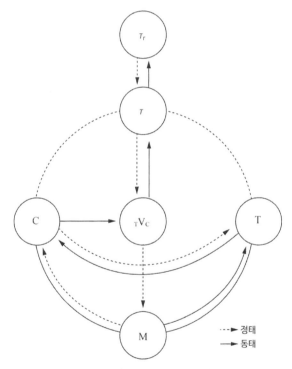

그림 2 윤리적 논증의 구성요소

인간의 지적 사고에 있어 중추적인 역할을 하는 정신기능을 M진 (盡)으로, 물질차원을 T징(徵), 영적 차원을 C비(備)로 각각 표시한다면 M 은 C, T 를 매개하는 역할을 하게 된다. 이는 마치 원자핵에 있어 양자와 중성자의 상호작용에 관계하여 핵력을 구성하는 기능에 비유될 수 있는 것이다. 「얼」적 기능은 V연(蠕)로 표시하면 V 는 $M \cdot C \cdot T$ 3축의 원점原點 혹은 중심重心으로 이해될 수도 있고 아가페적 절대와 이데아Idea적 상대가 상호 필요충분조건으로 상보되어 현시되는 $_T V_C$ 로서 파악될 수 도 있다.

그리고 V 적 기능이 인간의 이성적 지향성志向性과 아가페적 절대의 발생성發生性을 포용할 때 아가페적 절대의 발생성 원천을 τ(tau)라 할 수 있고 그 τ 에 작용하는 기능으로 가상되는 상위의 절대기능을 τ_r 로 표시한다. 우리는 앞에서 전자를 평절平絶 General absolute, 후자를 초절超絶 Transcendental absolute로서 이해했다.

그러므로 상술한 각 기능요소의 작동을 지향성의 관점, 혹은 귀납의 동태적 측면에서 본다면 $M \to T \to C \to _T V_C \to \tau \to \tau_r$ 로 연결해서 그 흐름을 이해할 수 있고 발생적 관점에서, 즉 연역적 정태측면에서는 $\tau_r \to \tau \to _T V_C \to M \to C \to T$ 로 연결되는 흐름을 생각할 수 있다.

그러나 일상적인 현상파악에 있어서 인간의 논증과정은 $V: M \cdot C \cdot T$ 적 기능요소로서 분류, 배열하여 이해할 수 있다.

여기서 C, T 의 각 기능요소는 상호 필요충분조건으로서 대칭적인 관계에 있고, 이 C, T 는 다시 M 과 대칭되는 바 M 은 C 와 T 를 매개하여 조화시키는 기능요소라 볼 수 있다. 또 MCT 는 다시 V 와 대칭되어 MCT 의 조화적 기능에 관계된다.

그러나 일반적으로 현상계에 있어서는 어떤 사상事象이나 현상을 구성하는 기능요소 중 M 이나 V 적 기능요소는 무형적이거나 비가시적 성격을 띠는 경우가 많기 때문에 이를 등한시하거나 사상捨象해 버리는 경우가 많지만 M, V 적 기능요소가 오히려 사상이나 현상의 중추적 요소일 경우가 많다.

이제 몇 가지 구체적 사례를 통해 이들 $V : M \cdot C \cdot T$ 의 관계를 고찰해 보고자 한다.

인간의 보행동작을 예로 들어보면 좌우양각左右兩脚은 C, T 에 비유할 수 있는 바 유형, 가시적인 측면에서 보면 양각의 교호적 동작에 의해서 물리적으로 보행이 이루어진다고 볼 수 있다. 그러나 실제의 보행동작에 있어서는 양각의 자세균형을 유지하게 하는 균형감각기관이 있어 보이지 않는 제삼자의 다리 역할을 하고 있으며, 이에 대뇌중추신경이 작용하여 보행방향과 속도를 조절통제하고 있는 것이다. 이때 비가시 균형감각기관과 대뇌중추신경의 기능을 각각 M 과 V 로서 생각할 수 있다.

이와 같이 C, T 를 매개하는 M, MCT 를 조정하는 V 를 생각할 수 있고, 또 C, T 라는 가시적 구상요소와 MV라는 비가시적 요소가 상호 필요충분조건이 되어 어떤 현상을 구성하는 것이다.

이를 경제현상에 비유해 보면, 가격변동에 작용되는 요인을 유형적으로는 수요demand와 공급supply의 상호관계로서 이해할 수 있을 것이다. 그러므로 만약 유형적 차원에서만 본다면 가격의 하락과 상승은 수급이라는 C, T의 요소기능을 통제·조절함으로써 가능하다고 볼 수 있다. 그러나 고도의 화폐경제체제 하에서는 화폐유통의 양과 질, 그리고 방향이 수급需給의 기능에 결정적 영향을 미치고, 이는 소비성향과 생산기업에 관여되는 대중의 심리상태에 따라 변동되는 요인이라 할 수 있다.

그러므로 가격변동에는 수요와 공급, 그리고 대중의 심리상태라는 M, C, T라는 각 요소가 작용한다고 볼 수 있으며, 여기서 V 적 기능요소로서 대중의 주체성이 작용된다고 할 수 있을 것이다.

따라서 불황하의 고물가라는 경제의 파행적 악순환현상도 이를 파악・이해하고 대응하는데 있어서 공급측면의 경제supply side economy정책, 혹은 수요측면의 경제demand side economy정책이라는 상호 대립・모순의 유형적 차원에서보다는 대중의 심리성향이나 주체성이라는 비가시적 요인을 엄밀하게 고려하여 상호 대칭・상보적 관계로서 파악하는 것이 경제순환의 온당한 관찰법이 될 것이다.

이렇게 볼 때 건전한 경제순환은 대중의 심리차원에서 자발력과 창의력의 원천을 계발하여 발명과 기술력을 고양시키고 그를 바탕으로 한 물적 생산성의 향상이 문화 및 신앙적 생산성과 상보됨으로써 M 적 기능이 활성화되고, 이를 통해 V 로서 개방적 주체성이 발현될 때 그 실현성이 주어진다고 볼 수 있다.

그리하여 불균형의 수요와 공급은 생산적으로 조화되고, 발현되는 주체성은 다시 자발력과 창의력을 부활하여, 발명과 기술을 개발하고, 이것이 생산성의 고양에로 연결되는 피드백의 순환계를 형성하게 되면 생산과 주체성의 윤리는 상호 보완되면서 성장・발전되어 갈 수 있을 것이다.

그러나 우리나라나 국제사회가 직면하고 있는 현실적 여건이나 풍토는 국제규모로 기업 간 경쟁이 날로 치열해지고 경제의 악순환도 그 해소의 전망이 막연하기 때문에 개인・기능집단・계층 간의 소통이 기존의 폐쇄적 논리나 편협한 가치개념, 또는 그 체제에 의해 경색되어서는 이를 극복할 수 있는 최대다수의 자발력과 창의력, 그리고 주체성이 도출되기 어려울 것이다.

그러므로 우리는 먼저 그러한 폐쇄적 논리나 그 가치체계에서 탈피하여 개방적 가치와 그 체제를 구축할 수 있는 새로운 인식체계와 그 구체적 실현방법이 절실히 요청되고 있는 것이다.

이제 장을 바꾸어 개방적開放的 윤리구조倫理構造의 성격에 대한 수리數理 및 행동과학行動科學적 접근방법을 추구하고자 한다.

4. 생산적 윤리 시스템에의
   실험적 「어프로우치」

우리는 3절에서 생산적生産的 윤리倫理의 구조와 기능, 그리고 그 논증論證, 또는 조건법條件法에 대해 고찰했거니와 이제 그를 바탕으로 생산적 윤리 시스템의 구현을 위한 인간의 인식방법 및 가치체계의 본연本然을 수리계산數理計算 및 실험결과를 통해 모델화하여 검토하고, 기업경영차원에서 그 구체적 행동방향을 추구하고자 한다.

윤리 시스템이나 가치체계란 개인 간, 집단 혹은 사회 간의 다양한 소통을 매개하는 체계화된 표준의식標準意識 또는 포괄적 표준언어標準言語라 할 수 있을 것이다. 그러므로 최다수의 사람들이 보다 넓고 깊게 서로의 다양한 뜻과 마음을 보다 잘 소통할 수 있고, 최대다수에게 공명되어, 효율있는 사고력과 판단력의 발휘를 가능하게 할 때, 표준언어로서 윤리 시스템 혹은 가치체계는 그 본래의 역할과 기능을 다할 수 있게 된다.

따라서 그러한 표준의식 또는 표준언어는 인간의 본능 속에 다양하게 내재되어 있는 3S 적 각 기능요소와 그 조화적 상호관계가 통찰되고 그 합리적 구조와 기능이 모색됨으로써 온전한 체계가 파악될 수 있다.

이는 개인의 의지나 지성행위로서 잠재되고 표출되는 언言 parole의 의미가 하나의 문법체계로서 사회화되는 언어言語 langue라는 가치체계를 형성하여 인간의 언어활동language이 이루어지는 것24)과 같이 윤리체계도 개인의 뇌수腦髓 속에 내면화되어 있는 본능과 의미를 포용하여 구조화되면서 그 본능이 작동된다고 볼 수 있다.

생태학적 환경에서 살고 있는 인간을 포함한 모든 생물은 다양한 외적 조건과 대단히 복잡하고 특이한 상호작용을 하고 있지만 호모 사피엔스Homo Sapiens로서 인간이 다른 생물과 구분되는 특수한 성능은 상징적 언어의 발달과 그에 관련된 중추신경의 고도한 발달이라 할 수 있고, 이 발달이 다른 생물에서는 볼 수 없는 문화·사상·지식과 같은 새로운 창조의 길을 터놓았다고 볼 수 있다. 그러므로 인간의 언어활동은 진화의 산물이기도 하며 동시에 그 초기조건의 하나였다고 볼 수 있다.25)

따라서 인간의 사고 및 인식기능과 그 체계는 상징적 언어의 사용과 더불어 장구한 인류사를 통해 긴밀한 공생관계 속에서 형성된 진화의 소산이라 할 수 있고 이는 유전자(DNA)와 중추신경계의 작용 속에 구체화되고 있다.

그러므로 상징적 언어활동을 통해 전개되는 경제·문화·종교 활동 등으로서 인간의 모든 행동은 물론 현실적 경험 속에서 이루어진

---

24) F.de Saussure 著, 小林英夫 譯, 言語學原論(東京, 岩波), p.99.
25) Jacques Lucian Monod 著, 前揭書, p.141.

다고 볼 수 있겠지만 그것은 지금 당장 이루어지고 있는 경험, 즉 현재성顯在性의 기능으로서 각 세대마다 반복되는 하나 하나의 개체적 경험에 의해서만 아니라 계통발생적 진화의 전역정全歷程을 통해 호모사피엔스의 모든 조상들에 의해 축적된 경험에서 비롯된 것이라고 할 수 있다.

그러므로 짧은 기간 동안에 포착된 현실적이고 구상적인 대상만을 전제로 윤리체계를 구조화한다면 이는 그 대상의 배후에 감추어져 있는 다양한 요소의 성격이나 의미를 배제하게 되어 온전한 언어로서의 기능을 다할 수 없게 된다.

언어는 개인의 사고나 감정, 그리고 의미를 타인에게 전달하는 도구일 뿐 아니라 자기 자신과의 대화라고 볼 수 있는 사고과정에 있어서, 개념을 구성하고, 판단하며, 추리하는 내언어內言語26)로서의 도구이기도 하다. 그러므로 기호記號 Sign, 신호信號 Signal, 상징象徵 Symbol과 더불어 언어는 가장 전형적인 의미표현수단이기 때문에 그 기능 속에는 그 언어적 기호가 사물과 관계되는 의미意味 semantics, 또 그 기호 간의 상호관계로서 문법이라는 구조syntax나 논리, 그리고 인간의 내언어, 또는 집단의 언어활동과 관계되는 어용적語用的 pragmatics 각 측면을 갖는다.

그러므로 포괄적 언어체계로서 윤리체계는 의미, 구조 혹은 논리, 그리고 어용적 각 측면을 구비하여 인간의 현재성顯在性과 기재성基在性의 발현을 충실화하고 정신·육·영적 각 측면기능의 조화 있는 발휘를 매개하는 언어적 기능을 다할 때 이를 개방적 윤리체계라 할 수 있을 것이다.

그럼으로써 그 윤리체계는 각 개인의 건전한 판단력, 생산적 창의

---

26) 服部敏夫, 創造の工學, (東京, 開發社, 1978), p.261.

력, 심도 있는 자발력을 여기勵起하고, 나아가 주체성의 발현에 상보된다. 그리하여 실현되는 발명과 기술의 높은 개발력은 사회적으로 경제·문화, 그리고 종교의 조화 있는 안정과 성장을 가져와 최대다수에 공명되면서 기대를 결실하게 된다.

현대 산업문명의 형성에 주도적 기능과 역할을 담당해 온 서구의 철학과 과학은 아리스토텔레스Aristoteles적 논리나 중세교회의 영향으로부터 인간이 스스로를 해방하기 시작하고, 자연에 대해서 새로운 관심을 보이게 된 르네상스Renaissance에서 비롯되었다. 그리고 15세기 후기에 이르러 비로소 과학적 정신에 의한 자연의 연구에 접근하게 되었으며 사변思辨적인 이데아Idea를 실증하기 위한 실험이 이루어지기 시작했다.

이와 같은 발전은 수학에 대한 점증하는 관심과 병진했기 때문에 수학적 언어로 표현되고, 실험에 바탕을 둔 적정한 과학적 이론을 형성하게 되었다. 즉 실험적 지식이 수학과 결부된 과학으로 발전하게 되었다.

그러나 근대과학의 탄생은 현대철학의 부조父祖로 생각되는 데카르트(René Descartes ; AD 1569-1650)의 이원론二元論적 철학사상이 선행先行하고 동반되면서 전개되어 왔다.

데카르트의 회의론懷疑論적 사고체계는 인간내면의 영적 기능측면을 설사 부정하지는 않았다 하더라도 등한시하여 별도의 차원으로 분리하고 정신(심)적 측면과 육(물)적 측면을 이원론적으로 파악하여 극단적인 공식화를 초래하게 했다.

그리하여 인간의 정신(심)과 육신(물질)은 각각 사유思惟 res cogitans 와 외연外延 res extensa이라는 다른 본질로서 파악되는 독립적인 영역으로 분할되고, 결국 인간의 존재를 정신·영·육의 공액된 전체적 유기체로서가 아니라 정신(심)이라는 단순 기능으로 이해하게 되어 자신은 육체 속에 내재하는 고립된 자아로서 인식되게 했다.27)

따라서 정신(심)은 육신에서도 영적 측면에서도 유리遊離되어 결국 자신은 육체를 통제해야 된다는 공소空疎한 새로운 과제가 주어지게 되고 의식적 의지와 무의식적 본능사이에는 갈등의 관계가 생기게 되었다.

이러한 인간의 내적 분열은 곧 외부세계도 제각기 분열된 대상과 사건의 단순한 집합으로 보는 관점과 사고습성을 조장하게 되고, 자연환경은 제각기 다른 이해집단에 의해 착취되는 따로 분리된 부분들로 구성되어 있는 것처럼 취급되게 되었다.

개인은 그의 활동이나 재능·감정·신앙 등에 따라서 수없이 분화된 많은 분야로 더욱 분열되어 가고, 이것은 한없는 갈등을 일으켜 형이상학적 혼란과 좌절을 끊임없이 유발시키게 된다.

이러한 분화의 폐쇄적 관점은 나아가 사회에까지 확장되어 저마다 다른 국가·인종·종교·정치집단으로 분열되고 자연자원을 부당하게 분배시켜 경제적 무질서를 야기 시키고 있다.

이러한 분열된 사고 및 행동양식이야 말로 현대사회가 당면하고 있는 일련의 사회적·생태적·문화적 위기의 근본 이유라고 볼 수 있을 것이다.

물론 이러한 데카르트적인 분할과 기계론적 사고 및 가치관이 현대과학의 발전에 기여하여 인류에게 물질적인 면에서 혜택을 줄 수는 있었지만, 이를 능가하는 부작용은 되돌리기 힘든 인간의 자승자

---

27) F. 카푸라 著, 李成範 外 1人 譯, 現代物理學과 東洋思想, (서울, 汎洋社, 1979), p.27.

박이 되고 있다.

그러므로 이러한 폐쇄적 사고와 그 가치체계의 속박으로부터 해방되어 인간의 의식과 무의식의 각 고유기능이 소통되고 정신·영·육신적 측면의 각 기능이 각각 MCT적 작용으로 회복되려면 이데아Idea를 찾는 통시적通時的 diachronical인간의 지향성志向性과 공시적共時的 synchronical 발생성發生性이 상호 필요충분조건으로 발현되어 「얼」의 V적 기능이 활성화되어야 할 것이다.

그러므로 인간내면의 다양한 심리요소와 외전반요소가 $V:M\cdot C\cdot T$ 적 각 기능요소로서 공액, 공명되어 전개되는 현상 및 사상事象의 구조와 기능을 모사模寫할 수 있는 표준언어를 개발할 수 있다면, 이는 인간의 지향성과 발생성의 발현을 촉진하는 표준모델이 될 수 있을 것이다.

언어 중에서는 수리적數理的 언어言語가 정밀성과 직감성을 비교적 잘 표현할 수 있는 언어라 할 수 있기 때문에 수리적 언어를 그러한 표준 모델로서 활용할 수 있을 것이다.

물론 현대의 수학 역시 물질적 측면에 치우친 폐쇄 및 상대적 개념과 그 체계를 많이 내포하고 있지만 현대 인류의 유의성誘意性이 고도로 물질에 치우쳐 있고 이를 벗어날 급격한 비약을 기대할 수 없다고 할 때 우리는 기존의 수리를 새로운 관점에서 재정립해 감으로써 개방적 의미와 가치를 함축하고 암시할 수 있는 새로운 수리을 전개해 가야 할 것이다.

그러므로 우리는 수리적 계산과 실험을 통해 얻어진 결과를 모델화하여 $V:M\cdot C\cdot T$ 적 기능의 각 수리특성을 고찰하고자 한다.

4-1. 수리적 실험 「어프로우치」

그리스나 중국을 위시한 고대문화의 유산 속에는, 우주나 삼라森羅의 질서를 생각할 때 그것이 헤라클레이토스Herakleitos나 중국의 역리易理처럼 생성과 변화에서 보든, 또는 파르메니데스Parmenides나 그 유파流波와 같이 영원불변의 존재를 추상하든, 또는 그 양면성을 종합하려고 했든, 플라톤Platon이나 아리스토텔레스Aristoteles의 철학이든, 그 일반적 특징은 천天·지地·인人을 포괄하는, 즉 영적 세계, 자연(물질), 인간을 고려한 개방적 입장에서 파악했던 점이 뚜렷하다.

그리고 비록 정치精緻하지는 못했다 하더라도 이렇게 파악된 세계를 수리적數理的 개념概念으로 이해·모사模寫하여 인간의 가치개념이나 행동을 구성하고 재현한다는 사고방식을 강하게 갖고 있다.

그러므로 수리적 언어는 인간의 일상적 언어보다는 훨씬 집약적으로, 또 직감적으로 당해지역이나 시대의 인류가 파악했던 우주관·세계관·인생관을 잘 표현해 준다고 볼 수 있다.

그와 똑같이 근세 이후 서구과학문명의 발전 및 급격한 파급과 더불어 발전해 온 현대수학 및 수리도 역시 근세 이후 산업 및 과학문명의 특질을 잘 나타내주고 있으며, 역으로 개방화되고 있는 현대사회에 있어서는 이러한 특질이 더욱 폭넓게, 깊이 현대 인류의 의식과 사고에 영향을 미치고 있다.

수학은 과학의 언어라 할 정도로 현대과학은 그 이론의 바탕에 수학적 논리와 개념을 내포하고 있다.

현대과학은 서양 중세사회를 지배했던 절대적 신앙과 교회제도로부터 이탈되어 온 서구인이 점차 자연(물질)과 인간 그 자신에 대한 관심의 폭을 넓혀 오면서 발전되어 왔다.

그리하여 고대 그리스 사회의 붕괴이후 소외되어 왔던 사변思辨적 이데아Idea를 실증하기 위한 많은 실험이 행해지고, 근대과학의 선구자로 불리는 갈렐레오Galileo Galilei가 실험적 방법이나 지식을 수리개념과 결부시켜 과학적 이론을 수학적 언어로 표현하기 시작하면서 점차 수학은 과학적 탐구의 필수적 도구로서 등장했다.

그러나 근세 이후의 과학은 주로 물질과 생물계를 대상으로 하는 자연과학이 주류를 이루어 왔기 때문에 과학의 도구로서 수학도 자연 그러한 방향으로 치우쳐 왔다.

이러한 자연과학의 전개과정에서 포착된 물상 및 생물계의 현상과 논리구조의 폐쇄적 부분시스템을 통해 인간의 정신적 차원이나 심지어 영적 세계의 영역까지도 유추하여 파악하려는 사고나 사상이 대두하게 되었다. 이는 다윈C. Darwin의 생물진화론이나 뉴턴Issac Newton의 물리학 등이 인간의 사고나 행동 및 사회사상에 끼쳐왔던 팽대한 영향을 생각해 보더라도 충분히 이해될 수 있을 것이다.

따라서 현대수학도 이러한 과학정신의 의지와 상대론적 폐쇄의 시대사조에 따라 개방적 포괄언어로서의 면모보다는 폐쇄적 측면에 치우쳐 편협한 수단적 도구로서 변모되어 왔다.

그리하여 현대수학은 방대하고 다양한 수리 모델과 체계를 구성해 왔지만, 그것은 물질적 차원에 치우친, 어디까지나 개별적이고 부분적인 사상事象이나 현상을 설명하는 국부적 논리체계로서 기술적, 물질적 소득을 위한 도구일 뿐 정신·육·영적 도구를 통해 외계환경과 공액·공명되는 다양한 인간의 행동이나 현상을 함축하고 암시하는 포괄적 의미나 그 성격을 표현하기에는 미흡하게 되었다.

그러나 현대과학의 시야가 무한대無限大·무한소無限小라는 무한계열無限系列을 발견하여, 물리학에서는 물질의 에너지 변환, 우주의 생성과 진화, 소립자세계 등이 탐구, 구명되고, 생물학에서는 분자 및 신경생물학의 발달에 따라 생물의 발생과 진화에 관계되는 유전자(DNA)의 구조와 유전정보의 기능, 중추신경계의 메카니즘이 점차 밝혀지면서 생명의 기원과 특성은 물질·에너지·정보라는 3요소의 공액기능으로 파악되고 있다.

이는 각각 인간의 육·정신·영적 도구instrument의 기능측면을 물적 차원에서 암시한다고 볼 수 있는 것으로 인간의 개체발생 및 환경적응과정에는 단백질합성이나 유전암호의 구성에 작용하는 DNA와 m-RNA, 체내 전자 에너지의 흐름, 신경계통의 작동 등의 각 공액적 고유기능이 외계의 변화와 공명되면서 바이오리듬Biorhythm[28]을 형성하고, 또 인간의 창조성 발현에 있어 상상想像 Imagination, 섬감閃感 Illumination, 영감靈感 Inspiration과 대응됨도 시사되고 있다.[29] 이는 M, C, T 의 각 기능이 V 의 기능과 조화되는 양상을 암시하는 현대과학의 성과라고도 할 수 있다.

이러한 무한계열의 개시開示와 더불어 폐쇄공간의 과학과 인간의식은 개방 하에서 무한계열의 원점에 회귀하여 인간존재를 재정립하지 않을 수 없고 이는 곧 인간내면의 정신작용이 육(물)적 측면과 영적 측면기능을 매개·조화하는 본래의 M 적 기능을 수행하여 인간차원을 회복하는 것이 된다.

이와 같은 시대적 여건과 환경으로부터의 요청은 비록 현존 수학이 당장은 폐쇄적 논리의 수단적 도구에 머물러 있다 하더라도 본래

---

28) L.クビリャノウイッチ著, 金光不二夫 譯, バイオリズム, (東京, 講談社, 昭和 55), pp.9-19.

29) 同上, p.49.

의 기능을 회복할 수 있는 계기가 주어지고 있음을 말한다.

그러므로 실實의 장場real field에서 사상事象이나 현상을 구성하는 $V : M \cdot C \cdot T$ 적 기능요소를 다각적으로 분별하고, 그 각 기능에 관계되는 수리 개념이나 함수, 이론치나 실험치 등을 광범하게 포용, 취사선택, 계산적 실험, 예측적 계산을 반복하면서 집약하고 모델화해 감으로써 일관성 있는 수리언어, 그리고 인간의 상념想念과 행동을 비춰볼 수 있는 모델로서의 기능을 회복해야 할 것이다.

이는 개방적 환경 하에서 인간의 집단 활동, 특히 경영·관리행동에서 집단행동의 예측과 그 구조추구의 필요상 확률, 통계적 연구가 활발히 진행되어 왔고, 또 그 많은 집적자료의 분석을 통해 실증적이고 실의 장에서 적중성이 높은 실험적 수리 모델이나 함수가 발견되어 왔다. 예를 들면 서비스를 받기 위해 창구에 도착하는 고객의 대기待期 현상에는 포아송Poisson, 지수指數, 어랑Erlang 등의 확률분포함수30)가 적중률이 높은 예측에 관계된다던가, 어떤 과업을 수행하기 위해 소요되는 시간이나 자원의 적정배분과 계획을 평가, 분석하는 PERT나 CPM 기법31)에 있어 베타(β)분포함수가 작용한다던가 하는 경우 등의 수리모델은 무의식적 인간의 집단행동을 비교적 잘 표현해 주고 있다.

또 인간-기계계man-machine system의 제어와 통신에 관계되는 시스템의 구조와 기능을 구명하려는 노력은 노버트 위너Nobert Wiener로 하여금 비선형非線型 수리모델을 도출하게 하여, 코페르니쿠스Copernicus

---

30) Arnold O. Allen, Probability, Statistics and Queueing theory (N.Y., Academic press, 1978), pp.1-4.

31) Salah E. Elmaghraby, Activity Network : Project Planning and control by network models, (N.Y., John Wiley & Sons, 1977) pp.ⅶ-ⅻ.

적 전회轉回라 할 정도로 생명현상의 본질과 미지의 인간차원을 보다 폭넓게 이해할 수 있는 풍부한 암시와 계기를 주고 있다.[32]

이와 같이 집단이나 개별인간측면에서 개방하의 인간행동차원이 구명되면서 그에 대한 수리 개념이나 함수 등도 누적되어 가고 있다. 특히 고도의 계산능력을 소지한 컴퓨터가 활용될 수 있는 오늘날에 있어서는 본래적 수리언어의 구조를 고대古代보다 더 정치精緻하게 구성할 수 도 있게 되었다.

일반적으로 수학을 구성하는 개념이나 수리들은 인간의 추상적 사고과정에서 형성되어 연역적으로 도출된 것과 실제의 경험과 실험을 통해 귀납적으로 파악된 것이 서로 결부되어 구조화되고 발전되어 간다.

그러나 전자는 인간의 주관성이나 보편성이 강조되어 실제의 객관적 현상과 괴리되거나 독단에 흐르기 쉽고, 반면 후자의 경우는 객관성에 치우쳐 개별적 특수성을 강조하게 되어 전반적 현상에 일관되는 일반성, 또는 보편적 특성을 등한히 하기가 쉽다.

현대과학이 그 전개과정에서 실험과 경험적 실증을 강조하여 주관적인 사변의 이데아Idea를 추구한 점은 높이 평가되어야 하겠지만 반대로 지나치게 객관성만을 강조하여 개별부분의 단순한 집합을 통해 전체를 파악하려는 분열과 분화의 과정은 결국 극단적 폐쇄와 편협에 흘러 종합적 현상파악과 인식능력을 결여하게 했을 뿐 아니라 상대주의적 가치개념에 극한적으로 경도傾倒되게 했다.

그러나 과학적 사고는 이러한 결함을 보완하기 위해 개별사상이나 현상에서 얻어진 귀납적 사실을 추상적 보편수리로서 유도하려

---

32) Nobert Wiener, 前揭書, pp.vii- x vi.

는 노력을 시도하기도 했지만, 오히려 그것은 현상의 실제적 구조와 기능을 왜곡하여 그럴듯한 궤변에 흐르는 경우가 많았다.

그러므로 본연本然의 수리구조를 구축해감에 있어서는 기존의 추상적 수리 개념을 재음미·검토하여 실제와의 괴리를 분석하고 귀납적 수리와 대조하면서, 즉 부단히 수리적 계산과 실험적 예측을 교호交互적으로 반복하면서 본연의 수리구조가 추구되어야 할 것이다.

그리하여 M, C, T 적 기능요소의 수리나 함수를 집약하고 나아가 이데아Idea적 로고스와 섭리攝理적 로고스의 상보相補적 기능에 의해 포착되는 V 적 기능의 특성을 수리차원에서 파악할 수 있게 될 때 수학은 인간이 가져야 할 바 이성理性·도의道義·판단判斷을 돕는 본래적 언어기능言語機能을 내포할 수 있게 될 것이다.

고대의 그리스인이나 중국인들은 공통적으로 음악에 있어서 화음和音이라는 현상에 깊은 관심을 보였고, 또 그것을 수리적 원리로서 파악하여 인간행동이나 사회제도의 차원에까지 확대·해석해 온 것을 뚜렷하게 볼 수 있다.33)

그리하여 중국인은 관악기인 피리篴의 길이에 따라 음계를 정하고 서로 협화協和되는 음계사이의 배열을 율律이라 하여 이를 비례적 관계로서 파악하였다. 그래서 음률·법률이라 할 때 율은 일반적으로 질서 있는 배열이라는 뜻을 갖게 되었으며 이는 곧 조화를 이루는 비례라는 수리적 개념을 내포하고 있다.

또 그리스인은 중국인과는 달리 현악기에 있어서 협화음協和音을 생각하였던 바, 특히 피타고라스Pythagoras는 서로 협화되는 음을 발하는 현의 길이는 일정한 정수비整數比가 존재함을 밝히고, 이를 확대하

---

33) 山下正男, 思想の中の數學的構造 (東京, 現代數學社, 1980) p.184-195.

여 삼라만상은 엄밀한 수의 비례관계에 의해 표현됨을 주장했다. 또 전우주全宇宙를 관철하는 질서, 즉 이치, 이理 reason는 곧 비比에 지나지 않는다고 생각했기 때문에 이를 의학이나 정치사상에까지 확대 해석하게 되고 원래 악기의 조율을 의미하는 템퍼temper라는 단어[34] 가 조화를 의미하는 다양한 뜻을 갖게 된 것도 이에서 연유한다.

또 그리스어에서 로고스Logos란 말은 비례比例라는 뜻과 이성理性 혹은 이理라는 뜻을 동시에 갖고 있으며 이를 라틴Latin어에서는 ratio 로 번역하여 역시 원리·이성reason이라는 뜻과 비·비율ratio이라는 뜻을 함께 내포하게 되었다.[35]

그리하여 조화있는 사상事象 간의 관계를 이성, 이치라는 철학적 개념과 수의 비율이라는 수학적 개념으로 파악하여 서로 연관 지어 왔던 것이다. 이러한 사고방식은 동서양을 막론하고 오랫동안 인류의 사고와 사회적 위계질서나 제도의 여러 측면에서 인간의 의식에 크게 영향을 미쳐왔다.

그러나 인류가 그의 환경 속에서 발견해 온 이러한 비례수적 질서는 단순히 고대인의 사고체계에서 도출된 것이라 하기보다는 3S 적 도구instrument를 소지하여 환경에 감응하고 적응하는 인간의 기재성基在性에 각인되어 있는 우주적 질서의 한 단면이라 해도 좋을 것이다.

실제상 무한소와 무한대의 무한계열을 탐구해 온 현대과학의 전개과정에서는 비례급수比例級數적으로 포착되는 무수한 현상들을 접

---

34) temper 란 단어는 다음과 같은 뜻을 갖고 있다.
   ① 악기를 調律한다.
   ② 寒暑를 합친다 → 온도(temperature)
   ③ 4가지 體液을 적당히 섞는다 → 氣質(temperament)
   ④ 온화하게 한다 → 節度, 中庸, 온건(temperance)
35) 山下正男, 前揭書 p.184.

해왔던 것이다.

일반적으로 어떤 현상을 비례적 개념으로 파악하고 인식하는 태도는 현상의 질적 차원을 중요시하는 사고방식이라고 할 수 있다. 그러나 근세 이후 산업문명의 전개와 더불어 인간의 의식이 물질적 부의 추구에 치우치고 상대적 가치측면에 기울어지면서 인간의 태도는 현상의 질적 측면보다는 양적 측면을 중요시하여 상대적 비교·평가라는 계량적 사고가 확대되기 시작했다.

이러한 계량적 사고는, 현상인식에 관계되는 수적 질서를 파악하는 태도에 있어서도 비례수로서 이해하는 정성적·질적 측면보다는 양적 대소를 비교·평가하는 정량적인 차의 개념이 앞서게 된다. 그리하여 현상을 구성하는 다양한 기능요소의 파악과 분별에 있어서도 그 개별적 고유특성이 갖는 질적 측면보다는 획일화된 양적 측면을 중시하게 된다.

오늘의 고도 산업문명 하에 있어서 현대인의 일상생활은 남녀노소, 직업 여하를 막론하고 일상 언어 이상으로 숫자 혹은 수리언어의 세계에서 생활이 영위된다 해도 과언이 아닐 것이다.

그러므로 이러한 숫자언어가 내포하는 개념이나 구조의 인식체계는 현대인의 전반 생활에 끊임없는 조건반사적 자극으로 작용하게 되어 단순히 편리한 언어적 도구라는 차원을 넘어서 부지불식간에 인간의 사고와 행동양식에 깊은 영향을 미치게 된다.

이런 의미에서 우리가 일상생활 중 끊임없이 접하고 있는 자연수自然數에 대한 개념, 즉 공리公理상 등차 1 인 등차수열等差數列로서 정의되고, 또 감각적으로도 그러한 개념을 저항 없이 받아들이고 있는 사고방식은 새로운 각도에서 재음미할 필요가 있다고 생각한다.

구상具象적 존재의 개별 및 집단특성을 상징적으로 파악했던 수감
각數感覺 number sense이 추상적 수개념으로 발전되어 계량 및 계수counting
나 사상 간의 순서 부여 수단으로 수의 체계36)가 형성되고, 자연수의
아라비아숫자 표기방식이 보편화되면서 추상수의 연산이나 조작방법
은 크게 발전했지만, 개별수가 구체적 현상과 결부되어, 또는 다양한
수의 조합으로서 상징될 수 있는 의미는 사상捨象되어 왔다.

플라톤Platon의 이데아Idea 수나 고대 우리나라의 건국이념建國理念과
수리철학의 개념을 최치원崔致遠이 묘향산 석벽에 한자로 각자刻字했
다고 하는 천부경天符經37)은 이러한 수의 의미를 생각한 것이라 할
수 있다.

그러므로 본 연구는 자연수의 순차적 비례계수의 변화 특성을 분
석·검토하여 얻어지는 다양한 배열수의 특성을 현상계에 적중성이
높은 수리 및 함수와 결부시키면서 $V:M\cdot C\cdot T$ 적 요소기능의 각
성격을 분별·파악하고자 한다.

자연수 $(1,2,3,\cdots,n-1,n,n+1,\cdots)$에서 인접한 두 수간의 연속비례
를 상향 혹은 하향으로 취할 때 그 비례계수는 일정하지 않고 자연
수 n 의 함수로서 표현될 수 있다. 상향비례간의 관계를 k 라는 계
수로 파악하면,

$$\frac{n}{n-1} = k\frac{n+1}{n} \quad\text{(1)}$$

---

36) Tobias Dantzig, Number ; *the Language of Science* (4th. ed.)(London, Macmillan Co.,
   1967), pp.1-17.
37) 고려대학교 민족문화연구소, 韓國文化大系(Ⅲ), 科學技術史, p.107.
   <天　符　經>
   一始無始一, 析三極, 無盡本, 天一一, 地一二, 人一三, 一積十鉅, 無匱化三, 天二
   三, 地二三, 人二三, 大三合六, 生七八九運, 三四成環, 五七一妙衍, 萬往萬來, 用變
   不動本, 本心本太陽, 昻明人中天地一, 一終無終一(全文 81字)

$$k = \frac{n^2}{n^2-1} = 1 + \frac{1}{n^2-1} \quad\cdots\cdots\cdots(2)$$

이 되고, 이를 다시 $\frac{k}{k-1} = n^2$ 이라는 형태로 변형시킬 수 있다.

여기서 k 와 n 을 동일 수직선상의 변수로 생각하여 x 로 치환하면

$$\frac{x}{x-1} = x^2 \quad\cdots\cdots\cdots\cdots\cdots\cdots(3)$$

이라는 식으로 표현할 수 있고, 등호의 양변을 y_0, y_1 으로 놓고, 각

각 x 의 함수로 생각하면, $y_1 = \frac{x}{x-1} = 1 - \frac{1}{1-x}$, $y_0 = x^2$ 이 된다.

이를 그래프화 하면 <그림 3> 으로 나타낼 수 있으며, y 축에 대해

대칭 이동시키면 $y_2 = \frac{x}{1+x}$ 로 나타낼 수 있다. 이때 y_2 와 y_1 은

$1 - \frac{1}{1 \pm x}$ 의 관계로 대응되는 방정식이다.

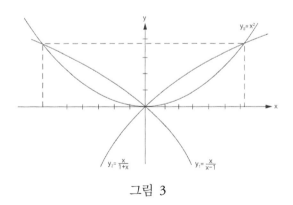

그림 3

이제 제 1 상한에서 y_0 와 y_2 방정식을 각각 $y_0 = a$, $y_2 = b$ 라 두

고 두 방정식의 관계를 <그림 4> 를 통해 검토해 보기로 하자.

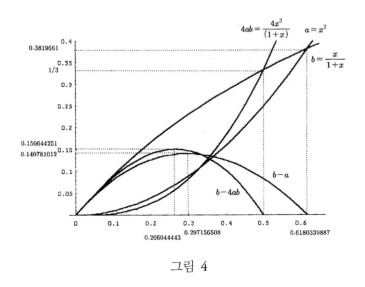

그림 4

여기서 두개의 중요한 계수係數를 도출할 수 있는 바 그 하나는 b 방정식 $\dfrac{x}{1+x}$ 에서 현대수학이나 물리학이 이론적 근거 없이 다만 계산의 편의상 많이 사용하는 이론상수理論常數인 네이피어Napier 대수對數 e 를 도출할 수 있다는 것으로 일반적으로 $\lim\limits_{n\to\infty}\left(1+\dfrac{1}{n}\right)^{n} = e$ 로 정의되는 e 를 b 방정식으로 표시하면,

$$\lim_{x\to\infty}\left(\frac{x}{1+x}\right)^{-x} = \lim_{x\to\infty}\left(1+\frac{1}{x}\right)^{x} = e \cdots\cdots (4)$$

로서 유도될 수 있다.

여기서 네이피어 대수 e 는 $\left(1+\dfrac{1}{n}\right)^n$ 의 전개에서 얻어지는 비례 급수比例級數이고, 이것이 실제상 자연현상의 수리적 포착에 자주 활용되고 있으나 이는 자연수의 연속비례계수의 단편이라 할 수 있는 것이다.

다른 또 하나의 계수는 황금장방형黃金長方形의 단변의 장변에 대한 비인 황금평균黃金平均[38)인 0.6180339, $\left(\dfrac{\sqrt{5}-1}{2}\right)$ 이다.

이 계수는 신비스러운 자연현상의 질서와 관련된 수열에 관계가 깊다. 예를 들면 식물학에서 잎의 배열순서가 피보나치Fibonacci 수열[39)을 따른다든가 달팽이와 같은 생물의 성장과 관련되는 대수나 선형對數螺旋形 도형,[40) 심리학자 페히너Fechner G.T.가 "생물의 자극에 대한 반응의 강도는 그 자극강도의 대수對數와 같이 비례한다"[41)는 법칙 등에 모두 이러한 황금장방형의 비례관계가 관여되고 있다.

이 황금평균은 a 와 b 방정식의 교점에 있어 x 좌표값이며, y 좌표값은 0.3819661 로서 이는 1 에 대한 x 값의 보수補數이다. 즉, 0.618033988 + 0.381966012 = 1 이며, 또 0.6180339 의 제곱은 0.3819661 이 된다. 앞으로의 설명을 위해 황금평균 0.6180339 를 α_0 로 표시하기로 하면 이 α_0 값에서 여러 가지 의미 있는 계수의 관계식들을 도출할 수 있다.

$$1 + \alpha_0 = \frac{1}{\alpha_0} \quad \text{(5)}$$

38) L.ジャビン 著, 赤聶也 外 1人 譯, 無限, (東京, 河出書房, 1971), p.126.

39) 上同, p.123.

40) 上同, p.123.

41) A.T.Welford, *Fundamentals of Skill*, (London, Methuen & Co. Ltd, 1968), pp.28-29.

$$(1+\alpha_0)^2 = 2 + \alpha_0 \quad\text{\dotfill}(6)$$

$$\alpha_0(1+\alpha_0) = 1 \quad\text{\dotfill}(7)$$

여기서 (5) 식에서 $1+\alpha_0$ 혹은 α_0 의 역수를 앞으로 K_0 로 표시하고자 한다. 이 K_0 값은 1변이 단위 1인 정오각형의 대각선의 길이에 해당되는 값이며, 선분의 길이를 약 1 : 1.618 의 비로 나눈다는 황금분할의 개념은 이름 그대로 가장 아름다운 선분의 분할방법으로서 건축·회화·조각 등에서 널리 이용되어 왔다.

또 정오각형은 정 12면체의 단면을 구성하는 도형으로 그리스인은 정 12면체를 대우주의 상징[42]으로 생각했고, 정오각형의 각 변을 연장하여 이루어지는 ☆형Pentagram을 신성시하여 왔다.[43]

그 이외에도 <그림 4> 의 a, b 방정식에서 앞으로의 수리전개에 관계되는 여러 가지 의미 있는 계수나 관계식을 도출할 수 있는 바 중요한 것만 정리해 보면 아래와 같다.

$(b-a)$ 방정식에서 $b-a$ 가 극대치를 갖는 점의 x 값과 y 값은 각각 $x_1 = 0.297156508$, $b_1 - a_1 = X_1 = 0.140781012$ 이고 $a_1 = x_1^2 = 0.08830199$, $b_1 = \dfrac{x_1}{1+x_1} = 0.229083002$, $4a_1b_1 = 0.080913937$ 이 되며,

$$x_1 = \frac{b_1}{1-b_1} \leftrightarrow b_1 = \frac{x_1}{1+x_1} \quad\text{\dotfill}(8)$$

$$x_1b_1 = x_1 - b_1 = 0.068073504 \quad\text{\dotfill}(9)$$

---

42) 金容雲 外 1 人, 空間의 歷史(서울, 現代科學新書, 1975), p.48
43) 上同, p.44.

$$\frac{1}{2x_1} = (1+x_1)^2 = 1.682615006 \quad\text{(10)}$$

$$X_1 = x_1^2 + b_1^2 \quad\text{(11)}$$

$$1 + x_1 = \frac{1}{1 - b_1} \quad\text{(12)}$$

$$\eta_1 = x_1(1+x_1)^2 = 0.5 \quad\text{(13)}$$

와 같은 관계식이 성립한다.

또 후술하게 될 $4ab$ 의 방정식과 b 방정식의 관계에서 얻어지는 계수들을 정리하면 $(b-4ab)$ 가 극대치를 취하는 점의 x 값과 y 값은 각각 $x_0 = 0.266044443$, $b_0 - 4a_0b_0 = X_0 = 0.150644252$ 이고, $b_0 = 0.210138312$, $4a_0b_0 = 0.059494061$ 이 된다. 또 $4ab$ 와 b 의 교점의 x 좌표는 0.5 가 된다.

<그림 4> 의 제 1 상한에 도시된 a, b, $4ab$, $b-a$, $b-4ab$ 등의 방정식을 현상계의 분석모델에 유비類比시켜 볼 수 있다. 즉, 관리경제학에서 자주 사용되는 변량들간의 기하학적 도시圖示 모델에 유비시켜보면, 산출량의 증대에 따른 총이익의 변동곡선에서 도출될 수 있는 평균이익average revenue, 한계이익marginal revenue 곡선[44]을 각각 $(b-a)$ 와 $(b-4ab)$ 곡선에 대응시켜 볼 수 있고, 또 다른 측면에서 b 를 총수입곡선, a 를 총비용곡선, $b-a$ 를 총이익곡선으로 유비類比[45]시켜 볼 수 도 있는 바 시간차원의 변동에 따라 총수입곡선과 총비용곡선의 변동이 교차된다면, a, b 곡선은 새끼줄 모양의 교차

---

44) 宋梓 外 1人, 管理經濟學(서울, 博英社, 1974), p.42.

45) 上同, p.67.

쌍곡선交叉雙曲線으로 전개됨을 연상할 수도 있을 것이다.

이러한 교차쌍곡선을 연상한다면 a, b 의 변동은 또 다른 측면에서 볼 때 삼차원공간에 있어서 이중나선형의 DNA 구조가 x 축, 혹은 y 축에 사영射影된 것으로 볼 수도 있다. 그렇게 본다면 이차원평면상의 x 축에 사영된 a, b 곡선에 있어 x 변동에 따른 $b-a$ 의 차는 관찰자의 위상位相에 따라 변동되는 것으로 인식된다고 볼 수 있고, 앞에서 산출된 차의 극대치 X_1 은 a, b 곡선의 y 축 사영에서 본다면,

$$x_Y = \frac{X_1}{1-X_1} = 0.16384765 \cdots\cdots(14)$$

으로 표시할 수도 있다.

이제 다시 관리경제학의 기하학적 모델에 되돌아가 총비용곡선의 구조를 검토하면서 현상계에 있어 $V : M \cdot C \cdot T$ 적 요소기능의 각 특성을 고찰하기로 하자.(저자의 $V : M \cdot C \cdot T$(Veo, Mes, Cis, Trans) 구상에서 정신 차원을 M, 물질 차원을 T, 영적 차원을 C로, 「얼」적 기능은 V로 표시하고 있다. 따라서 여기서의 기호 $'C'$ 는 $M \cdot C \cdot T$ 에서 영적 기능을 뜻한다. 본문에서 언급하는 일차, 이차방정식에서의 상수 C (혹은 c), 잔차를 의미하는 c, 고정비를 의미하는 C, 아인슈타인의 방정식에 나오는 광속도 C 등의 기호는 저자의 $V : M \cdot C \cdot T$ 에서의 $'C'$ 와는 구별하여 이해하기 바랍니다 - 편저자 주)

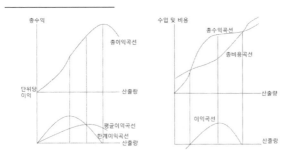

생산 활동에 있어서 손익분기분석과 같이 비용을 고찰할 때 우리는 보통 고정비와 변동비를 구분하여 생각하는 경우가 많다. 이때 생산량에 따른 총비용의 변화를 파악할 때 $y = mx + C$ 와 같은 일차방정식에 의해 포착하기도 하고 그 외 이차방정식이나 기타의 함수에 접근시켜 고찰하게 된다.

설명의 편의상 일차방정식을 생각한다면 C 는 상수常數로서 고정비固定費에 해당되고 x 는 생산량, y 는 총비용, m 은 생산량에 따른 비례변동비의 비례상수比例常數가 될 것이다.

만약 이러한 일차방정식을 실적 데이터를 통해 최소자승법에 의한 회귀방정식으로 추적한다고 하면 그 관측방정식은 $y = mx + c + u$ 로서 나타낼 수 있고, 여기서 u 는 관측치와 이론치의 편차偏差(혹은 잔차殘差)가 될 것이며, 이때 $c + u$ 는 관측치에 따라 변화되는 상수로서 고정비라 할 수 있겠다. 그러므로 총비용 y 의 변동은 생산량 (x), 고정비(c), 잔차(편차)(u)와 상호 관련되고 있지만, 실상 동태계動態界에 있어 고정비는 상수일 수가 없고, c 자체와 u 의 변동에 따른 종속변수로서 파악될 수 있는 또 다른 함수 $f(c, u)$ 라고 볼 수 있다. 그러므로 실제의 동태적 현상에 있어서는 c 와 u 가 어떤 변역變域에서 변수로서 작용하여 오히려 x 와 y 가 상수적 성격으로 파악될 수도 있을 것이다.

이제 이러한 관점에서 y, x, c, u 의 관계를 $V : M \cdot C \cdot T$ 와 관련지워 본다면 y 와 x 는 C, T 의 관계로, c 는 M 으로, u 를 V 에 대응시켜 볼 수 있는 각 기능요소라 생각할 수 있다.

이러한 실동實動적 관점은 여타의 이차 및 고차방정식에서도 똑같이 적용될 수 있는 것이고, 실제상 이론적 함수 연산과정에서 일반적으로 상수 C 가 사상捨象되는 점(미분의 경우 등)은 현상파악에 있어서 M 및 V 적 차원을 도외시하는 결과가 된다고 볼 수도 있다.

물상계의 현상을 이론함수식으로 포착할 때 자주 사용되는 상수들 중에는 실측치를 근거로 하여 수리적으로 합리화시킨 진공 속의 광속도 C, 만유인력상수 G 등과 이성적 추상이나 이론치로서 얻어지는 원주율 π, 자연대수 e 등이 있다. 이 중 가장 널리 쓰이고 있는 π는 실상계에는 존재하지 않는 정원正圓을 이성적으로 추상하여 도출된 상수이며, 자연대수 e도 비례급수의 극한치라는 조작을 통해 얻어진 상수이다. 이들은 모두 사상事象간의 함수관계를 설명하는 연산자operator라 할 수 있는 성질의 것이다.

그러므로 이와 같은 실험적 상수나 이론상의 연산자들은 사실상 앞에서 살펴본 일차 및 이차방정식들의 상수와 같이 어떤 독립변수의 함수식으로 표현될 수 있는 종속변수로 생각될 수 있고, 다시 말해서 M 및 V 적 기능요소를 독립변수로 하는 함수식에서 도출되는 변수라고 이해할 수도 있다.

이제 이러한 관점에서 <그림 4> 의 설명에서 제시된 여러 가지 수 특성과 관계식을 현상계의 설명에 유용有用했던 기존의 수리개념·수리계수·상수·함수식과 관련시켜가면서 수리특성의 $V: M \cdot C \cdot T$ 적 기능을 분별하여 검토하고자 한다.

이제 수數특성의 $V: M \cdot C \cdot T$ 적 기능과 그 상호관계를 전자장에서의 gradient Φ[46]에 유사類似시켜 개념적으로 파악해보면, V 적 기능은 지향성의 입장에서 보아 $V=f(M,C,T)$ 로서, 발생성의 차원에서 보면 $V=f(\tau,\tau_r)$로서 이해할 수 있는 각 측면을 갖고 있는 것으로 V 의 온전한 기능은 $f(M,C,T)$ 의 조화지향성調和志向性과 $f(\tau,\tau_r)$ 의

---

46) 井上敏 外 3人 編, 前揭書, p.365.

발생성이 상호 필요충분조건으로 상보相補되는 관계에서 이루어진다.

그러므로 $f(M,C,T)$ 의 조화지향성이 퇴락되면 $f(\tau,\tau_r)$ 에 환원還元되어 그 조화기능을 회복하게 되는 바 이를 외적 환원external return이라 할 수 있고, 반대로 $f(\tau,\tau_r)$ 의 발생성이 경색되면 $f(M,C,T)$ 에 환원되어 발생성 발현의 계기를 갖게 되는 바 이를 내적 환원internal return으로 볼 수 있다. 따라서 이러한 관계를 $_{in}V_{ex}$ 로 표현할 수 있고, 이를 Gradient 함수로 표시하면 $\dfrac{\partial V}{\partial M}+\dfrac{\partial V}{\partial C}+\dfrac{\partial V}{\partial T} = -grad\,V(\tau,\tau_r)$ 로서 유사類似시켜 볼 수 있다.

이제 <그림 5> 의 모델을 통해 τ,V,M,C,T 의 각 고유기능측면과 그 상호관계를 앞에서 제시한 수리특성과 비교·대응시켜 고찰하고자 한다.

3 장 <그림 2> 의 모델에서도 서술한 바와 같이 M,C,T 의 관계는 M 이 인간의 정신 혹은 심리적 측면으로서 영적 기능(C)과 육(물질)적 기능(T)을 매개하는 중간자中間子 meson[47)]의 역할에 유사시켜 이해했다.

이제 현상계의 수리적 파악에 있어 이러한 M,C,T 의 기능을 대표할 수 있는 기준 또는 표준적 특성가치를 고려해 본다면 M 으로서 $4ab$, C 로서 K_0, T 로서 광속상수 C 를 상정해 볼 수 있다. 이들은 모두 π 나 e 와 같은 추상의 의제수擬制數 elusion number가 아니고 실제의 현상계에서 실측될 수 있는 실험적 수치라 할 수 있고, 또 $a,b,4ab$ 방정식의 관계함수나 계수에서 계산을 통해 도출될 수도 있다.

---

47) 井上敏 外, 前揭書, p.854.

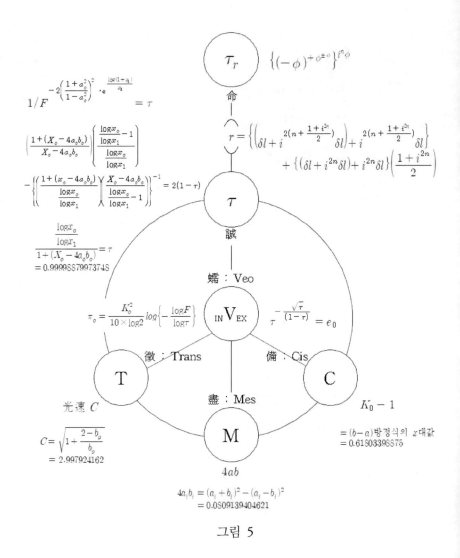

그림 5

그러므로 이러한 표준標準적 실측치實測値를 근거로 하여, 유도誘導적 수치계산數値計算과 실측實測적 실험實驗을 꾸준히 반복하면서 더욱 섬세하게 추구해 간다면 개별적 단편으로 분리·파악됨으로써 지리멸렬화되어 있는 다양한 함수나 수치들도 일관된 질서 속에서 파악될 수 있을 것이며 또 실實의 현상現象과 괴리된 의제elusion의 함수나 수치들도 실제에의 확률적 적중성이 높은 방향으로 재정립될 수 있을 것이다.

더욱이 이것이 물상계의 물리측면에 한정되지 않고 인간정신의 심리측면, 영적 측면에서 섭리攝理나 역리易理로 파악될 수 있는 각 부분기능을 아울러 모사模寫할 수 있는 함축적 수리로서 정립된다면 그것은 곧 인간의 「얼」적 기능을 직감하게 하여 인간의 주체성·자발력·창의력의 발현을 돕게 되어 인간의 물질적 추구는 문화나 종교계발宗敎啓發과 엄밀한 관계를 가지면서 그 결실을 기대할 수 있는 계기를 가질 수 있을 것이다.

이제 그 각각의 특성에 대해 검토해 보면, 영적 기능측면과 대응시킬 수 있는 K_0 는 a, b 방정식의 교점의 x 좌표인 α_0 값에서 $\alpha_0 + 1$, 혹은 $1/\alpha_0$ 로 표현할 수 도 있고, 한 변을 단위 1 로 한 정오각형의 대각선의 길이로서도 파악할 수 도 있지만, K_0 혹은 α_0 값은 앞에서도 설명한 바와 같이 신비스러운 자연현상의 질서 속에서 자주 포착되기도 하고 인간의 무의식적 개별 혹은 집단행동의 특성 속에서 자주 나타나는 실측치이기도 하다.

사회현상과 자연계의 움직인 중에는 대립하는 세력의 크기 관계에서 세력의 배분이 변화하는 사례가 많은데 이들 세력관계가 갖는 비율을 정성적으로 파악하면 그룹간의 비율이 K_0(1.6180339) 혹은 α_0(0.6180339)의 비례관계로 나타나는 경우가 많이 발견되고 있다.[48] 앞으로 이러한 측면을 깊이 추구해 간다면 인간의 탐구심과 창의력을 자극시켜줄 수 있는 계기가 되리라 생각되며 중국中國의 ORoperations research 연구에서는 0.618 법이라 하여 실제에 많이 적용하고 있다는 보고[49]가 있다.

다음 인간의 정신 및 심리기능에 대응시켜볼 수 있는 $4ab$ 는 방정식 $b = \dfrac{x}{1+x}$ 의 일차; 이차미분과정에서 배제되는 상수 C 의 성격을 $y = x_1$

선상에 환원시켜 파악한 값으로 그때의 상수 C 값은 $4a_1b_1 = 0.080913937$ 이 되며 이는 후술하게 될 이차방정식의 상수 C 와 관련되어 광속光速의 계산에 연관된다. 또한 $4ab = (a+b)^2 - (a-b)^2$ 으로 표현될 수 있는데 이는 노버트 위너N. Wiener가 불규칙한 비선형파의 특성분석을 위해 도입한 전기 시스템의 메커니즘을 수식으로 표현[50]한 것인데 기지既知의 입력파와 미지의 비선형파를 시간축 상에 적산積算할 때 사용했던 수식이기도 하다.

위너는 이러한 $a \times b$ 의 적산과정을 통해 비선형함수의 실증적 분석방법을 도출함으로써 인간의 자기제어 및 통신기능과 그 구조, 그리고 나아가 개체발생과 계통발생의 메커니즘을 바이오리듬biorhythm 이라는 차원에서 보다 명쾌하게 설명할 수 있는 길을 트게 했다. 이러한 성과는 물적 차원과 바이오리듬 차원이 공액되어 발현되는 인간의 복합적 정신작용을 비선형수리방법을 통해 실증적으로 구명할 수 있게 했다는 점에서 높이 평가되어야 할 것이며, 이를 더욱 발전시켜 정신심리측면의 인간기능이 더욱 명확화 됨으로써 인간행동 속에서 M 적 기능이 더욱 잘 발현될 수 있을 것이다.

---

48) 日本 OR 學會, オペレ-ションズ-リサ-チ(1976, 1月號), pp.52-53. (等比メガネ, 1.6 倍の不思議と等比の世界)
49) 日本 OR 學會, オペレ-ションズ-リサ-チ(1977.9), pp.543-550, 松田武彦, 中國のOR とその背景.
50) Nobert Wiener, 前揭書, p.184.

이제 인간의 육신, 즉 물질적 측면에 대응시켜 표준적 특성수치로 이해하고자 하는 광속상수 C 에 대해서 고찰하고자 한다. 마이컬슨-몰리Michelson-Morley의 실증적 실험[51]을 통해 측정된 광속도 C 는 물질의 에너지 변환을 명쾌하게 상징하는 아인슈타인Einstein의 $E = mC^2$ 이라는 함수식에 등장되면서 현대인의 호기심을 크게 자극했던 물리량의 실측치이다.

또한 광속도 C 를 도입하여 전개되는 아인슈타인의 상대성이론相對性理論은 과거 뉴턴의 절대물리학絶對物理學이 인간의 사고와 의식에 미쳐왔던 영향 이상으로 현대인의 사고와 의식에 팽대한 영향을 미치고 있다. 이는 물질의 에너지Energy 변환이라는 파격적 사고의 전환을 이론적으로 정립했다는 점과 아울러 그 이론이 원자력이라는 무서운 힘으로서 실증되었다는 점에 자극된 바가 클 것이다. 아인슈타인이 실험적인 결과로서 얻어진 실측치를 종합하여 물질이 에너지로 전환될 수 있음을 발견하고, 상념想念적 센스로서 상대적 가치를 발견하고 절대적 가치를 추구하려고 시도한 점은 높이 평가될 수 있고, 많은 사람들의 주의를 집중시킬 만하다.

그러나 물상계의 현상을 해명하기 위한 절대적 표준으로서 광속상수光速常數 C 를 설정한 이유나 그 유도근거가 없고, 일반상대성이론은 그의 뜻과 책임을 벗어나 가치의 상대성만이 강조되는 것으로 오해, 파급되어 마침내 물질적 측면의 상대적 평등이라는 유물론唯物論적 사고思考나 의식意識을 합리화 시키는데 직접·간접적으로 채용되는 계기를 조성했다는 점은 크게 반성되어야 할 것이다.

만약 뉴턴의 절대역학이 갖는 상대성을 발견하여 불변성의 절대적 가치를 추구하려고 한 상대성이론이 평속平俗적으로 해석되어 그

---

51) 井上敏 外, 前揭書, p.1295.

이론이 논리적으로 고착되어 많은 사람들에게 인식되게 된다면 이는 현대인간으로 하여금 물질에 편중된 상대주의를 절대시하게 하여 모든 것은 상대적이라는 논리적 비약을 가져오게 함으로써 변증법辨證法적 사고思考와 물物적 공유共有라는 개념을 더욱 합리화시키는 이론적 근거가 되어버리고 말 것이다.

사실상 아인슈타인이 가변可變의 광속도 C 를 흔들리지 않는 불변수로서 절대시한 것은 오히려 또 다른 상대적 모순을 발생케 했으며 아인슈타인의 공식에 제시된 광속상수 C 는 실상 숫자적 값을 맞춘 것이지 광속도 자체를 파악한 것이라고 볼 수는 없다. 이러한 관점에서 볼 때 광속상수 C 는 불변상수가 아니라 어떤 함수식에서 도출되는 특정범위의 변역變域을 갖는 변수로서 파악할 수 있으며 이는 앞에서 설명한 총비용함수에서 $y = mx + c$ 의 c 가 고정비이지만 이는 $f(c,u)$ 의 함수로서 파악될 수 있는 변수인 점과 유사한 개념으로 이해될 수 있는 성격의 것이다.

이제 이차방정식에서 상수 c 의 특성을 고찰함으로써 광속상수 C 의 성격을 조명해 보고자 한다.

　　이차방정식의 일반식을

$$ax^2 - 2bx + c = 0 \quad\text{·· (15)}$$

라 두면 이차방정식의 근의 공식에서

$$x = \frac{b}{a} \pm \sqrt{\left(\frac{b}{a}\right)^2 - \frac{c}{a}} \quad\text{······································ (16)}$$

이 얻어지고 이를 변형하면

$$x - \frac{b}{a} = \pm \sqrt{\left(\frac{b}{a}\right)^2 - \frac{c}{a}}$$

양변을 제곱하면,

$$\left(x - \frac{b}{a}\right)^2 = \left(\frac{b}{a}\right)^2 - \frac{c}{a}$$

이 되고, 따라서

$$\frac{c}{a} = \left(\frac{b}{a}\right)^2 - \left(x - \frac{b}{a}\right)^2 \quad \cdots\cdots\cdots\cdots\cdots\cdots\cdots (17)$$

이 성립하여 이를 도시하면 <그림 6> 과 같이 표시할 수 있다.[52]

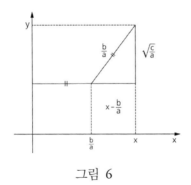

그림 6

---

52) <그림 6> 의 그래프는 이차방정식의 근과 계수와
의 관계 $\alpha+\beta = \frac{b}{a}$, $\alpha\beta = \frac{c}{a}$ 를 이용하여
옆의 그림과 같이 할 수도 있다.

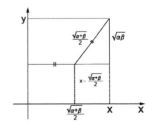

또 (15) 식을 a 로 나누고 정리하면,

$$\frac{c}{a} = x\left(\frac{2b}{a} - x\right) \quad \text{...} \quad (18)$$

을 얻을 수 있고, 이때 $a = 1, b = \frac{1}{2}$ 이라 두면,

$$c = x(1-x) \quad \text{...} \quad (19)$$

이 성립하고 이를 바꾸어 쓰면

$$x + \frac{c}{x} = 1 \quad \text{..} \quad (20)$$

이 된다.

여기서 (20)식의 형태는 <그림 4>의 a, b 방정식의 관계식에서 $\alpha_0 + \frac{1}{\alpha_0} = 1$ 과 같은 형으로 자주 나타나는 함수이고 후술할 τ 의 경우도 $\tau + \frac{1}{\tau} = 2$ 라는 관계식이 성립한다.

또 (19)식에서 이차방정식의 상수 c 는 변수 x 의 함수로서 표시되는 바 일반적인 이차방정식 $ax^2 + 2bx + c = 0$ 에서

$$
\left.
\begin{aligned}
c &= \pm\alpha(1\pm\alpha) = N_\alpha - |i^{2n} D_\alpha| \\
\alpha &= \pm\beta(1\pm\beta) = N_\beta - |i^{2n} D_\beta| \\
\beta &= \pm\gamma(1\pm\gamma) = N_\gamma - |i^{2n} D_\gamma|
\end{aligned}
\right\} \quad \text{..........................} \quad (21)
$$

(단, n : 임의의 자연수, i : 허수)

등으로 c 가 순차적으로 무한원점에 환원되는 변수들의 함수와 관

계되고 있기 때문에 형식상 $c = f(\alpha, \beta, \gamma, \cdots)$ 로 모사해 볼 수 있으며 이는 후술하게 될 τ 의 특성과 관계되고 있는 성격인 바, c 는 일차 선형회귀방정식이나 이차 이상의 비선형방정식의 y 절편切片에 해당 되는 것으로 훗설Husserl적 의미의 잔여殘餘 Residuum라 생각할 수 있고, 영靈·정精·육肉의 원점原點에 진입되는 길목이라고도 할 수 있는 차 원의 수리 개념을 내포하고 있다고 볼 수 있다.

$N - |i^{2n}D|$[53) 는 무한원점無限原點에서 각 차원의 변수가 현상계의 c 라는 계수로 표출되는 과정에서 좌표의 변환과정을 나타내는 것으 로 여기서 허수虛數 i 가 개입되게 된다고 볼 수 있다.

이와 같은 방정식상의 상수 c 의 성격은 일반의 보편상수普遍常數 universal constant[54)의 경우에도 적용될 수 있는 것이다.

이제 광속도의 도출방정식導出方程式을 고찰하기 위해 그에 관계되 는 계수 x_p, b_p 를 설명하고자 한다.

우리는 (14) 식에서 $x_Y = \dfrac{X_1}{1 - X_1}$ 이 좌표의 변환과 관계됨을 설명 하였거니와

$$x_p = \sqrt{\frac{x_Y}{2}} = 0.286223384 \quad\text{\dotfill}\quad (22)$$

로서 파악되는 계수이다. (22)식을 변형하면,

$$x_p^2 + x_p^2 = x_Y = (\sqrt{x_Y})^2 \quad\text{\dotfill}\quad (23)$$

라는 원의 방정식을 나타내는데 추상공간抽象空間의 정원正圓이 실상

---

53) (21) 식의 $N - |i^{2n}D|$ 는 $n^2 - d^2$ 의 형으로 표현될 수도 있다.

54) 井上敏 外, 前揭書, p.1171.

계實狀界에서 신축운동伸縮運動을 한다고 할 때 x_p 값은 어떤 변역變域에서 변동되는 변수로 파악되어 장단축이 교호적으로 변동하는 타원운동을 생각할 수도 있다. 또 이러한 타원운동이 좌표변환될 때는 원자내의 전자가 K, L, M, N 등으로 에너지준위energy level[55]가 변동하는 것과 같은 차원변동을 생각할 수 있다.

따라서 x_p 의 운동은 어떤 특정 에너지 준위에서의 급내변동級內變動과 차원변동에 따른 급간변동級間變動의 양측면을 내포한다고 볼 수 있고, 이와 같은 x_p 의 변동은, 원주圓周 상에서 질점質點이 회전운동을 할 때 좌표의 원점과 질점의 관계로서 파악되는 파동함수의 성격을 결정하게 된다고 볼 수 있다.

그러므로 위너N.Wiener가 불규칙한 비선형의 파동함수를 해석하여 뇌세포의 주파수를 측정한 것[56]은 이러한 x_p 의 변동과 관계된다고 볼 수 있다.

이제 x_p 를 (8)식에 대입하면,

$$b_p = \frac{x_p}{1+x_p} = 0.222530073 \quad\text{………………………}(24)$$

로 b_p 를 산출할 수 있게 된다. 이 b_p 를 근거로 이차방정식을 설정하여 광속의 유도방정식을 제시하면 아래 식과 같다(여기서 이차방정식 설정과정은 생략함). 설정된 이차방정식은,

$$\Psi^2 - 2\sqrt{1+\frac{b_p}{2-b_p}}\,\Psi - \left(1+\frac{2-b_p}{b_p}\right) = 0 \quad\text{………………………}(25)$$

---

55) 井上敏 外, 前揭書, p.151.
56) Nobert, Wiener, 前揭書, p.191.

이며, 이를 근의 공식에 대입하여 구한 근을 ϕ 라 하면,

$$\phi = \sqrt{1+\frac{b_p}{2-b_p}} \pm \sqrt{\left(1+\frac{b_p}{2-b_p}\right)+\left(1+\frac{2-b_p}{b_p}\right)} \quad\text{(26)}$$

이 되는 바 (26) 식의 우변 둘째 항의 근호내의 둘째 항은 C^2 으로서 이것이 광속계수가 된다. 즉, $1+\dfrac{2-b_p}{b_p}=C^2$ 이 되고 이를 변형하면

$$\sqrt{\frac{b_p}{2}} = \frac{1}{C} \quad\text{(27)}$$

이 되어 b_p 에서 광속계수 C 를 계산할 수 있다.

b_p 값을 (24) 식의 계수로 보면 그때의 $C=2.997924164$가 되며 진공 중에서의 광속도로서 실측된 측정치으로서 현재까지 가장 정확하다고 하는 $(2.997902\pm0.000009)\times10^{10}cm/\sec$ 와 비교할 때의 오차는 소수점이하 5위에서 나타날 정도이다.

b_p 는 앞에서도 서술한 바와 같이 급내변동의 범위가 주어질 수 있기 때문에 (24)식에서 도출되는 b_p 외에도 <그림 4> 의 a, b 방정식에서 계산된 x_1 의 여러 가지 함수식과 관련하여 산출할 수도 있고, 또 자연대수 e 와의 관계에서 도출되는 b_p 로서도 계산할 수 있다. 이제 이에 관련되는 근거식을 제시하면 아래와 같다.

ⓐ $(1+x_1b_1)(1-x_pb_p) = 1$ \quad\text{(28)}

ⓑ $2\left[\dfrac{x\{x+x(1+x)^2\}}{1-x(1+x)}\right]^2 = x_1\{x_1+x_1(1+x_1)^2\}$ \quad\text{(29)}

(29) 식에서 $\xi = x + x(1+x)^2$, $\eta = x(1+x)$ 라 두면,

$$2\left(\frac{x\xi}{1-\eta}\right)^2 = x_1\xi_1 = \eta_1(1-\eta_1) \quad\text{……………………………………}(30)$$

으로 간략하게 표현될 수도 있다. 그러므로 (28), (29)식의 조건을 만족하는 x_p, b_p 를 구함으로써 광속 C 를 계산할 수 있다.

$$ⓒ \quad \frac{1}{x(1+x)} = e \quad\text{………………………………………………}(31)$$

의 관계식에서 b_p 를 유도하여 광속 C 를 도출할 수 도 있게 되는 바, 여기서 자연대수 e 와 관련시키는 것은 후술하게 될 $_{in}V_{ex}$의 성격구명과 관련되기 때문이다.

이제 (24), (28), (29), (31)식에서 구한 b_p 를 근거로 계산된 광속 계수 C 를 제시하면 <표 1> 과 같이 정리될 수 도 있는 바, 모든 경우의 편차는 소수점 4위 이하에서 발생하고 있음을 알 수 있다.

표 1

방정식＼계수	$\sqrt{\dfrac{x_y}{2}}$	$(1+x_1b_1)(1-x_pb_p)=1$	$2\left[\dfrac{x\{x+x(1+x)^2\}}{1-x(1+x)}\right]^2$ $= x_1\{x_1+x_1(1+x_1)^2\}$	$\dfrac{1}{x(1+x)} = e$
x_p	0.286223384	0.286328392	0.286221962	0.286053078
b_p	0.222530073	0.222593541	0.222529213	0.222427116
C	2.997924164	2.997496735	2.997929951	0.2998617918

이상으로서 우리는 M, C, T 적 기능과 관계되는 실측가능한 수

치를 a, b, $4ab$ 방정식의 관계식에서 도출되는 계수 및 함수식과 관련시켜 계산적 실험방법을 통해 그 근거를 살펴보았든 바 이는 $V = f(M,C,T)$ 의 측면에 해당된다고 볼 수 있다.

이제 $V = f(\tau,\tau_r)$ 의 측면과 관련시켜 τ,τ_r 의 성격을 고찰함으로써 V 적 기능을 수리적 차원에서 파악하고자 한다. τ_r 이나 τ 가 인간의 「얼」적 기능인 V 와 관계되는 것은 현상계를 수리數理적 정수定數 constant나 함수식으로 포착할 때 나타나는 상수의 성격에서 그 단면을 이해할 수 있다.

우리는 (21)식에서 상수 c 가 $c = f(\alpha,\beta,\gamma,\cdots)$ 식으로 무한원점無限原點에 환원還元되는 과정으로, 또는 영·정·육의 원점에 진입하는 길목으로 이해했거니와 인간의 「얼」적 기능은 무한원점에의 구심력과 영·정·육의 각 기능이 실상계에로 표출되는 원심력의 조화중점調和重點으로 파악될 수 있다. 그러므로 τ_r 이나 τ 는 「얼」적 기능의 구심력을 형성하는 측면이라 볼 수 있는 바 이를 3 장에서 각각 초절超絶 transcendental absolute과 평절平絶 general absolute로서 이해하였었다.

그러므로 그 각각은 무한원점으로부터 생성과 변화를 발생하게 하는 순차循次적 차원변동으로서 모사·이해할 수 있는 측면이고, 평속平俗적 의미에 있어서 시간개념과 결부되는 차원이라 할 수 있다.

대부분의 사람들은 시간은 흐른다고 믿고 있다. 그러나 사실상 시간은 현재 있는 그곳에 머물러 있다. 지나간다고 하는 그 생각이 아마도 시간이라고 불리어 질 수 있을 것이다.[57]

많은 동서양의 현인賢人들은 생각은 시간 속에서 발생하지만, 통찰력洞察力은 그것을 초월할 수 있음을 강조했고, 고빈다Govinda, L.A.는

---

57) Kennett, J. Selling Water by the River, (N.Y., Vintage Books, 1972), p.140

"통찰력은 고차원의 공간과 밀접한 관계를 가지고 있으며 그렇기 때문에 영원한 것이다."[58]라고 말하고 있다.

사실상 시간은 공간의 누적累積으로, 또 공간 내 차원변동의 누적으로 파악될 수 있는 것으로 수리적 개념으로 보아 비례급수比例級數의 전개에 해당된다고 볼 수 있다. 개체발생個體發生이 계통발생系統發生을 반복한다는 생물학적 개념은 이를 설명하는 한 사례라 볼 수 있을 것이다. 따라서 그 차원변동의 누적으로서 시간은 연속적인 흐름으로 볼 수 없고, 불연속적 지그재그zigzag 운동을 한다고 볼 수 있다.

따라서 수리적 함수의 독립변수·종속변수·상수는 각각 그러한 지그재그 운동과정 속에서 상호 변동되면서 새로운 차원의 관계와 구조를 형성해 간다고 볼 수 있다.

이런 의미에서 볼 때 아인슈타인의 상대성이론이 시간이란 독립차원을 도입한 것은 부분적 현상의 공시태共時態[59]적 발생성發生性의 근거를 은폐함으로써 통시태通時態[60]적 개념과 사고양식만을 강조하게 되는 결과를 초래할 위험이 크다.

그러므로 사상 및 현상의 구조나 형태를 중요시하여, 시간성을 부정하는 구조주의構造主義의 사고체계는 그 구조의 차원변동적 측면을 고려하여 이를 구명해가야 할 것이다.

우리는 (23)식에서 x_p 의 변동, 또 (24)식에서 x_p 의 함수로서 b_p 의 변동을 설명했거니와 x_p 의 변동은 급내변동으로서도, 또 원자 내에 있어 전자의 에너지 준위의 변동에 유사시킨 급간변동으로서도

---

58) Govinda, L.A. *Foundations of Tibetan Mysticism,* (N.Y., Samuel Weiser, 1970), p.270.

59) 彌永昌吉 外, 科學の通時態と共時態 (東京, 朝日出版社, 1981),

60) 上同,

파악될 수 있음을 보았다. 그런데 이러한 차원변동, 또는 지그재그 운동과정에서는 함수식의 부호변동이 발생하는 바 이를 (21)식에서 본다면 $\gamma \rightarrow \beta \rightarrow \alpha \rightarrow c$ 로, 또는 그 역순으로 순차적 차원변동을 생각할 수 있고, 이를 수학적으로 볼 때는 좌표변환과 관계된다.

이때의 부호변동관계를 (28)식을 이용하여 고찰하면 (28)식은 $(1+x_1 b_1) = (1-x_p b_p)^{-1}$ 으로 변형시키고 이를 허수 i 를 사용하여 고쳐 쓰면,

$$(1-i^{2n}x_1 b_1)^{i^{4n}} = (1+i^{2n}x_p b_p)^{i^{2n}} \cdots\cdots\cdots\cdots\cdots\cdots\cdots\cdots\cdots\cdots\cdots\cdots\cdots\cdots\cdots\cdots (32)$$

으로 놓을 수 있다. 이때 허수 i 가 개입되는 것은 좌표변환 또는 차원변동시 부호 및 계수의 변동에 허수 i 가 작용하기 때문이다.

(32)식에서 $x_p b_p$ 가 $x_1 b_1$ 쪽으로 변동해가면 좌항의 $x_1 b_1$ 도 변동하면서 양변의 괄호 내 연산부호와 지수부호가 각각 반대로 바뀌면서 새로운 차원으로 변환된다. 이를 $V: M \cdot C \cdot T$ 에 대응시킨다면 $x_p b_p$ 와 $x_1 b_1$ 의 계수변동을 V, 양변의 연산부호를 각각 C, T, 지수부호를 M 으로 파악해 볼 수 있을 것이다. 계수의 변동에 따른 부호변동의 순간에 차원 혹은 좌표가 변동된다고 볼 수 있고, 이때 허수 i 가 작용하게 된다고 볼 수 있다.

그러므로 차원변동에 있어서는 계수의 변동과 $(+ \rightleftarrows i \rightleftarrows -)$의 부호변동을 수반한다고 볼 수 있으며 그 과정의 일부로서 (21)식의 $c = \pm \alpha (1 \pm \alpha) = N_\alpha - |i^{2n} D_\alpha|$를 취해보면 임의의 상수 c는 α 의 이차방정식형으로 표시될 수 있고 이의 변화는 N 과 D 라는 정수整數 integer의 변동으로 파악될 수 있다. 이때 이 정수변동의 근원적 단위

수를 τ 로 표시하면 이 τ 값은,

$$\tau = \frac{\log_e x_0}{\log_e x_1}/\{1+(X_0-4a_0b_0)\} = 0.999988797 \quad\cdots\cdots\cdots\cdots\cdots\cdots(33) \quad (\text{유도과정 생략})$$

로서 나타낼 수 있고, $C \rightleftharpoons \alpha \rightleftharpoons \beta \rightleftharpoons \gamma \rightleftharpoons \cdots$의 전개과정에서는 τ 값이 항상 관계하게 된다. 그리고 τ 의 함수로서 $i^{2n}D$ 가 지그재그운동에 관계된다고 볼 수 있으며, 그 관계식은

$$\frac{\log(1-\tau^{n\,i^{2n}})}{\log\tau} - \frac{\log(\log\tau^{n\,i^{2n}})}{\log\tau} = i^{2n}D \quad\cdots\cdots\cdots\cdots\cdots\cdots(34)$$

$$(\text{단, } n = 2D+\frac{1+i^{2n+2}}{2}, \quad i^{2n}D = \text{지수})$$

으로 표시되는 바, 이때 n 와 D, 그리고 지수변화의 일부를 계산해보면 <표 2> 와 같고,

<표 2> n, D, 지수의 관계

n	D	指數
1	0.5	0.5
2	1	+ 1
3	1	- 1
4	2	+ 2
5	2	- 2
6	3	+ 3
7	3	- 3
:	:	:

이 때 n 의 차원변동에 따라 지수 $i^{2n}D$ 는 지그재그 운동을 한다고 볼 수 있다. 이때 D 를 불변수不變數 δ 를 이용하여 종속변수화 시키면,

$$1 = \tau^{n i^{2n}} + i^2 \tau \log \tau^{n i^{2n}} \quad \cdots\cdots (35)$$

에서 똑같이 지그재그형의 지수를 도출할 수 있고, 이때 (35)식의 r 는

$$r = \left\{ (\delta l + i^{2(n + \frac{1 + i^{2n}}{2})} \delta l) + i^{2(n + \frac{1 + i^{2n}}{2})} \delta l \right\}$$
$$+ \left\{ (\delta l + i^{2n} \delta l) + i^{2n} \delta l \right\} \left(\frac{1 + i^{2n}}{2} \right) \quad \cdots\cdots (36)$$

이다(단, $l = 0.5$ 이고, n 이 짝수이면 $\delta = -0.5$, n 이 홀수이면 $\delta = 1$).

이상으로서 우리는 $V = f(\tau_r, \tau)$ 의 측면을 τ 값의 성격과 관련하여 무한원점과 실상계와의 차원변동과정으로서 또 구심력의 원점으로서 파악했다.

이제 마지막으로 $_{in}V_{ex}$ 의 수리측면을 고찰하고자 한다.

$_{in}V_{ex}$ 를 $V = f(M, C, T)$ 의 지향성志向性과 $V = f(\tau_r, \tau)$ 의 발생성發生性이 교차되고 합일合一되는 중심重心이라 보았고, M, C, T 를 각각 $4a_0 b_0$, K_0, 광속상수 C 와 같은 실측치를 바탕으로 한 원심력으로, 그리고 τ_r, τ 의 발생성을 구심력의 원점으로 생각하여 τ 값을 그 중추적 기능수機能數로 파악했다고 할 때, 수리적 차원에서 $_{in}V_{ex}$ 의 기능은 이러한 양 측면을 내포하여, 기존의 의제수擬制數 elusion number나 그로부터 도출되는 개념들을 새로운 관점에서 재정립하는 것이 될 것이다.

현대인의 사고나 그 수리적 표현체계가 추상수, 이론수를 바탕으로 한 함수식이나 개념에 흘러 $f(\tau_r, \tau)$ 적 기능을 내포하지 못해 왔

고, 더욱이 $f(M,C,T)$ 의 측면에 있어서도 M 적 기능의 수리특성파악이 미흡하여 T 적 기능측면에 치우쳐 왔다고 볼 수 있다.

그러므로 사용빈도가 높은 대표적 추상수, 이론수라 할 수 있는 π(원주율)나 e(자연대수)도 그 근거를 새롭게 파악해 볼 수 있을 것이며, 그로부터 유도·파생되는 다양한 보편상수나 함수식들도 새로운 관점에서 재검토될 수 있을 것이다.

이제 가령 π 나 e 를 K_0 또는 τ 의 유도수로서 생각해 본다면,

$$1.2 K_0^2 = \pi_0 = 3.141640442 \quad\cdots\cdots\cdots\cdots\cdots\cdots\cdots\cdots\cdots\cdots\cdots\cdots\cdots\cdots (37)$$

$$\tau^{-\frac{\sqrt{\tau}}{1-\tau}} = e_0 = 2.718281828 \quad\cdots\cdots\cdots\cdots\cdots\cdots\cdots\cdots\cdots\cdots (38)$$

등으로 파악해 볼 수도 있고, 광속방정식에서 중요한 역할을 하는 x_p 는,

$$x_p = x_1 (1+x_1)^2 - \frac{1}{\pi_0/F+b_1}\left(1 - \frac{1}{\pi_0/F+b_1}\right) \quad\cdots\cdots\cdots\cdots (39)$$
$$(\text{단 } F = \pi_0/3)$$

으로 나타낼 수 있어 x_p 가 x_1, b_1, K_0 의 함수식으로 표시될 수도 있게 된다. 참고로 본 연구과정에서 산견散見된 의미 있는 함수식들을 제시하면 주61)와 같다.

이와 같이 수리적 차원에서 MCT 의 조화적 관계가 일관성 있는 수치나 함수로서 설명될 수 있고, 이와 더불어 τ_r, τ의 기능이 파악되

---

61) 수리함수식

어 간다면 수리언어數理言語는 삼라森羅의 질서를 보다 잘 모사模寫할 수 있게 됨으로써 인간의 사고나 행동을 비춰볼 수 도 있고, 또 인간의 본래本來적 주체성主體性과 창의력創意力을 소생시킬 수 있는 원천적 모델이 될 수도 있을 것이다.

4-2. 행동과학적 어프로우치

우리는 앞에서 생산적生産的 윤리倫理시스템을 표준언어標準言語, 또는 표준의식標準意識의 포괄적 체계라는 관점에서 이해했고, 자연스럽고 개방적인 상태 하에서 인간의 사고·행동·가치체계를 내포, 함축할 수 있는 수리언어數理言語의 구조構造와 기능機能을 고찰했다.

이는 개방적 수리언어가 다양한 폐쇄적 의식이나 이념으로 분화·갈등·와동渦動되고 있는 형이상학metaphysics적 가치와 물질적 상대가치에 편중된 인간의 형이하학physics적 행동양식을 개방적으로 매개·조화시켜 물적 생산성을 인간성·신앙성과 더불어 조화있게 성장·발전시킬

---

① $\left(g - \dfrac{b_p}{2}\right)^{-\dfrac{\sqrt{g - \frac{b_p}{2}}}{1 - \left(g - \frac{b_k}{2}\right)}} = e_0$ (단 $g = 0.1111\cdots$ 로서 天符經의 一始無始一···一終無終一과 有關)

② $g^{-3} = 0.5 + b_1$

③ $\dfrac{1}{\alpha_0^2} + \alpha_0^2 = 3$

④ $\left(\dfrac{1 + \alpha_0^2}{1 - \alpha_0^2}\right)^2 = 10x_1(1 + x_1)^2 = 5$

⑤ $\dfrac{1}{\alpha_0^4} + \alpha_0^4 = 7$

⑥ $\left(\dfrac{1}{1 + K_0}\right)^2 + (1 + K_0)^2 = 7$

⑦ $\left(\dfrac{K_0}{2}\right)^{-1} = 1 + \alpha_0^2$

⑧ $\dfrac{1}{4} \cdot \dfrac{b_p \log b_1}{x_p \log x_1} = \dfrac{1}{K_0^3}$

⑨ $\dfrac{1 + \tau}{2} = \sqrt{\tau}$

⑩ $\dfrac{1}{1 - x_p b_p} = (1 + x_1 b_1) \cdot \tau^{\left(1 - \frac{1}{3 + b_1}\right)}$

수 있는, 말하자면 형이중학形而中學 mesophysics적 기능을 기대할 수 있겠기 때문이다.

그리하여 형이상적 가치체계와 형이하적 행동양식의 CT 적 기능이 개방적 수리언어의 M 적 시사示唆와 작용을 통해 조화·발전됨으로써 개인과 집단의 의식 속에서 갈등·괴리되고 있는 가치와 행동은 보다 잘 합치되어 생산적 윤리가 발현되고 인간행동의 기대와 목적은 결과와 보다 높은 확률로 합치될 수 있을 것이다.

이제 행동과학行動科學적 차원에서 기업 활동을 매개로 한 개인 및 집단행동이 생산적 윤리시스템의 구축에 어떻게 관계·작용될 수 있을 것인가를 고찰하기로 한다.

현대 산업사회의 특질은 조직이 일하는 사회라 할 정도로 집단의지나 그 행동양식이 인간의 개인생활이나 사회생활에 결정적 영향을 미치고 있다는 점이다.

그리하여 현대사회의 개인행동을 볼 때 물질적 경제활동은 기업조직을, 정신적 활동은 각양의 문화학술단체를, 그리고 영적 활동은 종교집단을 통할 때 비로소 가능해진다.

이와 같이 인간의 본능 속에 공액共軛 내재되어 있는 영靈·정精·육肉적 측면의 다양하고 복합적인 의식이나 행동이 고도의 전문기능으로 분화된 제도적 조직을 통해 간접적으로 또 부분적으로 발현될 수밖에 없기 때문에 현대사회의 개인은 외부환경에의 적응과정에 있어서 개별성·직접성, 그리고 독자성의 범위가 크게 위축되어 왔다. 더욱이 전문화와 기능분화가 심화되고, 집단이나 조직 간에 가치나 행동체계가 상호 대립·갈등되면 개인·집단·조직·사회 간의 의사소통이 경색되고 인간의 전인성全人性은 그 발현의 여지를 거의 상실하게 된다.

이는 곧 개인의 자발력과 창의력 발현을 둔화시키게 되며, 마침내 그로 말미암은 좌절은 온전한 인격형성과 건전한 판단력을 상실하게 할 뿐 아니라 보다 깊은 인간간의 신뢰나 협화協和 관계가 어려워지게 된다.

그러나 엄밀한 의미에 있어서 집단행동은 그 집단을 구성하는 개인의 다양한 특성에 근거한 자발력과 창의력, 그리고 건전한 판단력을 바탕으로 그 근원적 효율과 성과를 기대할 수 있기 때문에 집단의지와 개인행동의 괴리는 결국 집단행동의 효율과 성과를 위축시키게 된다.

현대 산업사회를 주도해 온 기업조직과 그 행동양식이 오늘날 당면하고 있는 생산성 위축과 경직화 현상, 나아가 경제적 악순환은 바로 이러한 관점에서 이해되어야 할 것이다.

그러므로 근원적이고 장기적인 안목에서 현대기업은 대내적으로는 물질·정신·신앙의 조화 있는 성장을 기대하는 개인의 본능적 지향을 포용해야 하고, 또 대외적으로는 개별 기업로서 산업·경제·국가라는 상위시스템과 긴밀한 수직적 연관 하에서, 수평적으로는 문화·종교 등 제 사회집단과 상호 조화적 협화協和를 보다 밀도 있게 전개해가지 않을 수 없다.

그러나 한편 개별기업은 격화일로에 있는 국제규모의 기업경쟁에서 당장 스스로의 유지와 성장을 도모하지 않을 수 없기 때문에 오늘의 기업은 개별인간과 더불어 생산성 향상과 새로운 가치의 형성이라는 장단기의 이중과제를 동시에 해결해가지 않을 수 없게 되어 있다.

더욱이 현대사회는 기업의 물질생산을 바탕으로 개인의 경제적 일상생활은 물론이고 문화와 종교를 포함한 모든 사회제도가 유지되고 있고, 국제적으로 경제의 장기적 악순환은 점차 국가 혹은 민족단위의 폐쇄성을 강화해 가는 경향을 짙게 띠고 있기 때문에 오늘의 기업이 당면하고 있는 양면성의 과제는 기업만의 힘으로써는 장기적이고 본질적인 극복이 지극히 어렵게 되어 있다.

또 그 과제극복의 요체는 실實의 장場에서 서민대중庶民大衆의 체감體感과 체험體驗, 그리고 체득體得 속에 잠재되어 온 보다 깊고, 넓고, 장구성 있는 가치개념價値槪念과 양식良識, 그리고 자발력自發力과 창의력創意力을 보다 효율적으로 발현·집약하는 일에서 찾지 않을 수 없다.

따라서 이러한 과제의 해결에 있어서는 기업가와 더불어 종교계의 성직자나 문화·학술계의 문화인, 교직자의 역할이 또한 중요시되지 않을 수 없다.

그러나 영적 자기신격화, 정신적인 자기 오만, 육적 사리사욕으로 인간행동이 자기 중심화 하면 권위·권력·금력이 남용되기 쉽고, 폐쇄적 이념을 낳아 부지불식간에 사회집단 또는 계층 간의 불신과 반목을 조성하고 의사소통을 어렵게 함으로써 대중의 서민양식을 소외시키는 결과가 되어 절대다수의 주체성과 창의력, 그리고 자발력의 발현이 폐쇄된다.

물적 생산성의 근원根源이 되는 연구개발력과 주체성 및 자발력은 서로 표리관계에 있는 것이며, 그 매개적인 역할을 하는 것이 인간의 행동과 태도라 할 수 있다. 바꿔 말하면 순純·천賤·능能을 지향하는 인간의 진향眞向적 태도態度나 행동이 인간의 주체성을 실현시키게도 하고, 또 연구개발력을 발휘하게도 하는 것이다.

이제 이러한 관점에서 기업행동의 특질과 방향을 대외적으로는 산업구조차원에서, 대내적으로는 종사자의 행동 및 관리측면과 관련

지우면서, 그 요체를 고찰하고자 한다.

개별기업의 대내적 환경은 동종기업간의 가격 및 비가격적 경쟁 관계를 가지면서, 또한 상위시스템인 산업 및 경제구조와 연결되어 그 위치와 특질, 그리고 상대적 역할과 기능이 파악될 수 있다.

기업의 제품 및 서비스생산과 공급활동은 그것이 예측생산이든 주문생산이든 시장화를 전제로 하며, 개별기업이 생산하는 제품의 구성과 생산량은 시장화의 단계와 관계시켜보면 ① 단품종 소량생산, ② 다품종 소량생산, ③ 주품목 다량생산, ④ 단품목 대량생산의 4단계로 크게 구분해서 파악해 볼 수 있는 바 이는 개별기업의 성장 과정으로서도, 또는 시장측면에서의 제품 라이프 사이클product life cycle로도 이해될 수 있다.

또 제품-시장측면의 변동에 따른 기업내부의 생산설비나 공정 등 제조측면의 전개단계는 ① 단속斷續생산, ② 배치Batch 생산, ③ 조립생산, ④ 연속생산의 4단계로 구분해 볼 수 있는 바, 이를 공정 라이프 사이클process life cycle로 이해할 수 있다.

그러므로 다양한 생산규모와 형태, 그리고 업종의 개별기업은 이와 같은 제품과 공정의 라이프사이클product process life cycle ; PPLC[62])이라는 양축의 대응관계에서 산업구조상의 위치와 특성을 이해할 수 있게 된다.

이제 이러한 구조를 <그림 7> 로서 도시해 볼 수 있는 바 국가단위든 국제적 차원에서든 모든 개별기업은 제품과 공정의 라이프 사이클이 이루는 양축의 대응교점에서 각 기업의 위치와 산업구조상

---

62) Robert H. Hayes and Steven C. Wheelwright, Link manufacturing Process and Product Life Cycle, HBR, Jan.-Feb., 1979, pp.133-140.

의 기능을 파악할 수 있게 된다.(단, 빗금친 부분의 경우는 실제상 해당기업이 없다고 볼 수 있다.) 예를 들어 ㉮ 군에 속하는 기업은 단일품목을 소량씩 주로 주문에 의해 제조하는 영세기업군으로 소규모의 자본과 인원으로 구성되며, 설비 및 공정 면에서는 범용기계나 단순장치를 중심으로 한 단순공정의 단속생산형태를 취하는 경우가 대부분이라 할 수 있다.

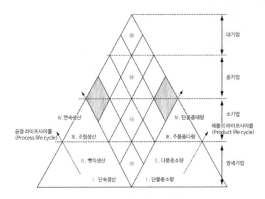

그림 7 제품, 공정라이프사이클(Products
Process life cycle)

이와 대조적으로 ㉣ 군에 속하는 기업은 방대한 소비시장을 전제로 하며, 일반적으로 단일품목의 제품을 대량으로 생산 공급하는 거대기업으로서 방대한 자본과 인원을 포용하고 고도의 기계화와 자동화설비를 바탕으로 연속생산형태를 취한다.

또 규모의 경제성을 기반으로 자본 및 생산효율을 구사하는 자본집약적 기업군이라 할 수 있는바 제강·정유 등 기간산업분야, 제당 등과 같은 대량소비재산업, 병기·조선·항공 등 종합 기술 산업 등이 이에 속한다.

이제 이러한 ㉮ ㉯ ㉰ ㉱의 기업군을 자본액 또는 종업원수에 따라 규모별로 구분해본다면 일반적으로 사용되고 있는 영세기업·소기업·중기업·대기업으로 분류해 볼 수 있고, 또 산업구조상 업체수의 구성비율이나 포용인원의 분포로 본다면 그림과 같은 피라밋 구조를 생각할 수 있다.

일반적으로 기업은 현대사회를 주도한다고 말할 때의 그 기업은 산업구조상 대기업군을 지칭하는 것이 보통인 바 오늘날 대기업은 정치·사회적으로나 국제관계에 있어서도 팽대한 영향력을 구사하여 자유경쟁시장까지도 조작할 수 있는 강대한 힘을 갖고 있다. 따라서 대기업군은 자유경쟁시장을 통해 균형·조화되는 수요와 공급의 시장기능을 무력화해오면서 경제의 악순환에도 큰 요인의 하나로 부각되고 있다.

그러나 단위경제의 산업구조와 경제순환이 건전하게 기능하고 원활화되려면 대·중·소기업의 각 특성이 상호 보완되지 않으면 안된다.

개별기업이나 산업전반의 생산성과 성장성은 모두 기술력·판매력·자본력이라는 3요소의 조화 있는 기능발현이 그 성과를 좌우한다고 볼 수 있다. 또 오늘날과 같이 제품이나 서비스의 생산·공급이 다양한 기술과 정보의 복합적 조립·조합으로 이루어지고 있는 상황에 있어서는 그 중에서도 특히 기술력이 생산성과 성장성의 원천적 요소로 등장하게 된다.

특히, 우리나라와 같이 산업발전과정에 있어 기술과 자본의 해외의존도가 높았고, 자발적인 기술개발과 축적이 부진했던 경우에 있어서, 더욱이 격화일로에 있는 오늘의 국제경제사회에 있어서 기술교류가 경색화 되고 있는 풍토 하에 있어서는 독자적인 기술개발력의 강화·촉진이야 말로 당해 경제의 사활을 좌우할 정도로 긴급한 과제가 되고 있다.

그러나 기술개발력의 강화와 촉진에 있어서는 다원多元적인 사회적 여건조성이 불가피하게 요청되며, 또 개발되는 기술의 성격이나 경제적 가치에 있어서도 다면성을 띠고 있다. 즉, 기술력의 발현에는 자본력과 판매력의 보강과 아울러 생산적 사회풍토의 여건이 함께 요청되며, 기술의 성격에 있어서도 기존제품의 개량·개선에 따른 부분적이고 단편적인 기술, 시장요구에 추수追隨되는 Needs 적 기술, 창조적 Seeds 기술 등이 있어 기술의 경제성이나 혁신의 강도 면에서 그 효과가 다양하다.

그러므로 산업구조적 차원에서 이러한 기술개발력이 강화·촉진되려면 영세·소기업, 중기업, 대기업간의 상호 긴밀한 협조체제를 구축할 것이 요청된다. 그리고 그 요체는 절대다수서민의 체험·체감·체득 속에 산만하게 잠재되어 있는 보다 깊고, 넓은 자발력과 창의력을 보다 효율적으로 집약·발현시킬 수 있는 방법인 바 이는 구체적으로 개인행동의 개별성과 독자성, 그리고 자발력과 창의력이 가장 폭넓게 유지될 수 있는 영세·소기업의 존속과 성장여건을 지원하는 풍토로서, 산업계와 사회의 각계각층이 보다 효율성 있게 이를 조성해가야 할 것이다.

이는 곧 생산生産과 윤리倫理의 상보相補적 기능機能을 말하며 생산적 윤리 시스템의 구축을 구체화하는 지름길이 되기도 한다.

기술개발이란 측면에서 볼 때 대기업군은 주로 시장추수市場追隨적

Needs 기술과 소폭의 개량·개선기술에 중점을 두게 되는 바 이는 양적 측면이 강조되는 시장지향적 기술개발이라 할 수 있고 방대한 설비와 자본의 존속·유지를 위한 보수성의 표현이기도 하다.

한편 영세기업군의 경우는 개별적으로 볼 때 인적 구성이나 질이 대기업에 미칠 수 없지만, 기업군 전체로 보면 산업구조상 절대다수를 포용하고 있을 뿐 아니라 기술개발에 있어서도 질적 측면에서의 발생적 기술이나 발명, 즉 창조적 Seeds 기술발상의 근원이 되는 집단이라고 볼 수 있다.

오늘날과 같은 국제경쟁시대에 있어 기업경쟁력의 확보는 선진기술의 도입과 관리기술을 바탕으로 한 가격경쟁력의 강화도 필요하지만 무엇보다도 중요한 것은 자체의 질적 기술개발력을 바탕으로 한 비가격非價格경쟁력을 강화하지 않을 수 없다. 이는 곧 자립과 자존의 확실한 근거가 될 수 있고 아울러 앞에서 서술된 바 근본적인 새로운 가치의 정립을 위한 건전한 바탕이 되기 때문이다. 그러므로 산업구조적 차원에서 대기업과 영세·소기업은 각각 C, T 적 기능으로서 상호 대응되고, 중기업은 이를 조화·매개하는 M 적 기능으로 상호 관계되어 기술력·판매력·자본력이 상호 소통·상보될 때 각 규모의 기업군은 각각의 고유특성을 바탕으로 유지·성장해 갈 수 있을 것이다.

우리는 지금까지 산업구조면에서 개별기업의 특성, 기업계층간의 상호관계, 그리고 대·중·소기업군의 상호 협화協和의 중요성을 파악·강조했거니와 이제 개별기업의 경영관리측면을, 급격한 기업 환경변화에 대응한 탄력성과 생산성의 확보라는 관점에서 고찰하면서 제조, 판매, 자본유통의 수평적 협력관계, 대·중·소기업간의 협화

체제 형성의 성격을 살펴보고자 한다.

오늘의 국제사회는 경제의 만성적 악순환과 경제를 배경으로 하는 이념 및 지역 간의 이해갈등이 더욱 격화되고 있기 때문에 국가 및 민족단위의 개별경제는 전례 없이 폐쇄성을 강화하고 있으며, 심지어는 공격성을 내포하는 경제행위까지도 예상되어 국제적 긴장이 고조되고 급격한 경제파동의 위협도 배제할 수 없게 되었다.

한편 기업경영차원에서 본다면, 시장 면에서 소비자의 상품수요 패턴이 다양화되고, 나아가 개별성 제품을 요구하고 있을 정도이며, 설비·공정 면에서 생산설비도 수동기계에서 자동기계로 컴퓨터와 로봇에 의한 자동생산 시스템으로 이행·확산되어 가고 있기 때문에 기업 간의 경쟁양상이나 기업 내의 생산 및 관리 시스템도 급변하고 있어서 이러한 다양한 변화에 탄력적으로 적응하지 못하면 기업의 존속과 성장이 크게 위협을 받게 되었다.

이와 같이 오늘의 기업 환경은 거시·미시적으로 급격한 변화와 위험을 항상 내재하고 있기 때문에 기업이 이러한 상황에 대응해가기 위해서는 적응의 능동적 주체라 할 수 있는 인적 시스템과 그 관리가 무엇보다 중요시되지 않을 수 없다.

기업의 생산설비가 고도로 자동화되고 관리기술이 발전되어 생산성이 향상되면 자연히 유보留保인원이 발생하여 실업문제가 야기된다. 노동조합의 조직력 구사로 이러한 유보인원의 감축이나 해고가 용이하지 않고, 또 거시적 차원에서 새로운 산업분야의 태동을 통해 이러한 유보인원은 흡수될 수 있다고 낙관할 수 있을지 모르지만, 일반적으로 신개新開분야는 고도의 지식과 능력을 요청하는 직능일 경우가 많기 때문에 유보인원의 수용에는 한계가 있고, 더욱이 만성적 불황이 지속되면 실업에 대한 종사자의 심리적 불안과 갈등은 더욱 커지지 않을 수 없다.

오늘날과 같이 기업을 떠나서는 개별적이고 독자적으로 생계수단을 기대하기가 지극히 어려운 사회 환경 하에 있어서 실직에 의한 생계의 위협은 더욱 심각하지 않을 수 없는 것이며, 이러한 상황이 종사자의 노동사기와 창의력 발현을 저상沮喪시키는 주요한 요인으로 작용하게 된다. 물론 이러한 실업문제를 사회적 차원에서 실업보장제도와 같은 획일적인 방법으로 대처할 수도 있겠지만, 이는 근본적 대책이 될 수는 없고, 오히려 인적 생산자원을 사장死藏시키는 결과를 초래할 위험도 크다.

그러므로 이러한 유보인원의 포용과 그 생산적 재계발은 개별기업차원에서 그 방법이 모색되어야 할 것이며, 따라서 오늘의 기업은 고용의 유지·증대와 생산성 및 탄력성을 동시에 양립시켜야 할 이중의 과제를 안고 있다고 볼 수 있다.

그러므로 기업이 종사자의 경제·심리적 보장을 수용하여 생산성과 탄력성을 확보하기 위해서는 산업구조적 차원에서 영세소기업을 육성 개발해 가는 입장과 마찬가지로 개별종사자의 창의력과 자발력을 적극적으로 발굴·계발해 갈 수 있는 시스템을 구축해가야 할 것이다.

이에는 시장과 제조공정, 그리고 기술의 변화를 예의주시하고 예측하여 끊임없이 종사자를 재훈련시킴으로써 생산 시스템의 변화에 따라 재배치시킬 수 있는 방법을 강구하고, 소비자의 다양화하는 상품수요 패턴에 대응하여 종사자의 폭넓은 참여를 통해 신제품과 신기술 개발을 지속적으로 강화할 수 있는 시스템을 모색해 가야 할 것이다.

이제 이와 같은 시스템을 <표 3> 을 통해 이해해보면, 생산설비가 수동기계 → 자동기계 → 로봇 생산시스템 등으로 이행·전개되어 가면 기업은 끊임없이 종사자의 자세姿勢 attitude와 윤리倫理 moral를 계발하면서 사내육성Training within Industry : TWI과 연구개발(R&D)활동을 강화해가야 할 것이다. 그리하여 생산시스템의 변화에 따른 인원의 재배열을 보다 효율화하고 소비자의 수요패턴에 부응되는 신제품과 개발된 기술을 바탕으로 독립된 자회사子會社를 신설해감으로써 유보인원을 흡수포용해가는 다중의 기업시스템을 구축해 갈 수 있을 것이다.

<표 3>

생산시스템 인사시스템	수동기계	자동기계	로봇생산시스템
자세	R.D TWI		
윤리	R.D TWI		
인력	R.D TWI		
지력 (知力)	R.D TWI		

그리하여 모기업은 다양한 질성質性과 능력을 소지하는 인력manpower과 지력知力 knowledgeability을 보다 폭넓게, 또 지속적으로 확보할 수 있는 여건을 형성할 수 있게 된다.

이때 신설되어 가는 자회사는 개방적 주식체제를 도입, 모든 종사자가 가처분소득可處分所得중의 저축분을 주식으로 투자하여 주주로서 참여할 수 있도록 개방되어야 할 것이다.

그리하여 제조·판매·금융 등 다양한 형태와 규모의 자회사가 다중多重적으로 형성되어 가면 기업종사자들은 수평적으로 제조·판매·자본유통과 수직적으로는, 대·중·소기업군과 다양한 다중연관을 갖게 되어 주주인 동시에 종업원으로서 기업에 참여하게 되고, 따라서 이러한 다중기업은 최대다양의 최대협력체제를 구축하게 되는 것이다.

그렇게 되면 이러한 개방적 기업체제하에서의 각 개인은 단순히 생계를 위한 기업참여나, 조직력을 통한 간접적 생활유지를 위해서가 아니라 직접적이고 자발적인, 그리고 전인적全人的인 자기실현自己實現의 생활장生活場으로서 기업에 임하게 되는 것이다. 이는 곧 기업행동과 종사자 개인행동간의 상충과 모순이 개방적으로 해소됨을 의미하는 것이며, 이러한 시스템의 형성을 폭넓게 촉진하고, 해소할 수 있는 사회가치社會價値야말로 개방적開放的 이념理念이 될 수 있을 것이다.

5. 결론

본 연구는 국제적 개방화시대에 부응될 수 있는 생산적生産的 윤리
倫理의 구조와 기능, 그리고 그 실현의 요체와 조건을 윤리의 논증論
證이란 관점에서 추구하고자 했다. 그리하여,

제 2장에서는 오늘의 국제적 악순환과 그 특질을 분석하고, 이를
기업행동측면과 결부시켜 현대적, 생산 환경의 특질을 이해함으로써
생산적 윤리의 필연적 요청과 그 기능을 고찰했다.

제 3장에서는 인간의 본능 속에 내재되어 있는 육肉·정精·영靈적
각 기능 및 그 특성과 현재顯在 및 기저基底적 인간심리측면을 관련시
켜 인간의 주체성主體性, 혹은 「얼」적 기능의 특성을 이해함으로써 생
산적 윤리의 구조와 기능을 구명하고자 했다.

또 그러한 관점에서 현상을 구성하는 다양한 요소의 기능과 성격
을 $V: M \cdot C \cdot T$ 적 기능으로 분류·배열하여 모델화함으로써 생산
적 윤리의 실현조건을 논증하고자 했다.

제 4장에서는 인간의 표준적 의식과 행동을 함축·시사할 수 있는 수리개념의 구조를 추구하고자 했다.

그리하여 실實의 장場에서 적중률이 높은 실증적 수리계수數理係數나 함수를 자연수自然數의 비례계수比例係數에서 도출된 그래프의 수數특성 및 함수와 비교·연결하여 $V : M \cdot C \cdot T$ 의 일관성 있는 관계를 제시할 수 있는 수리구조를 구명하고자 했다.

또 행동과학적 측면에서 개인의 개방적 진향본능眞向本能과 의지를 포용할 수 있는 기업행동의 방향을 생산구조적 차원과 기업 내 관리 측면에서 고찰했다.

誠 (言→成:創造) : 信 · 義 · 業
(廣深久의 焦核) (敬天) (愛人) (實地)

부록

_____

우리의 결의

종국(終局)에 다다른 물질문명(物質文明)이 그 사회적(社會的) 허구(虛構)를 노출(露出)하고 있는 이 때에 자원(資源)으로나 교통(交通)으로나 불리(不利)한 입장에 선 한국(韓國)이 그 스스로의 기반(基盤)을 전환(轉換)하려 하지 아니하고 무실(無實)한 과녁을 향하여 아직도 그릇된 신앙(信仰)과 질서(秩序)를 추종(追從)하고 있는 현상(現狀)은 지극(至極)히 불행(不幸)한 일이 아닌가.

더욱이 망국근성(亡國根性)을 버리지 아니하고 오히려 그것이 선진적(先進的)이라 하여 분열(分裂)과 반목(反目)을 일삼고 배타(排他)와 시기(猜忌)를 조장시키며 오천년(五千年) 이 땅에 닦아온 인륜(人倫)을 개발(開發)하기는 커녕 멸시(蔑視)하고 푸대접하는 것은 자손(子孫)의 목숨을 이리에게 내어주는 일이 되지 않겠는가.

이 어찌 암담(暗澹)한 현실(現實)이 아니냐.

염세(厭世)와 타락(墮落)은 부강국(富强國)에서 나타나고 분열(分裂)과 패륜(悖倫)은 빈약국(貧弱國)에서 짙어지며 사리(私利)가 애국(愛國)을 대신(代身)하고 타산(打算)이 인정(人情)을 대신(代身)하며 엘리트는 우월(優越)만을 앞세우고 경쟁(競爭)과 긴장(緊張)속에서 불신(不信)과 불의(不義)는 살찌고 인간(人間)은 암투사(暗鬪士)로 변하여 가는 이 땅에 서서 과연 우리는 어디로 가야 할 것인가.

여러 차례의 인류사(人類史)가 그랬듯이 궁극(窮極)에 다다른 현대(現代)는 또 다시 인도주의(人道主義)를 절실(切實)히 요구(要求)하고 있는 것이다.

더욱이 한국(韓國)에 있어서랴.

막연(漠然)을 향해 나아갈 수도 되돌아 갈 수도 없는 우리는 이 어쩔 수 없는 겨레의 생활기반(生活基盤)을 전환(轉換)시키고저, 그래서 악(惡)의 근원(根源)을 소멸(消滅)시키고저 이를 깨물고 나선 것이다.

왜냐하면 생활(生活)을 위해 친우(親友)를 배신(背信)해야 하고 생활(生活)을 위해 가족(家族)을 타산(打算)해야 하기엔 너무나 서러운 우리는 이 땅 위에서 소멸(消滅)되어 가는 농촌적(農村的) 향수(鄕愁)를 기어코 수호(守護)하지 않을 수 없기 때문이다.

그러기 위해서 우리는 오랜날 우리들의 역사(歷史)와 우리들의 뼈 속에 간직하여 온 "진실"(眞實)과 "순결"(純潔)을 이제 행동(行動)속에 되새기고 현실(現實)속에 되살리지 않을 수 없는 것이다.

현대인간(現代人間)의 모순(矛盾)은 자신(自身) 속에 있는 것이다.

현대사회(現代社會)의 모순(矛盾)은 자기생활(自己生活) 속에서 싹트는 것이다. 그러므로 무엇보다 자신(自身)과 그 생활자체(生活自體)를 먼저 반성(反省)해야 할 우리는 어찌 험난(險難)한 시련(試鍊)을 무릅쓰지 않을 수 있겠는가.

우리의 잡는 손은 뜨거워져 갈 것이다.

기어코 인도(人道)의 번영(繁榮)은 눈앞에 그 모습을 나타내고 말 것이다.

현대인(現代人)의 생활(生活), 산업(産業), 문화(文化)는 진실로 그 활로(活路)를 윤리재건(倫理再建)에서 구하지 아니하면 파멸(破滅)을 모면(謀免)할 수 없다는 것을 우리는 굳게 믿고 있는 것이다.

비록 이것이 지극(至極)히 어렵다 치더라도 갖가지 자극(刺戟)과 빈곤(貧困)으로 인간이탈(人間離脫)이 강요(强要)되는 오늘 적어도 누군가가 가슴 깊은 곳에 상실(喪失)되어 가는 부모형제(父母兄弟)의 빈터를 위해 아무 것도 할 수 없다면 인간(人間)은 얼마나 서러울 것이냐.

그리고 오늘날 따뜻하던 시절(時節)의 부모슬하(父母膝下)를 찾아 우리들과 같이 마음속 깊은 곳에 울고 있지 않는 사람은 또 어디에 있겠는가.

누가 식어져 가는 인간(人間)의 가슴팍을 향하여 불길을 던져야 할 것이 아닌가.

무엇이 얽메어진 인간의 삶을 향하여 반향(反響)을 일으켜야 할 것이 아닌가.

나가자 이제 이 유구한 강산(江山)에 나를 던지는 것이다.

1962. 봄
이득희

우리의 일

인간이란 이토록 냉정하고 이토록 잔인하고 이토록 패역하지 않을 수 없는 것입니까?

반드시 인륜을 거역해야만 잘 살 수 있는 것이겠습니까?

높아져 가는 빌딩 속에서 인간의 마음은 사멸되어 가고 있습니다.

차가운 것, 요사한 것, 흉악한 것들입니다.

반드시 탐욕의 경쟁이 모든 것을 이루는 것은 아닐 것입니다. 이 것은 정말 악마가 가르친 논리입니다.

그럴수록 인간은 불안하고 고독하고 굶주림에 떨 것입니다.

왜 인간은 오랜 역사를 갖고 있으면서도 그 속에서 진실을 찾아 살길을 구하려 하지 않습니까?

현대인은 기력 상실증에 걸려 있는 것 같습니다.

저희들은 오히려 마음속에 원수가 되어 흩어지며 지워져 가는 형제와 겨레의 그 괴로움이 언젠가 화목으로 넘쳐서 하나씩 둘 씩 얽힐 때 큰 일을 할 수 있으리라 생각합니다.

그리고 또 무엇이 실제로 사람의 마음에 화평과 희열을 주며 생계에 풍요를 줄 것인가를 찾고 있습니다.

비록 굶주리기도 하고 핍박을 받기도 하고 혹된 배신을 당하기도 하며, 그러나 맨주먹으로 심신을 닦아야 하지 않겠습니까?

차라리 주려 죽을지언정 말입니다.

진실한 마음은 자연자원보다 더 큰 재원이며 그것은 탄탄한 인간 희열의 길을 터놓을 수 있는 신념이 됩니다.

스스로의 마음과 몸을 닦는다는 것은 곧 자기를 위하는 것이 된다는 것을 터득해야 합니다.

사람은 자신을 개조하려 하지 아니하고 남의 개조를 기다려서는 안 됩니다. 왜 인간은 퇴폐주의를 도입해서 스스로가 고통을 당하고 파멸되어야 합니까?

올바른 가르침이 오늘날이라고 해서 현실에 옮겨지지 않는 것은 아닙니다.

양심과 인간성을 쫓아 산다는 것이 얼마나 유익한 것인가를 지금은 체험해 보아야 할 때입니다.

그리고 사욕과 비정을 쫓아 산다는 것이 얼마나 불리한 것인가를 살펴보아야 할 때입니다.

진실성의 도야는 참다운 벗을 주고 넉넉한 생계를 준다는 것을 확신합니다. 인간은 스스로의 고독에서 벗어나야 합니다.

스스로를 고발하며 인간성을 닦으며 양심을 엮으며 앞으로 나아가야 할 것입니다.

그리고 이 땅 위의 외로운 분들, 가난한 분들, 방황하는 분들, 타락한 분들에게 실제의 기반을 제공하여 인간 스스로 힘과 꿈을 서로 나누어 가지며 하늘이 주신 은혜에 젖어 보아야 합니다.

그리고 가령 농촌과 도시가 서로 돕고 융통하며 오가는 정을 시화처럼 그릴 때야말로 우리의 날이 오는 것입니다.

진리의 실현을 위해 조금도 쉬어서는 안 되겠습니다.

진리가 살아 있는 한 인생도 희열에 불타고 있을 것입니다.

1965. 봄
이득희

(会是) 純賤能 — 信義業
(志向) 生産性道義 — 善潤体制

研究開発의 協同
患貧犯孤의 自活
黄色民族의 自栄

(母胎·G)　　　(지게·K)

I
오랜날 묻히어온 얼은 터난다
슬기로운 젊음-아 금지-게들-아
한뜻모아 가꾸어가자 금-수강-산
너와나와 길을-따라 힘을-더하자
너-나와 길을-따라 힘을-더하-자

II
거치른 일터-에 보람이 있다
우리는 부름받은 금지게가 아니냐
보-아라 이루어지는 기쁨의나-라
너와나와 참을-따라 힘을-더하자
너와나와 참을-따라 힘을-더하-자

III
지게는 금이-다 사명을 다하자
우리는 나라-의 거름이되야한다.
굳-세라 담대-하라 패배는없-다
너와나와 삶을-따라 힘을-더하자
너와나와 삶을-따라 힘을-더하-자

-1977년, 봄-
늠름하게

길 을 따 라

금지게 회가
시·곡 ㅣ.ㄷ.ㅎ

금 지 게 G · K 연 구 회

금 지 게 – G · K

진실 순결

우리는 이것을 찾는다.
이것을 닦는다.
이것을 지킨다.
그러기 위해 우리는
바탕 금지게, 일터 G·K 를
마련하고 우리의 것을
다해 보려 하는 것이다.

우리는 자연스러움 속에
하나님이 살아계신 것을 믿고
또한 하나의 밀알이
땅에 떨어져서 많은 열매를
맺는다는 것을
알고 있다.

I

화창한 옛날을 우러러 보 – 고
별바람에 여위 – 며 깃발은 간 – 다
가슴을 열어주라 어리 – 어찬 – 것
그윽한 순결속 – 에 눈시울이젖으 – 면
도도히 앞울딛는 우리들은 금지게
내일을 일구 – 며 참을 찾으리라

II

산이고 바다고 사막도 거 – 친
아슴한 – 꿈결속에 나부끼는 옷자 – 락
하늘로 이어주라 하얀 – 핏줄 – 기
이득한 해 – 륙 – 에 구 – 름이 뭉치 – 면
눈속에 피어나는 우리들은 금지게
내일을 일깨우며 참을 닦으리라

III

오는길 가는길 손을 흔들 – 며
솟음치는 생가 – 는 다시 날은 – 다
둥우리 열어주랴 자라 – 는 독수리
흐뭇한 수레위 – 에 잠 – 못 – 이루 – 면
새로이 나래치는 우리들은 금지게
내일을 다지 – 며 참을 지키리라

– 1966년, 겨울 –

참 을 찾 아

금지게 행진곡
시·곡 l · ㄷ · ㅎ·

D 단조

화창한 옛날을 우러러보 – 고
별바람에 여위 – 며 깃발은간 – 다
가슴을 열어주랴 어리 – 어찬 – 것
그윽한 순결속 – 에 눈시울이젖으 – 면
도도히 앞을딛는 우리들은금지 게
내일을 일구 – 며 참을찾으리 라

원당 이득희(源堂 李得熙)
(1931.9.21. ~ 2000.11.13)

-1931년 9월 21일 경상남도 울산시 의왕동 출생

-**학력** 1949 부산상업중학교 졸/ 1953 연대 화학과 졸/ 1953 연대 대학원 물리학 전공/ 1961 국민대 경제, 법학과 졸

-**경력** 1950 미8군 통역관(중국어)/ 1953 동래, 동성고 교사(불어, 독어)/ 1953 부산 공과대학 강사(수학)/ 1954 국립공업연구소 식품과 연구원/ 1956 한일고무공업사 공장장/ 1957 대한발명협회 연구개발위원/ 1957 동방화학공업사 고문 및 공장장/ 1963 태화고무, 대동화학공업(주) 고문 및 공장장/ 1964 대한발명협회 이사/ 1964 건국대 축산대학 강사(경영학)/ 1968 건국대 공과대학 교수(산업공학과)/ 건국대학 교 명예교수 역임

-**연구논문** 윤리경영수압(需壓)과 개방체제실험(Ⅰ~ Ⅷ)/건국이념-천부경의 수치실 험해석(Ⅰ~ Ⅳ)/창조적 고유탄력성에 관한 연구(Ⅰ~Ⅱ) 외

-**저서** 유물경제비판/기업이념연구/기업체제연구(1,2)/산업-Ergod:하얀핏줄기(녹색신 문사刊)/「誠 : 信·義·業」(녹색신문사刊)/찌끔(身焦)의 희열(囍涅) 을터(土核)의 영 채(映彩)(청운출판사) 외

-**발명특허** 1958 스태아린산 칼슘제조/1958 고무신 또는 합성수지고무 이물도장료제 조방법/1959 실내용 합성수지「타이루」제조방법/1959 수용성강력접착제의 제조방법 /1959 불휘발성접착제의 제조방법/1959 판휘가소물착의 제조방법/1959 합성고무신 주원료예비처리법/1960 접착제 예비도료제 제조법/1960 가소물성의 착색표면보호가 류법/1961 고무배합물의 기화증착피복법/1974 박피혁(薄皮革)과 직포를 일체로 접 착시키는 방법/1979 강인접합물 제조방법

-**실용신안** 1958 착색고무신 1964 고무신/1974 2중 투명수지흑판

-**상표등록** 1974 'GK' 마크/1979 '금지게 GK'

-**발명성취품(특허外)** 〈50년~60년대 연구개발품 내역(최초)〉/고내마모성 정미(精米) 로울러/고내유성 패킹/스폰지 종류 및 홀라후프 종류/토산재(土産在) 이용 어스타일 및 합성기와/토질(土質)콜로이드化(고무플라스틱 강장제)/폐기피혁(廢棄皮革) 합포 재생/합포타이어 제조(최초 흥아타이어)/흑당분 간장 및 제당(제일제당)/적외선 제화 (製靴) 자동기/석탄산 수지단추/전자회로기판(금성사 납품)/미사일용 부품(美 KPA 납품)

윤리경영수압과
倫 理 經 營 需 壓

개방체제실험
開 放 體 制 實 驗

초판인쇄 2020년 10월 24일
초판발행 2020년 10월 24일

지은이 이득희
펴낸이 채종준
펴낸곳 한국학술정보㈜
주소 경기도 파주시 회동길 230(문발동)
전화 031) 908-3181(대표)
팩스 031) 908-3189
홈페이지 http://ebook.kstudy.com
전자우편 출판사업부 publish@kstudy.com
등록 제일산-115호(2000. 6. 19)

ISBN 979-11-6603-160-1 93320